东北亚区域法文化的比较研究

DONGBEIYA QUYUFA WENHUA DE BIJIAO YANJIU

李畅　齐秀梅　关鑫　编著

中国政法大学出版社

2014·北京

图书在版编目（CIP）数据

东北亚区域法文化的比较研究 / 李畅，齐秀梅，关鑫编著.—北京：中国政法大学出版社，2014.10

ISBN 978-7-5620-5688-1

Ⅰ. ①东…　Ⅱ. ①李… ②齐…③关…　Ⅲ. ①法律－文化－对比研究－东亚　Ⅳ. D909.31

中国版本图书馆CIP数据核字(2014)第250310号

出版者　中国政法大学出版社

地　址　北京市海淀区西土城路25号

邮寄地址　北京100088信箱8034分箱　邮编100088

网　址　http://www.cuplpress.com（网络实名：中国政法大学出版社）

电　话　010-58908285(总编室) 58908334(邮购部)

承　印　固安华明印业有限公司

开　本　880mm×1230mm　1/32

印　张　12

字　数　280千字

版　次　2014年11月第1版

印　次　2014年11月第1次印刷

定　价　39.00元

序

2012年7月6日，长春理工大学组织召开了“第二届东北亚比较法学国际学术研讨会”，这是继2009年召开第一届会议之后又一次大型的比较法学国际会议，我作为中国比较法学研究会的会长，自始至终见证了长春理工大学创办比较法学专业，成立东北亚比较法研究所，提出“东北亚比较法学研究”这一学术新概念，以及全方位多渠道地开展国际学术合作与交流的全部过程。

值此“第二届东北亚比较法学国际学术研讨会”学术论文集出版之际，受命为之作序，回顾这几年来的发展历程，仍不禁激动不已！

比较法学自成立之初，无数的比较法学者都在研究比较法学与世界共同法的问题，同时对“世界共同法”的概念、范畴等问题持有不同的解释。而在当今世界经济全球化和法律全球化的发展趋势下，世界共同法的内涵、范围和具体应用越来越凸显。与法律全球化的发展趋势相适应，我们深入探讨比较法与法律文化诸种理论问题和广泛的法律实践问题亦是十分必要的。第二届东北亚比较法学国际学术研讨会所确定的核心议题就是“东北亚区域法文化的比较研究”，而2013年度中国比较法学研究会年会的主题也是从比较法的视野去研究当代世界各国法律发展及其法律现代化进程中，各个民族国家和地区的固有的和特有的法律文化的特质，以及它们之间通过不同途径达到不同程度的融合性和趋于统一的诸问题。

众所周知，任何一种法律制度都是在不同民族国家和地区的本土环境、社会价值观念和传统的影响下生成的并且深嵌于整个文化之中。传统的法律移植理论侧重于研究特定法律文化传统的独立性。我们应当在多维层面对不同民族国家的法律体系及其同一国内在不同时期或同一国内不同民族存在的法律文化进行差异性的比较研究时，寻找其更深层面的共同核心价值，也就是说，要对多元的法律文化进行多视角的比较研究。在对多元的法律文化的研究进程中，应当充分发挥和超越比较法的功能比较的功能性。

功能比较的出发点和基础就是社会问题和社会需要。各个民族国家或超国家组织的法律体系及其各部门法在结构上千差万别，但是都存在着不同程度的可比性，甚至具有相当一致的可比内容。因而可以从同一性角度找出相对应的相近功能的法律制度进行功能比较，以求解决人们共同存在着的实际问题和社会需求，进而推动不同法律体系和法律文化之间的沟通，形成人类普遍的法律价值。

我们应重新审视对不同法系划分的内在科学性，突破比较法的原有研究范围，注重对各种法系的异同点的研究，寻找其共同性和融合性。应当特别关注当今世界许多国家的立法、司法及其法律监督机制都呈现出“二元”或“多元”法系的性质。目前，许多传统的大陆法系国家、普通法系国家和“混合”法系国家及其他法系国家和地区，已经在其立法中，在其司法制度和运作过程中，以及法律监督机制和程序中，互相进行吸收和融合，显著地体现出了其“共同性”特征。

综上所述，在今后的比较法研究当中，我们必须跳出传统的以两大法系和欧美学者为中心的狭隘局面，克服欧洲中心主义的倾向，以全球化的视野建立“多极化”的比较法研究领域。在这方面，长春理工大学充分利用自身所处的地域优势，率先开展了对区域法文化的比较研究，见微知著，我预祝他们今后取得更为丰硕的研究成果，为中国的比较法学研究增添一抹异彩！

中国比较法学研究会　会长

中国社会科学院法学研究所　教授

刘兆兴

2013 年 12 月

目　录

序 …… 1

上编　理论研究

比较法区域研究：超社会体系与跨体系社会/李晓辉 …… 3
基本权保障法律缺失问题的解决理论与实践辨析/吴东镐 …… 11
日本传统法文化“义务本位论”反思
——以若干被引证的“案例”为中心/郑二为　李　雪　王晓明 …… 24
近代中日私权形成之比较/周晓男 …… 41
法律全球化影响下的中国法的发展方向/孙耀刚 …… 52
中俄法律文化差异的比较研究/殷方敏 …… 58
“综合比较法”的新概念和注重多元化的全球化法律教育
——基于千叶晚年的日文论文/角田猛之 …… 68
习惯法论
——以中韩两国民法史为中心/李钟吉 …… 86

下编 实践探索

发展中的俄罗斯联邦仲裁法院/王志华 …………………… 113

中韩不动产制度比较研究

——以土地及建筑物的关系为中心/金路伦 …………………… 120

日韩老年长期护理保险法比较研究/高春兰 …………………… 129

草原保护利用制度的法学思考/海 棠 …………………… 149

对俄罗斯知识产权法的比较研究/赫 然 曲 博 蔡露露…… 157

论行政复议中的效率问题

——兼论中日法文化的比较/李 畅 王铮辉 …………………… 171

中蒙刑法体系比较探究/任继鸿 …………………… 183

中国能源法律制度现状评述

——以比较法为研究视角/刘 宇 …………………… 200

宪法监督模式比较分析/王文晶 汪晓锐 刘懿瑶…………… 217

侵权责任构成要件研究中的“假象问题”

——兼谈比较法方法论/郑 路 …………………… 230

比较法视角下中韩地方警务运作模式研究/李 勇 ………… 245

行政法改革的国际合作

——公法领域的法律整备支援的可能性/竹中浩 ………… 252

中日原子能政策与法律比较

——日本福岛核电站泄漏事故对原子能政策与

法律的启示和教训/野崎晃市 …………………… 260

论中韩行政诉讼法上的原告适格/郑然富 …………………… 273
关于中韩两国维持转售价格行为规制的比较研究/金汉信 … 284
宪法法律责任/索伦嘎 ………………………………………… 309
蒙古国民法中的疑难问题/博·特木伦………………………… 311
“台湾地区劳动基准法”重点简介/周沧贤　秦嘉逢 ………… 315
中、日、韩公务员医疗保障制度比较研究/沈冠辰　沈诗杰 …… 354
金融消费者概念法学阐释与保护路径/张　悦　关凤荣 ……… 365

上编 | 理论研究

比较法区域研究：超社会体系与跨体系社会

李晓辉*

一、区域研究的社会人类学范畴：超社会体系与跨体系社会

区域与区域化是人类发展的普遍现象。区域的形成是人为规划和自然形成互动的结果，同时区域也是区域化的结果，是诸如历史事件等因素动态发展的结果。区域的概念首先强调了地理环境与人类社会活动的相互影响。但是，经由人类学和社会学的研究，区域已经不仅仅是一个地理范畴。区域既包括地理的邻近也包括人类活动和相互交往所形成的某种文化共同体。经过一定时间，社会和环境促成了一系列独特地区的形成，各个地区皆反映出其最初所选择的环境条件，以及文化工具对这种选择的影响。人类在时间与空间的双重维度中组织出了文化区域的意义。尽管当代区域化的意义通常被组织在一种经济政治关系当中，但也常常导致其他复杂关系和新的问题。区域研究在社会人类学、历史人类学中受到关注，传统的民族志研究、区域史研究等领域也已经形成了一定的积累。为在更广泛的范

---

* 李晓辉：北京外国语大学法学院，副教授。

围内研究区域问题，社会人类学等学科发展出来一些具有一定理论优势的概念范畴，如“超社会体系”和“跨体系社会”。

“超社会体系”是人类学学者王铭铭提出的概念，主要用于解释和描述“多元一体格局”为特征的中国社会。经由王铭铭考证，在文化人类学的研究中，涂尔干曾经指出社会学长期将国族生活视为群体生活的最高形式，尚未认识到没有清晰边界的社会现象的存在，这些社会现象超越了政治边界，向难以界定的空间延展，社会学有必要确定这些现象的存在方式。〔1〕人类学家莫里斯（Maurice Freedman）认为有一种社会是超过“社会”边界的，但又是社会性的，如宗教。Hyper - social 体系的关键在于同时为社会内部人的集体行为提供准则，为社会之间的交流提供渠道。莫斯最后把这种 hyper - social 体系称作 civilization（文明）。在莫里斯和涂尔干看来，文明是经由一些中介和起源关系而长期保持关联的社会聚合体，是“集体表象与实践的传播”。〔2〕王铭铭教授在整合和美国的施坚雅（G. William Skinner）相关概念的基础上提出了“超社会体系”的概念。王铭铭的所谓“超社会体系”或“秩序的跨文化政治”，包含几类：①作为其他社会或文化之一部分或涵盖其他社会或文化的社会或文化体系；②作为“世界宗教”一部分或涵盖“世界宗教”的社会或文化体系；③作为自然界的一部分或涵盖自然界的社会或文化体系。〔3〕形成这种体系的共同因素，既有“物质文化”、“地理”、“经济”的表达方式，亦有宗教、

〔1〕 Emile Durkheim and Marcel Mauss, “*Note on the Concept of Civilization* [1913]”, in Marcel Mauss, *Techniques*, *Technology and Civilization*, edited and introduced by Nathan Schlanger, New York and Oxford: Durkheim Press/Berghahn Books, 2006.

〔2〕 转引自朱金春、王丽娜：“从‘多元一体格局’到‘跨体系社会’——民族研究的区域视角与超民族视野”，载《黑龙江民族丛刊》2012 年第 2 期。

〔3〕 参见王铭铭：“再谈‘超社会体系’”，载《西北民族研究》2011 年第 3 期。

仪式、象征、法权、伦理的表达方式，既可以是现世的，也可以是宇宙论与道德—法权方面的。在这种意义上，经由外交、贸易、婚姻、宗教和语言等媒介构成的网络，如汉字文化圈、儒教文明圈或东亚文明，也都可以称之为一种“超社会体系”。这一概念的优势在于关注了超越不同社会形式、具有共同性的社会结构要素在形成某种超社会体系中的作用。

“跨体系社会”则由文化和历史学者汪晖提出，主要用于研究中国的区域、社会与国家的相互关系，并具体应用于中国西藏、新疆问题的研究。“跨体系社会是指包含不同文明、宗教、族群和其他体系的人类共同体，或者说，是指包含着不同文明、族群、宗教、语言和其他体系的社会网络。”〔1〕这里的跨体系社会所强调的超越国家等社会体系的整合力量不仅来自于经济发展，同时来自于政治、文化、语言、仪式等。这一概念提供的是不同文化、不同族群、不同区域通过交往、传播与共存所形成的社会文化形态。〔2〕“跨体系社会”不但不同于从“民族体”角度提出的各种社会叙述，也不同于“文明国家”的概念。跨体系社会很可能是一种跨文明的社会体〔3〕，如民族种族混居地区的家庭和村庄常常包含着不同的社会体系（族群的、宗教的、语言的等等），以致我们可以说这些“体系”内在于一个社会、一个村庄、一个家庭、甚至一个人。“跨体系社会”概括了这些独特的、常常为现代知识忽略或简化的历史现象，也提供了一种丰富立体地重新描述这些现象的可能性，能够更加清

---

〔1〕 汪晖：“跨体系社会与区域作为方法”，载汪晖：《东西之间的“西藏问题”》，生活·读书·新知三联书店2011年版。

〔2〕 参见汪晖：《中国：跨体系的社会》，载 http://www.doc88.com/p-490187856976.html，访问时间：2012年5月15日。

〔3〕 汪晖：“跨体系社会与区域作为方法”，载汪晖：《东西之间的“西藏问题”》，生活·读书·新知三联书店2011年版。

晰地突出区域内部丰富的文化多样性与复杂的对外关系。

二、比较法与区域研究范式创新

比较法研究在某种意义上是一种文化区域化的过程、工具与结果。一方面在区域形成和发展的过程中，经由法律制度的比较，邻近地区之间的法律走向类似或差异。比较法研究与实践是区域化的重要内容，法律成为区域共同体不可或缺的中介和文化纽带。另一方面，比较法着力追求超越国家的某种“法系”、“法律传统”抑或“法律文化共同体”，经由这些话语体系，事实上通过文化、传统、样式等概念，将不同国家的法律制度整合成为某种跨越地理区域意义上的，比较法文化意义上的法律“区域”。比较法教学与研究中的“世界法律地图”模式就是一种典型的将法律文化地理化、区域化的意象。同时，这种经由比较法重构的法律文化区域不断强化了某种内在的联系，将这些也许在地理上并非近邻的区域紧密联系在一起，形成强烈的法律文化区域认同。比较法律文化区域认同部分超越了政治国家体系形成某种事实上跨越国境的法律文化圈。比较法史的研究也让人们注意到，这些法系抑或法律传统的形成在很多时空环境中是基于跨越国家而存在的民族、种族、宗教、文化传统等“社会纽带”而建立的。如穆斯林的宗教法、犹太人的犹太习惯法、东亚儒家文化圈等等。20 世纪末以来，比较法研究也成为区域一体化和全球化的重要推手之一。

但传统比较法的区域研究往往处于被动地位，为经济与政治一体化这种意识形态所左右。大部分的区域比较法研究局限于国别法的比较、法律一体化与区域经济一体化等问题，主要作为一种区域经济一体化的制度支持而发挥作用。而在更广泛的向度上，如法律文化、法律与社会的理解与解释、法律对于区域形成与发展的深层影响方面则缺乏建树，走出困境的办法之一就是寻求其他学科的启发，包括利用其他学科所提供的概念工具和有益视角。

引入社会人类学“超社会体系”和“跨体系社会”的范畴有利于拓展比较法区域研究的向度。传统比较法的区域研究往往停留在跨国家的文化系统层面，或者说是停留在以国家为基本单位组织起来的法律文化系统层面。国家法律传统与民族主义已经成为比较法区域研究的基本单位和价值基调。区域内的法律比较往往是以国家为单位的，最后又服务于国家发展跨国合作的目的，成为区域经济一体化追求的副产品。国家法基础上的区域法似乎成为唯一的向度。而上述“超体系社会”和“跨社会体系”的概念已经将比较的时空向度推进到“社会”的层面。

一般认为，社会是人的共同体。人们赖以建立共同体的基础可能是共同的利益、价值观念、共同的文化传统等。人类社会发展的高级阶段，出现了社会的不同组织形式，如家庭、社群、国家等。也有观点认为，社会既有狭义的也有广义的，狭义的社会可以指社群，广义的社会可以指国家。有学者考证，在西方现代意义上的社会与国家的概念几乎是同时出现的，自国家的概念出现后，基本取代了民族、种族这种划分的自然形式〔1〕，成为公共权力的垄断形态和主要的社会秩序建构者、组织者。不论何种理解，社会概念所指的范畴都大于国家，并在某种程度上区别于国家，从而建立不同于国家的时空向度。从“超社会体系”的角度而言，“超”的含义更接近超越。超越的对象首先是国家这种社会组织形式。这一概念的应用将引导比较法的区域研究拓展到上至区域社会的整体研究，下至

〔1〕 See Raymond Williams, *Keywords: A Vocabulary of Culture and Society*, revised edition, New York: Oxford University Press, 1976, pp. 291 ~295.

"微社会"组织的多样、复数形态，从而不再将区域法简单理解成为国家法服务、进而为国家经济发展和区域经济发展服务的某种工具化倾向，并将引导比较法研究关注共同的经济利益之外更加丰富的共同的生活方式和文化因素。

而"跨体系社会"的概念不再将国家法、区域法作为某种天然一致的封闭体系，从而发现在区域一体化过程中那些更加多彩而具体的、多元统一的法律制度与文化。比较法研究在区域法律研究过程中尤其需要克服自身范畴藩篱所带来的局限，需要避免如法系概念有可能造成的符号化、类型化、简单化的危险。"跨体系社会"的存在提醒比较法研究者，在关注那些被国家法、甚至被法系、法律传统等泛化的范畴所割裂的，原本一致的共同体形态，如东北亚地区分属三个国家的朝鲜族法律文化。另外，比较法在开展区域研究的过程，仍然需要关注作为区域研究基础的地缘与法律的关系问题，需要关注地理环境、语言、文化传统与区域法律发展等基础问题。

三、东北亚比较法研究的方法论启发

亚洲的东北部的东北亚地区，按地理位置的分布，包括俄罗斯联邦的东部地区（萨哈林岛等地），中华人民共和国的东北和华北地区，日本国，大韩民国，朝鲜民主主义人民共和国以及蒙古国。这一区域的区域化来源于地理位置的邻近，地理环境与气候的类似，人种、语言和历史传统相近等等。〔1〕东北亚

〔1〕 东北亚地区普遍属于温带与寒带的过渡地区，四季分明、冬季寒冷。东北亚地区的居民组成以东亚蒙古人种为主，主要集中在东北亚的沿海平原区域。以语言分民族，主要有人数最多的汉藏语系的中国汉族，阿尔泰通古斯语系的日本族（大和族）、朝鲜族（也称韩族）、满族、蒙古族等及数量很少的印欧语系斯拉夫语族的远东俄罗斯族等。

研究中不应忽视这些基础性的“超社会体系”，从民族、种族和文化传统的角度寻找更多的区域化纽带与联系中介。在这些基础性因素中发掘共同的生活方式作为区域法律比较与发展的基础。当然，东北亚区域化更多的是借助于人的活动。在东北亚区域史中，人类活动的形式既包括大量的人口流动也包括大量的政治经济文化交流，同时包括相当多的冲突与战争。在历史上东北亚国家两两间几乎都经历过战争。东北亚战争史上的那些鲜血和仇恨、疑虑和戒备与黑龙江、图们江、环渤海那些江海汇集的文化交流与经贸往来如何混杂地影响着该地区的法律发展，仍然需要深入体察和研究。东北亚比较法研究应着眼于现代比较法区域研究的多维视野，而不能仅仅局限服务于该地区的经济发展。

东北亚地区在经济、政治、文化等方面具有诸多共同追求，但不可否认的是东北亚地区在文化上的复杂性，存在多种不同的法律文化样态，甚至差异巨大。有社资的意识形态问题，有俄罗斯欧洲还是远东的立场问题，还有朝鲜半岛的分裂与统一问题，等等。东北亚地区存在多种法律生态和子系统，他们都是社会体系结果中的“微社会”形态，是理解东北亚整个区域法律的基础。在东北亚区域化结构中，所包含的区域有的是国家整体，有的则是国家的部分疆域，如中国和俄罗斯。处于东北亚地缘中的国家部分疆域，还面临着处理地缘文化诉求与国家法整体诉求的矛盾，如俄罗斯的远东地区，需要协调亚洲的地缘要求与俄罗斯总体的欧洲背景，再如中国东北地区，需要处理北方莽原移民气质和粗放的法律传统与大中华中原法律文化的细微差异。东北亚的区域研究需要审慎地处理好大陆法系在不同国家的具体体现，从而避免简单地用大陆法系传统理解全部的区域法律问题的倾向。

社会学研究发现，几乎任何区域都存在中心与边缘的类似结构，并且这种中心边缘的结构流变性要强于稳定性。在东北亚区域法律发展的中心边缘的格局也在不断发生变化，从历史上的中国法中心的儒家法圈，到近代中国与朝鲜半岛通过日本学习西方法律，再到冷战时期社会主义法与资本主义法的对立以及俄罗斯的欧洲立场造成的在亚洲的边缘地位，都使东北亚法律格局呈现复杂的局面。而东北亚与东南亚、与中亚和西亚、与欧洲、美洲的比照及与这些区域发生的外部法律关联也会体现东北亚法律发展的自主性和被动的矛盾关系。应用“超社会体系”与“跨体系社会”具有方法论上的启发意义，有助于推进地区比较法研究的深入发展。

基本权保障法律缺失问题的解决理论与实践辨析

吴东镐*

一、问题的提出

迄今为止我国社会生活中还时有这样的尴尬情况出现：一项基本权利，宪法原则性地给予了确认，但没有法律在实体上或程序上予以具体落实，而当该项基本权利受到侵犯的时候，法院手里有宪法但无权适用，有权适用法律但却没有相关法律。[1]这些情况都有现实证据——发生了一些基本权被侵犯而法律没有救济依据的案件，比如，1998 年的钱缘案，2001 年的齐玉苓案、巫凤娣案等等。面对这些民事纠纷案件，法院该如何开展审判工作呢？可否直接适用宪法来解决？可否采用西方的理论？本文讨论这个问题。

---

* 吴东镐：延边大学法学院副院长，教授，法学博士（日本庆应义塾大学）。

〔1〕 参见童之伟："宪法适用应依循宪法本身规定的路径"，载《中国法学》2008 年第 6 期。

二、西方国家的有关“私人间纠纷适用宪法基本权条款”的理论

从西方社会传统的宪法观念而言，其基本思想是——通过抑制国家权力保护人权，因此，宪法适用的对象为国家，也就是说，所谓的违宪审查意义上的宪法的实现。从这个意义上而言，对私人之间的纠纷原本就不能适用宪法。但事实上，在西方社会却出现了对私人之间的纠纷适用宪法的理论。比如，德国联邦劳动法院大法官尼伯代（Hans Carl Nipperdey）与莱斯纳（Walter Leisner）主张：对于私法规定不足，且无其他法律可依据，而保障人权又必须时，法院可直接引用宪法的规定以解决私人之间的争议。〔1〕1950年，尼伯代在《妇女同工同酬》一文中主张，宪法条款在私法关系中应当具有“绝对的效力”，在私法判决中可以直接被引用。因为宪法基本权利条款是“最高规范”，如果它不能在私法中被适用，基本权利条款将沦为“绝对的宣示性质”的具文。〔2〕

有学者分析指出，此类主张的背后反映的是这样一种思想：宪法虽然主要是规范国家与人民的关系，但公民个人也不是没有侵害他人宪法基本权利的可能。如果依传统的宪法立场严格限制宪法的适用对象，会回避侵犯宪法权利的现象，自缚手脚，造成人权保障的重大缺失。这样可能变相鼓励国家借私权行为，以逃避国家应担负的责任。〔3〕

当然，这些积极主张“宪法基本权条款直接适用于民事纠

---

〔1〕 Lewan, supra note 166 at 573. 转引自蔡定剑：“中国宪法实施的私法化之路”，载《中国社会科学》2004年第2期。

〔2〕 同上。

〔3〕（台）法治斌：《人权保障与释宪法制》，台湾月旦出版公司1993年版，第56页。

纷”的观点还是遭到法学界的批评。因为，基本法所规定的基本权利只以限制国家侵犯为主，并非规范私人之关系。至于基本权利作为“最高的规范”，尽管具有“一般评价标准”，亦即“确认合宪的最高正义思想”，也不能在私法关系中直接适用，至多通过……民法解释…… 的途径，实现基本权利中所隐含的“一般评价标准”。[1]

为此，德国联邦法院采取的是“间接适用”(indirect effect) 理论。这种理论认为，宪法基本权利系针对国家与人民的关系而设，基本权利的实现首先应以国家立法的方式为之，而不能直接适用于私人关系，否则宪法无异于完全取代立法者的地位，更使私法的独立性受威胁。宪法保障人权的规定，如自由、平等、人格尊严，应视为全部法律秩序的基本价值或目的，这样可以充实民法中若干原则规定或不确定概念的内容，使之具体化、实质化。在公民个体之间的民事纠纷中，宪法性权利只限于对私法原则产生一定“影响”(influence) 而不能完全取而代之，宪法精神只照耀着私法体系，并且影响着对私法规则的解释。由此，私法规则应当在相应的宪法规范的基础上加以解释适用，形式上仍适用规范私人关系的民法规定，实际上依宪法的价值，在权衡客观事实及相关利益而做出判决。概而言之，宪法的规定需凭借民法的原则性条款进入私法领域，不得舍弃民法，而直接引用宪法。[2]

这种理论的背后所反映的是这样一种逻辑：如果将宪法全面适用于私法领域可能导致公权侵入私权，会破坏私权自治的传统，所以宪法适用私法又是非常谨慎，且对适用范围和程度尽可

〔1〕 蔡定剑：“中国宪法实施的私法化之路”，载《中国社会科学》2004 年第 2 期。

〔2〕 转引自蔡定剑：“中国宪法实施的私法化之路”，载《中国社会科学》2004 年第 2 期。

能加以限制。[1]

德国的这些理论表明：在私人之间的纠纷中当事人的宪法权利受到严重侵犯，且确实没有法律条文和法律原则加以适用的特殊情形下，如果仍依照传统理论回避宪法的适用问题，可能会造成人权保障的重大缺失后果，因此，在某些特殊情形下对于私人之间的纠纷适用宪法还是必要的。但这种适用应当非常审慎。只有在“确实没有法律条文和法律原则加以适用，又涉及公民宪法基本权利受侵害的”特定情形下，才可适用宪法。而且，这种适用强调的是——宪法性权利只限于对私法原则产生一定影响，而不是完全取代私法，私法规则只是在相应的宪法规范基础加以解释，最终适用的还是私法规则。对此，蔡定剑教授做出了如下的描述：“（这种）宪法的私法化适用实际上是对宪法的‘借用’。我说的‘借用’是指本不该直接适用宪法对抗公民，因宪法权利缺少有关法律保护而只得暂时‘借用’宪法条文启动权利的救济途径，从而为救济基本权利提供依据。具体处理纠纷还需依靠相关法律——民事的、行政的或刑事的法律。”[2]

那么，西方的这种理论是否可以运用到我们的司法实践？我们是否有现实的需要？下面，先分析一下我国法院如何处理这个问题的。然后，再讨论我们移植西方理论的可行性问题。

三、对我国法院“在民事纠纷中适用宪法条款”的案例的考察

近20年的司法实践来看，我们的审判实践中还是出现了一

---

〔1〕（台）法治斌：《人权保障与释宪法制》，台湾月旦出版公司1993年版，第56页。

〔2〕蔡定剑：“中国宪法实施的私法化之路”，载《中国社会科学》2004年第2期。

些“私法对基本权利无法提供足够的保障而又有宪法具体规定时，在私法的‘概括条款’中填入‘宪法价值’，进行‘合宪性解释’，从而解决纠纷的案件”。较为典型的是“工伤概不负责案”和“齐玉苓案”。

（一）“工伤概不负责案”

1986年11月17日，天津市塘沽工人新村青年合作服务站（业主为本案被告——张学珍）在实施厂房拆除工程施工中，由于没有对工程的实施采取有效的事故预防措施，导致工人张国胜在施工过程中，滑落坠地，受伤后因局部组织感染坏死引起脓毒败血症后死亡。事故发生后，被告张学珍以张国胜签署“工伤概不负责的说明”拒绝承担赔偿责任。

本案中的争议的焦点是——双方当事人签订的劳动合同中的“工伤概不负责”这一条款是否有效（而得到法律的保护）。由于这一焦点问题，尚无可依据的具体法律条款（因为，当时我国尚未制定出劳动合同法），本案的受理法院——天津市塘沽区人民法院通过天津市高级法院向最高院请示。[1]最高院专门出台了一个司法解释——关于雇工合同“工伤概不负责”是否有效的批复，最高院在该批复中引用宪法否定了本案涉及的劳动合同的法律效力。[2]天津地方法院在调解书[3]中基本上援引了上述最高院的司法解释。

---

〔1〕 请示根据在于人民法院组织法第32条。该条规定：“最高人民法院对于在审判过程中如何具体应用法律、法令的问题，进行解释。”

〔2〕 该批复于1988年10月14日做出。该批复中最高人民法院明确指出：“经研究认为，对劳动者实行劳动保护，在我国宪法中已有明文规定，这是劳动者所享有的权利。张学珍、徐广秋身为雇主，对雇员理应依法给予劳动保护，但他们却在招工登记表中注明‘工伤概不负责’。这种行为既不符合宪法和有关法律的规定，也严重违反了社会主义公德，应属于无效的民事行为。”

〔3〕 天津市塘沽区人民法院（1987）津塘法民调字第517号民事调解书。

学术界对这个案例做出了积极评价，比如，民法学者梁慧星教授指出，“（该案是）我国法院采用合宪性解释方法的第一个判例”，“所谓合宪性解释，指以宪法及阶位较高的法律规范解释阶位较低的法律规范的一种法律解释方法。简而言之，是以宪法上的规定解释民法上的规定。”〔1〕

我们可以通过对最高法院做出的“批复”（包括审理法院的结案文书的“理由”）的分析发现其中所采用的推理方法：最高法院是借用了民法“概括条款”，运用了“价值填充”的办法，直接解释宪法。也就是说，从《民法通则》第58条第一款第五项规定“违反法律或者社会公共利益的法律行为无效”这一规定入手，认为本案中的这一格式条款违反了宪法保护劳动权（宪法第42条）的规定，并且由于违反了宪法保护劳动权的规定，也因此而违反公共利益，因而其是无效的法律行为。在这里，我们可以得出一个结论——法院在该案的审理中采用了类似于德国的“间接适用”方式。

（二）齐玉苓案

1990年，就读山东省滕州市第八中学的应届生齐玉苓（本名齐玉玲），原顺利考取山东省济宁商业学校，但被同班同学好友陈晓琪（本名陈恒燕），因父亲陈克政在地方具有政治势力，买通学校行政人员，冒名顶替成为该校学生并以被害人冒名顶替长达八年的时间。（以齐玉苓的名义到济宁商校就读直至毕业。毕业后，陈晓琪仍然使用齐玉苓的姓名，在中国银行滕州支行工作。）

本案中的争议焦点是——陈晓琪等（被告）侵犯原告“受

〔1〕梁慧星：“最高法院关于侵犯受教育权案的法释［2001］25号批复评析”，载 http://www.civillaw.com.cn/article/default.asp? id=10093，访问时间：2013年11月24日。

教育权”（宪法上的基本权利）的行为是否应当承担民事责任。由于这一焦点问题，尚无可依据的具体法律条款，[1]山东省高级人民法院在审理中认为，这个案件存在适用法律方面的疑难问题，因此依照《中华人民共和国人民法院组织法》第33条的规定，报请最高人民法院进行解释。最高院专门出台了一个司法解释——《关于以侵犯姓名权的手段侵犯宪法保护的公民受教育的基本权利是否应当承担民事责任的批复》。[2]山东高院援引宪法条文及上述批复做出了判决。[3]

我们可以通过对最高法院做出的“批复”的分析，推导出法院所采用的推理方法：民法的“姓名权”规定里注入了“宪法上的受教育权的价值内涵”，也就是说，最高法院是依照宪法上的受教育权所包含的价值，对“姓名权”进行了“合宪性解释”，从而，将受教育权的价值渗透到了“姓名权”这个口袋之中。[4]从这里，我们也可以得出一个相同的结论——法院在该案的审理中采用了类似于德国的“间接适用”方式。

总之，上述所有案例都反映了如下的情形——对于宪法上

---

〔1〕因为，我国的民法通则没有规定受教育权，而有关教育法规范并没有对“私人间侵犯受教权的行为”做出规定。有人指出，本案可以依据于教育法第81条的规定——违反本法规定，侵犯教师、受教育者、学校或者其他教育机构的合法权益，造成损失、损害的，应当依法承担民事责任。但要适用本条有一个前提条件，即侵权者承担民事赔偿责任的前提是“违反本法规定”。它实际上排除了私人之间侵犯受教育权的行为，因为教育法没有规定——公民对其他公民的受教育权的义务。

〔2〕该批复于2001年6月28日，最高人民法院审判委员会第1183次会议讨论通过，该批复中最高法院指出：“经研究，我们认为，根据本案事实，陈晓琪等以侵犯姓名权的手段，侵犯了齐玉苓依据《宪法》规定所享有的受教育的基本权利，并造成了具体的损害后果，应承担相当的民事责任。”

〔3〕法院该判决书的理由中援引了宪法，而且在判决主文中援引了宪法第46条和最高法院的“批复”。

〔4〕张红：“民事裁判中的宪法适用——从裁判法理、法释义学和法政策角度考证”，载《比较法研究》2009年第4期。

的基本权，私法没有提供充分的保障，而宪法中却存在具体保护规定。限于这个情形法院适用了宪法。而且，法院并没有仅仅依据宪法条款做出判决，而是与私法“结盟”断案。当然，我们不能仅仅依据这些个别案例的出现而断言我国司法实践中已经确立“宪法间接适用”理论。因为，我们的判决书中还找不到相应的理论根据。而且，从最近的司法实践来看，法院有意在回避这个问题，或者说，否定“宪法间接适用”。学界的观点也倾向于否定。

那么，我们的现实生活的情况来看，是否真的没有必要引入这种理论呢？如果我们要引入这种理论，存在哪些现实的障碍呢？

四、我国可否移植“私人间纠纷间接适用宪法基本权条款”的理论

（一）法社会学视角上的必要性分析

1. 人们对人权保障的要求越来越高。近年来，随着中国经济的快速发展，人们的权利意识得到提高，越来越多的人主张各种“人格权”（例如，姓名权、隐私权、退休权、劳动权、受教育的权利等），客观上导致“基本权的扩张”。而且，将这些权利直接诉求于法院。但问题是，我们的民事法律远远没有跟上时代的步伐——造成民法规定中缺乏“保护各种人格权”的直接根据。而就国家而言，由于劳动权、生存权等受益权的出现以及自由权功能的扩张，公民的基本权利和自由的意义不再囿于原来的消极不作为，而在于积极的保障和服务，要求国家权力的积极（作为）保护。这就要求法院在解决此类“疑难案件”时，积极借助“宪法上的价值”，通过对“民法上的概括条款”的“合宪性解释”，创造出“新的民法规则”。

2. 各种社会权力的出现导致仅仅依靠私法很难保障基本权。

在社会关系领域，民间社会各种组织和团体的规模逐渐扩展，结构日趋复杂，功能也日益多样化，——进而形成了国家权力以外的权力集团，对社会公共生活起着决定性的影响作用。在这种新的社会条件下，“国家公共权力以外的各种社会势力——大企业、新闻舆论机构等大大增强，对公民基本权利的压抑和侵犯之可能性及现实性大为增加——如果仍然通过传统的私法进行法律保障，就不能免除那些属于私人性质又拥有巨大社会势力的违宪侵权行为尤其是侵犯公民基本权利的行为。”对私人领域来说，私法自治已不再是本身自足的原则。

3. 我国的宪法观念正在发生巨大变化，尤其是2004年修宪中增加“人权”条款后，宪法的意义中人权法之色彩越来越浓重。在学界，不仅兴起了违宪审查制度的研究，而且，宪法适用的争论也不断得以推进。也就是说，实现宪法适用的环境逐步得到了巩固。不过，在我国，构筑有效的违宪审查制度并非易事，我们可以把突破口放在——如何在具体审判中实现宪法适用。为了确立宪法价值与权威，我们应当积极推进这个意义上的宪法适用。

（二）引入“间接适用”理论的制度性障碍

1. “禁止法院在审判中引用宪法条文”的两个司法解释。目前，我们的两个文件明确表示：法院不得在判决中引用宪法条文。其一是，1955年最高法院《关于在刑事判决中不宜援引宪法作论罪科刑的依据的复函》（以下简称1955年《复函》）。其中规定：在刑事判决中，宪法不宜引为论罪科刑的依据。〔1〕其二是，1986年最高法院《关于人民法院制作法律文书如何引

〔1〕 该复函指出：“中华人民共和国宪法是我们国家的根本法，也是一切法律的‘母法’。……对刑事方面，它不规定如何论罪科刑的问题，……在刑事判决中，宪法不宜引为论罪科刑的依据。”

用法律法律规范性文件的批复》（以下简称 1986 年《批复》）。在批复的规定内容来看，在判决可引的裁判规范内没有宪法。[1]

对于这两个文件，学术界有不同的看法。大致可以分为如下三种看法。

第一，否定说（“没有禁止判决中引用宪法条文”）。有观点认为，上述两个文件并非禁止法院在判决中引用宪法条文，指出：“1955 年《复函》只是规定‘不宜’引用宪法，并没有彻底否定对宪法的直接援引；同时，该《批复》仅针对刑事案件，没有规定在民事和行政案件的裁判文书中不能引用宪法。1986 年《批复》只是指明了法院可以直接援引的法律规范性文件，也没有完全排除引用宪法的可能性。”[2]

第二，肯定说（“禁止判决中引用宪法条文”）。有人提出了与上述观点完全不同的看法，指出：上述两个文件实际上禁止法院在判决中引用宪法条文。对此，提出了如下的理由：“在 1955 年《复函》中最高法院其实已经明确否认——在刑事裁判中直接援引宪法条文。虽然依据该《复函》，确实不能轻易否定在刑事裁判之外的裁判中可以引用宪法条文，但 1986 年《批复》就已然否定了——刑事判决之外的判决可引宪法条文的做法。虽然其对于裁判是否能够引用宪法条文，表面上采‘鸵鸟政策’——不置可否。但事实绝非如此！因为，裁判规范的引用是一个公法问题——法院裁判时能否援引何种法律规范是法律赋予法院的规范选择权力，是一个‘货真价实’的权力授予

---

〔1〕 该批复是最高法院关于判决书制作法律引用的最全面解释，但在该解释中，法院未被授权引证宪法作成判决。

〔2〕 张红：“民事裁判中的宪法适用——从裁判法理、法释义学和法政策角度考证”，载《比较法研究》2009 年第 4 期。

问题。而对于权力授予，其原则为‘法律无规定即无权’（此与私法上的权利行使——‘法不禁止即自由’迥异）。基于此，该《批复》授权法院引据其他法律而独未授权引据宪法，实际上已经非常明确地否定了宪法条文可作为裁判依据。”〔1〕

第三，折中说（“禁止判决主文中引用宪法条文，但并不禁止判决理由中引用宪法条文”）。有人认为，上述两个文件只是明确禁止在判决书的“判决”部分引用宪法条文，没有禁止在判决书的“理由”部分引用宪法。对此，提出了如下的根据：我国裁判文书的格式（组成）是典型的“八股文”，具体由合议庭的构成等、原告诉称及被告辩称、本院经审理查明、证据列举、本院认为（判决理由）、判决等部分构成。在这几部分之中，所谓的规范援引一般是指在“判决”这一部分所表现的规范，即具体是哪些条文。按照这个观点，法院不能在“判决主文”部分引用宪法条款，但判决理由部分仍可以引用宪法。作为判决理由，法院引用宪法论证，无可厚非。因为宪法本身就是最高的价值判断，宪法本身就是最好的说理证据，我们的法院在“引经据典”时有什么理由放弃这种最好的证据呢？法院在“本院认为”—判决理由这一关键环节中，没有必要“雪藏”宪法这部“圣经”。〔2〕

笔者赞同第三个观点。因为，宪法作为整个法律体系中的最高阶位法体现了法的基本原则和基本价值追求，在判决理由中引用宪法条文不仅能够更好的阐释具体法的精神和价值，从而提升其说服力，而且使人们切身感受到宪法在具体现实生活中的重要意义。更为重要的是，就本文中提到的涉及基本权的特殊案件而言，如果没有宪法的支撑，保护基本权的理由似乎

〔1〕张红前引文。

〔2〕张红前引文。

并不那么显得充分、有力。

2. 我国法院在具体案件的审判过程中可否“解释宪法”的问题。对此，学术界有两种不同的观点。

否定说认为，从国家体制、宪法规定来看，法院不具有宪法解释权。在我国人民代表大会制度的政治体制下，人民法院由人民代表大会产生，对它负责，受它监督，它无权适用宪法来审查人民代表大会及其常委会的行为是否违背宪法。根据宪法规定，全国人大有权监督宪法的实施（宪法第9条第二项）。全国人大常委会有权解释宪法、监督宪法的实施（宪法第67条第一项）。法院是国家的审判机关，宪法没有明确授予法院解释和监督宪法的权力。

而肯定说认为，“宪法规定全国人大常委会有宪法解释权，应理解为这种解释权是一种最终解释权，它不应排除其他机关可以解释宪法。全国人大的最终解释权表现在对最高法院和其他机关适用宪法和解释宪法的最后监督权，对它们不合宪法原意的解释有撤销和纠正的权力。”“这就好比宪法第67条第四项规定的，解释法律的权力属于全国人大常委会，而全国人大《关于加强法律解释工作的决议》则把法律解释权区分为全国人大常委会的法律解释，最高人民法院对法律的审判解释，最高人民检察院对法律的检察解释，还有国务院的行政解释等。”〔1〕

笔者认为，从逻辑上而言，法院适用法律——不解释宪法是不可能的（必然涉及解释宪法）。宪法是——抽象的价值和宏观的方针，下位法是——具体的规则和微观的指南。法院审判中适用法律的一般情形——宪法中规定的基本权利义务下位法已有规定，法院只需适用下位法，无须援引和解释宪法，但是，

〔1〕 刘政等主编：《人民代表大会工作全书》，法制出版社1999年版，第791页。

正如任何法律都是一定价值的承载，任何判决也都代表一定的价值取向，具体案件的裁判不可能不充盈着利益衡量和价值判断，即使在很多情况下法院不是直接解释宪法，但是也是一种“隐含”的宪法解释，因其所解释的下位法就是宪法中某一规定的具体化。[1] 法官在适用法律时必然需要考量其所适用的具体法律的价值，而法官在裁判时所考量的这种价值在法治秩序下就应是——宪法所确立的价值，或者应当以宪法所确立的价值为价值冲突的判断标准。因此，此种意义上的裁判亦是间接适用了宪法，间接解释了宪法。因此，不得不承认，法院在解释依据宪法而产生的法律时，其实就是在解释宪法，所以，客观来看，法院适用法律不解释宪法是不可能的，尤其是在“疑难案件”中，往往要寻求宪法支撑。

五、结论

首先，经济的快速发展所带来的国人的权利意识的高扬及国家保护基本权的现实需求而言，在个别特殊的民事纠纷中间接适用宪法是必要的。尤其是当我们面临提升宪法权威这一国家新目标而尚缺乏实现违宪审查制度的条件的情况下，我们可以把在司法实践中“间接适用宪法”的方式突破现实的困境。其次，虽然我们在引入“间接适用宪法”理论上存在制度上的障碍，但通过新的学说的确立可以越过这个障碍。

---

〔1〕 张红：“民事裁判中的宪法适用——从裁判法理、法释义学和法政策角度考证”，载《比较法研究》2009 年第 4 期。

日本传统法文化“义务本位论”反思
——以若干被引证的“案例”为中心

郑二为* 李 雪** 王晓明***

虽然对于日本法文化还没有较全面的学习和深入的研究，但是就目前可以看到的文献而言，笔者觉得对于日本传统法文化“义务本位”的论断无论是在法理上还是在证据上，都是值得商榷的。对于日本传统法文化义务本位论，我倾向于认为，这是对日本传统法文化的误读，而且这种误读与对中国传统法文化的误读极为相似。例如，都是在“西法优越”的前提下的展开，都是“寻找西法移植的沃土”意识的显现，都是重构本土文化以适应移植西法要求理念的表达。从历史的角度看，日本移植西方法与中国向西方看齐之戊戌变法等，都是出于特殊的原因。日本之急于摆脱束缚与中国之急于反败求胜，都使得当时的理念出现强调西方法的优势的倾向，很少有人谈及西方法有何弊病。而对西方法的崇尚，又往往是与对自身传统的批判联系在一起甚至是以批判自身传统为基础的，此种倾向在不同层面延续至今。在这样的前提性取向中，厌讼成为东方传统

* 郑二为：长春工业大学教授。
** 李雪：长春工业大学讲师。
*** 王晓明：长春工业大学助教。

法文化的标志性缺陷。因此，本文仅就自己关于日本法文化的研读心得与所引起的思考，尤其对几个用于论证日本传统法文化“义务本位”的例子的观察，挑出若干片段理出一些头绪，权充论文以供批判。这其中的“案例”，有些并不是实案，说是事例较为准确，为分析方便，称之为“案例”。如“三方一两损”的故事，并非实案。而且，据称“三方一两损的案例缺少史实依据，法官大岗前越守也很可能是一个虚拟人物”。但是，一者“故事中反映出来的日本传统法律文化中圆满解决纠纷的观念一直延续至今日”，二者从文化传统的角度说，这正可以反映长久以来形成的“意识”，因此，将这一案例当作实案来分析。

一、“三方一两损”：解纷息争的日本传统与棚赖孝雄的“管理模式”论

“三方一两损”的故事被用来说明许多问题。〔1〕据华夏等著的《日本法律继受与法律文化变迁》，“三方一两损”的故事典出《大岗政谈》，是“一段类似包公形象的法官大岗前越守基于衡平法断案的佳话”〔2〕，在日本流传甚广。这一脍炙人口的故事有许多种版本，反映了日本人解纷息争的观念与法律意识的变化。本文选取被引用作为例证的版本（以下简称B版本）与网络上找到的自认为较为“原始”的版本（以下简称A版

〔1〕 如植田信广在“前近代的日本法”（载《中外法学》1991年第3期）中将其与大岗前越守“死鸭放生”的故事，一起作为说明日本近世法重视个案具体解决方式以及重结果不重手段的例子。本文中所引B版本则被用来说明日本传统上圆满化解纠纷理念的例子。可见“大岗裁判”在日本的影响以及其故事中所蕴含的文化传统之凝聚。

〔2〕 华夏、赵立新、［日］真田芳宪：《日本的法律继受与法律文化变迁》，中国政法大学出版社2005年版。

本）作为分析依据。〔1〕

“三方一两损”的确反映了日本传统的处理纠纷的理念，但是，这不能成为“义务本位论”的依据，也不能成为法律意识淡漠的依据。在A版故事中，“面子”，即义理，起到了极为关键的作用，将此事告到法官面前的既不是还金者，也不是失金者，而是还金者的房东，法官大岗前越守是出于“无奈”才拿出一两银子的。而在B版故事中，却是“权利”，即“所有权”，起到了关键作用，此事也并未“起诉”到大岗法官那里，而是大岗法官“正巧”路过，大岗法官则是出于对双方相让的

〔1〕 A版“三方一两损”：“三方一两损”的故事发生在江户时代的江户，江户人有死撑面子的习惯。据说江户的匠人习惯于把当天手头的钱全部很潇洒地花光。住在浅草阿部川町的泥瓦匠金太郎捡到了一个装着收据和图章的钱袋，里面有三两金子。通过收据得知失主是住在神田小柳町的木匠吉五郎，立刻动身去归还。吉五郎不但不感谢，反倒一顿臭骂：你这家伙真是爱多管闲事。我好不容易丢了钱，心情愉快地在这里喝酒！你却巴巴地老远送来。我今天又得想法子把这三两金子花光。太费劲了！行了，把收据和印章留下。你就要了这三两金子吧，给你了，拿走！金太郎也是个死心眼：“既然知道东西是你的，当然该还给你了。我又不是为了要金子来还你的！”两个人你一句、我一句互不相让，最终互相撕打起来。吉五郎的房东出来调停，反说金太郎不是，金太郎只好道歉离去。可是金太郎家的房东知道了这一切之后，非常生气，把这件事告到了南町奉行的长官大岗前越守那里。大岗前越守马上派人把吉五郎和金太郎传来，问他们谁肯接受这金子，可是他们还是谁也不肯接受。大岗前越守无奈只好自己再出一两金子，宣布褒奖吉五郎和金太郎每人2两金子。这事才算了结。这两个人如果不闹意气，无论谁都有机会得到三两金子，结果只得了二两，大岗前越守也出了一两，等于是三人各损一两，所以这个结果就叫“三方一两损”。

B版“三方一两损”：“一个木匠丢失了一个装有三两银子的钱包，捡到钱包的瓦匠要把钱包完璧归赵，交还给木匠，但木匠坚决不要，认为丢失的东西已不属于自己，谁捡到就归谁。就这样一个要归还，一个硬是不要，互相争执不下。正巧，此时法官大岗前越守路过此地，见此情景便走上前来，说了一句‘好一个悠然相让之争啊！’后，便从自己的口袋里拿出一两银子填上，使三两银子变成了四两。而后裁决道：这四两银子，二位各取二两。咱们三方各损失一两，这不就公平了吗?”参见华夏、赵立新、［日］真田芳宪：《日本的法律继受与法律文化变迁》，中国政法大学出版社2005年版，第237～238页。

由衷赞赏而欣然自损的。令人回味的是，所谓“三方一两损”中双方争论的焦点看上去并不是自己的权利必须实现，而是自己的义务必须履行。这其实正说明日本人的权利意识是非常强烈的——不是自我权利意识强烈，而是权利意识强烈。而西方的权利本位或权利意识实质是自我权利意识或自我权利本位，这大约也就是西方个人主义盛行的法文化映像。

此外，A版“三方一两损”看上去虽然较为细腻，但正是这细腻，反映出了日本传统文化中的义理人情观，以及法官断案时义理人情的重要影响。而且，也反映出“义理世界”自身的冲突。这与中国的传统司法理念形异神似——中国的法官不会拿出一两银子来化解纠纷，即使在传说中也不会产生这样的情节，但同样会将人伦情理看得很重。

“三方一两损”的故事似乎是验证了棚赖孝雄关于日本诉讼率低的“管理模式”论。法官大岗前越守的介入——无论是“碰巧”还是受理投诉——及其解决方式，很契合“管理模式”论的立场。棚赖孝雄认为诉讼率低是日本国家制度设计的“管理模式”，通过设置满足当事人的非诉讼渠道——当前流行的替代性纠纷解决机制——来达到社会控制的目的。[1]这种“管理模式”论，是否与“喧哗两成败法”的制度设计初衷相吻合，可能成为探索厌讼文化形成与发展的有益课题。如果从“管理模式”论的视角出发，就不能得出“义务本位”或“法律意识淡漠”的结论。就大岗前越守的这两个故事来看，大岗法官的裁判往往不是根据法律，而是依靠智慧、依据情理。虽然形式上不是以保护权利为目的，但在实质上仍然是保护权利。称大岗前越守是基于衡平法断案，显然带有保障权利的含义。

---

〔1〕何东、庄燕菲：“‘邻人诉讼’事件与日本人法意识研究流变”，载《浙江社会科学》2011年第2期。

二、道路交通法之“优先权”、“不妨碍义务”与千叶正士的“广泛文化背景论”

川岛武宜在其《现代化与法》中，提到了关于道路交通法的两个例子。

第一个例子是对美日法律文本的比较：“试举我们身边的事例，来说明日本人在‘权利’问题上缺乏法意识的现象。美国的道路上不时能看到‘Yield Right of Way’、‘Yield’的道路标志。这意味着‘请给拥有优先通行权的车辆让道’。比如，从窄路向宽道过度时，相对从窄路开出的车辆而言，通过宽路的车辆有优先权。该优先权即‘right of way’。这出于‘车辆互相之间成立权利关系’的构想（法学家所谓‘法构成’）。可是在日本，同样情况却不被视为‘权利’。虽然道路交通法中规定了车辆行驶的先后顺位，但条文写道：‘……不得妨碍该车辆的行进’(第36条第3项)。它的支配性理念，不是优先通行车辆的‘权利’，而是让道一方车辆的‘义务’。即在这里也能象征性地看到，不是所谓‘权利本位’而是‘义务本位’的思维方式。”〔1〕

川岛武宜的例子并不能充分地说明日本传统法文化是义务本位而非权利本位。把“优先权”规定视作“权利本位”，把“不妨碍义务”视作“义务本位”，是把个别当整体了。权利条款与义务条款在不同国家的不同法律中都普遍存在，美国的法律中也不是没有“不得……”这样的条款，日本的法律中也不是没有“享有……”这样的条款。而且，美国的“为享有优先通行权的车子让路”与日本的“不得妨碍正在行驶的车辆”，具有不同的内涵和外延，并不是简单的权利义务的“对应”。前者

〔1〕［日］川岛武宜：《现代化与法》，申政武等译，中国政法大学出版社1994年版，第149～150页。

只是强调了权利，而后者则同时确认了权利与义务。也就是说，前者只含有单一的权利内容，而后者则含有权利与义务两种内容。这两种内容是：在不妨碍正在行驶的车辆的情况下，即有权通行。虽然看上去后者强调了不妨碍的义务，但是，由于它还含有不妨碍则正常通行的权利。所以，川岛武宜将此种情形定义为义务本位的思维方式有失偏颇。

第二个例子是日本的判例："从窄路开出的卡车司机看见了宽路上行驶着的小型轿车，却挡住轿车的道开进了宽路，结果引起交通事故。裁判所断定小型轿车在没有把速度减到能够随时停车这一点上存在'过失'（东京地方裁判所昭和 34 年 3 月 24 日判决《下级裁判所民事判例集》10 卷 45 页以下）。我想，这与不承认优先通行权是'权利'的想法不无关系吧。"〔1〕在这里，虽然裁判所追究了小型轿车的过失责任，看上去首先强调了小型轿车的减速义务，进而保护了卡车司机的权利。然而，将此例与前例结合起来就会发现，小型轿车的减速义务是以卡车司机的正当权利为前提的。此外，川岛武宜认为"一般民众之间存在着并不一定遵守道路交通法——'违反一两次没什么'——这样的意识。"〔2〕这说明，义务如同权利一样，在日本人的心目中是同样淡漠的，当然也就谈不上义务本位了。实际上，根据川岛武宜关于法律被视为"家传宝刀"甚至"政府针对国民的反对和批判，意欲制定某项法律时，常常试图用法律不过是'家传宝刀'的解释来说服民众"的论述〔3〕，虽然

---

〔1〕［日］川岛武宜：《现代化与法》，申政武等译，中国政法大学出版社 1994 年版，第 150 页。

〔2〕［日］川岛武宜：《现代化与法》，申政武等译，中国政法大学出版社 1994 年版，第 157 页。

〔3〕［日］川岛武宜：《现代化与法》，申政武等译，中国政法大学出版社 1994 年版，第 158 页。

不能得出日本人的传统法律意识是法律仅具有象征意义，但是，却确实可以反映出日本人只有在不得已时才会想到法律。法律作为最后的手段，还是尽量不采用为好，这在形式上就被看成是厌讼。但是，厌讼绝不等于权利意识或法律意识淡漠。

日本传统法文化只是主张权利的方式与西方不同，而不是“本位”与西方不同。诚如川岛武宜本人所言：“像这样缺少‘权利’观，完全不同性质的传统式规范意识（义务的非确定性、非限定性），绝非法意识的特有现象，不过是日本人传统型思考方式中共通的一般性特质的一个侧面而已。”〔1〕权利本位并非西方文化的独创。

从对这两个案例使用的观察来看，千叶正士的主张是值得强调的：“千叶正士主张，对法进行研究，必须深入到其广泛的文化背景之中，深入到各民族的风俗、习惯、宗教、道德等民俗之中，只有这样，才能搞清某一法文化的形态特征。”〔2〕一两个单独的例子可以作为说明一种文化传统的例子，但是，在法律文本中是采用权利条款的方式还是采用义务条款的方式，多是立法技术上的问题，与法文化意识关系不是很大。否则，在一部法律文本中既含有权利条款又含有义务条款，那就可以说既是“权利本位”又是“义务本位”了。

三、词汇、权利话语与大木雅夫的“语言陷阱”论

日本传统语言文字中没有“权利”这一词汇，被谨慎地用来说明日本没有“权利”的传统。

---

〔1〕［日］川岛武宜：《现代化与法》，申政武等译，中国政法大学出版社1994年版，第150～151页。

〔2〕何勤华：“大木雅夫与日本比较法律文化研究”，载《法律科学》1992年第1期。

川岛武宜在《现代化与法》中论述道："可是为什么我国一度没有'权利'这个一般性名词或者内容相当的词语呢？想来原因也只有一个：不存在使用这个词的必要。"这句话的实质——可能川岛武宜本人也没有意识到——就是在当时的日本社会根本谈不上什么权利义务。既然谈不上权利义务问题，也就当然谈不上权利本位还是义务本位。所以，义务本位，只不过是现代人用现代的眼光，去观察古代人与古代的社会得出的结论。这不是传统，而是现代人对传统的误读。这种误读之所以产生，有两个原因：一是对变革的期望，二是对未来的渴望。这两种因素，看上去是理想化的，实质上却是现实化的。首先，变革的期望将会付诸行动；其次，对未来的渴望将会决定行动的方向。所以，这些理想，都是现实的。实际上，任何理想——例如空想社会主义——都将引起现实的行动。从而，从来没有与现实无关的理想，甚至也没有与现实无关的空想。只不过它们的条件尚未成熟而已——不是努力的条件尚未成熟，而是实现的条件尚未成熟。

川岛武宜还举例说："不过，即使在德川时代，个人也'拥有'土地和房屋。毫无疑问，人们在某种意义上有着'权利'意识。而且，从根本上不可否认，理应存在过这样的意识：借了钱给人的人能否要求债务人归还所借金钱。尽管如此，表达这其中共通观念的词语'权利'，即西欧的传统和现代法所称谓的'权利'意义上的权利却不曾成立过，应该说这是极有意味的事实。"〔1〕川岛武宜的这段话，非常值得玩味。它表明，川岛武宜已经意识到了"义务本位"论可能存在的问题，但是，却并没有发现问题所在。进一步地，川岛武宜实际上提出了他

〔1〕［日］川岛武宜：《现代化与法》，申政武等译，中国政法大学出版社1994年版，第140页。

的疑问："战后尤其最近，我国的传统性雇佣关系虽然急剧地变动着，但仍非常清楚地保持着它的特色。即人们认为，雇主对被雇人拥有'权力'，但并不曾认为拥有对其劳动的'请求权利'。而且与此相应，被雇人也不认为有向雇主取得工钱的'请求权'，而是想'请允许我付出劳动'、'让我领受工钱'，即两者之间不存在'权利'关系的认识。"〔1〕"请允许我付出劳动"是否可以理解为请求权？"让我领受工钱"是否是义务？相信没有人把这两种意识看成"义务本位"，至少是令人怀疑的。因为它们绝无"义务"之意，这是在向雇主主张自己的权利！只不过比较客气而已，是出于"和为贵"的传统以及"对暴力的认知"，正如大木雅夫的观点，西洋人对法有一种敬畏的感情，认为法是神圣的。但这种感情并不是西洋特有的，古代东方社会如埃及、巴比伦、西伯莱、印度等国的人民对法也是既畏惧也敬仰的，只是这种畏惧和敬仰或是由于古代法律规范与宗教教义相结合，古人们出于对神的畏惧而生，或是由于法律和君权结为一体，古人们摄于"天人合一"之君主专制之淫威而发。〔2〕而这正是棚赖孝雄所说的"权利的构想始于暴力的认知"。〔3〕据我的理解，尽管雇主不认为对被雇人拥有劳动的权利请求权，但是，这并不意味着被雇人有为雇主劳动是义务的意识，而是对权力——在这里，即应按照川岛武宜之论区分权利与权力——的认知。而基于权力的义务与基于权利的义务是完全不同的。

川岛武宜阐述他的权利观时，特别强调两点。一是，他所

---

〔1〕［日］川岛武宜：《现代化与法》，申政武等译，中国政法大学出版社1994年版，第141页。

〔2〕何勤华："大木雅夫与日本比较法律文化研究"，载《法律科学》1992年第1期。

〔3〕［日］棚赖孝雄：《现代日本的法和秩序》，易平译，中国政法大学出版社2002年版，第108页。

说的权利概念与以往法律学者对权利的解释有重大区别，“‘权利乃法所赋予的意志的力量’、‘权利乃法所保护的利益’等类似法律学家的说明，不过是为了用语言来表现或说明裁判规范而构成的 dogma（公理）或记述，同我在这里作为问题的、裁判以前社会生活平面上人们所拥有的意识却没有关系。所以，这些不能成为对我的问题的回答”。[1] 二是，“至少在考虑上述日本问题时，恰恰有必要区别‘权利’同‘权力’，仅仅标上强制装置保障的记号，无法解答这一重要问题”。[2] 川岛武宜认为：“社会学学者中虽然有人从社会学的立场出发把‘权利’的概念问题化，但那些人主要把裁判或法的惩罚作为当然的前提，且将焦点置之其上，说明——或是构成分析工具的概念——如下：权利‘由一定强制装置所保障的某一利益’。但是依照这样的说明或概念构成，则很难区别‘权利’与‘权力’。”[3] 川岛武宜在阐述若要从他事物中将权利区分出来，应取怎样的标志问题时说：“‘权利’的前提是，B 对 A 负有完成某种行为的义务。”[4] 这大概就是为什么日本法文化中的法意识被认为是“义务本位”的原因了。然而，持此种观点的人，包括川岛武宜，都没有意识到，此种意识并没有包含日本人对于权利的理解的全部内容。川岛武宜在《现代化与法》中引用了谷崎润一郎的论述：“正如大家所看到的，原文只是六行，英文则拉长至一

〔1〕［日］川岛武宜：《现代化与法》，申政武等译，中国政法大学出版社1994年版，第142页。

〔2〕［日］川岛武宜：《现代化与法》，申政武等译，中国政法大学出版社1994年版，第142～143页。

〔3〕［日］川岛武宜：《现代化与法》，申政武等译，中国政法大学出版社1994年版，第142页。

〔4〕［日］川岛武宜：《现代化与法》，申政武等译，中国政法大学出版社1994年版，143页。

十三行。的确，英文补充了大量原文里没有的词句。比如……就是说，英文要比原文精密，没有含混不清之处。原文不解自明之处尽量不多言，英文则极尽清晰之能事。”川岛武宜认为谷崎“及其贴切地论及日语的这一特质”。

但是关于日本历史上曾经没有权利一词这一论据，恐怕是所有论据中最没有证明力的。大木雅夫认为不能以没有权利这个词汇来断言没有权利意识，因为在明治以前也没有义务这个词汇，历史上日本人的法律意识不但不低而且很高，日本人的权利意识与西方人没有根本性差异，这与河合隼雄、加藤雅信编著的《人心与法》的结论是一致的——通过对日本、美国、中国的问卷调查得出的结论是，这三国的法意识并没有太大的区别。但是，村上淳一却认为日本人在官司不如人意时不惜一切代价以各种理由上告不是基于通过实现自己的权利主张来形成社会秩序的责任感，而是对利益的贪求，这样的诉讼再多也不能证明日本人与西方人具有同样强烈的权利意识。〔1〕的确，诉讼的数量并不仅仅决定于权利意识，无论怎样都不能仅以诉讼数量的多少来证明权利意识或法律意识的强弱，因为引起诉讼的原因是多种多样的，绝非权利意识或法律意识一种。

虽然当今有了这些词汇，但是棚赖孝雄认为，在今天的日本，“一方面，权力话语得到了一般性的接受，另一方面，当权利在实际生活场景中得到主张时，我们依然会感到陌生。”因为“‘我有权’或‘你没权那样说’这样一些话语，总让人感到某种生硬和反弹的味道”。〔2〕棚赖孝雄认为，可以把

---

〔1〕何东、庄燕菲：“‘邻人诉讼’事件与日本人法意识研究流变”，载《浙江社会科学》2011年第2期。

〔2〕［日］棚赖孝雄：《现代日本的法和秩序》，易平译，中国政法大学出版社2002年版，第102页。

“对于权利的这种矛盾心理”视为权利意识尚未成熟，或因为权利要求与自身利益休戚相关以致我们的态度摇摆不定从而表现为总体赞成、局部反对，而且能动的权利要求会中断日常社会相互作用的流程，给社会关系带来紧张。显然，这是与日本人以和为贵的传统相背离的。从比较的视角观察，棚赖孝雄认为，主张权利会带来不协调感，是因为日本社会是一个同质社会，而在像美国那样的多元社会中，则必须赋予法律以社会整合的功能。

其实，“我有权”、“你没权那样说”这样的话语，在西方社会同样是让人感到生硬和反弹的味道的——尽管并不陌生，因此，仅就这一点而言，东西方没有多大区别。棚赖孝雄在他的《现代日本的法与秩序》中也提到早有人指出“美国人的权利话语极其强硬而绝对”。〔1〕显然，强调个人权利的权利本位意识，未必总是有助于解决问题。而且，正如棚赖孝雄指出的那样，强调个人权利会产生社会疏隔。当然，这也是以文化特征为背景的。在美国那样的多元社会，权利本位不会加大人与人之间的距离，但是在日本这样的同质社会，产生的影响就不同了。〔2〕应当说棚赖孝雄的理论还是很有说服力的，但是，权利话语之所以会产生社会疏隔，是因为文化传统不同。日本的义理人情规范，与中国的传统一样，主张“舍利取义”，在这样的社会交往理念下，即使内心强烈地想要主张权利，特别是个人权利，在表面上，也不会直接地或直观地表达出来，而是通过所谓的“心有灵犀一点通”来使别人了解自己的真正意图。

---

〔1〕［日］棚赖孝雄：《现代日本的法和秩序》，易平译，中国政法大学出版社2002年版，第106页。

〔2〕［日］棚赖孝雄：“日本法律话语中的现代性之缺位”，张薇薇译，载《新华文摘》2003年第3期。

从这一点说，日本人的权利意识被义理规范和类似于“喧哗两成败法”这样的制度压抑了，但此种压抑只是形式上的，并没有起到抑制权利意识本身的作用。日本人的权利意识与权利主张，还通过许多非西方式的也就是日本式的方式被提出来了。比如下文将要提到的“暗默的期待”。

四、“邻人诉讼”、“喧哗两成败法”与植田信广的“义理世界”论

1983年在日本引起社会轰动的“邻人诉讼”，被视为日本人厌讼的典型案例。在这一诉讼中，当事人双方均受到舆论的强烈谴责，戏剧性地出现了“各打五十大板”的“舆论判决”，与“喧哗两成败法”的实有制度一脉相承。案件本不复杂，亦无些许诱人的新奇之点，但却激起了日本民众维护义理人情的情绪。“‘义理人情’是日本最重要的社会规范之一，可以称之为日本传统观念的象征。即使今天，不知道或很少使用义理一词的年轻人，也不能摆脱义理观念的影响。他们的行为似乎与上一代不同，但在根本上，所有的日本人的行为仍然受着义理观念的影响。义理指正义与理性，即传统文化中的为人之道，或面子；人情则意味着人类的感情。义理人情是一种在社交关系中，当事人的一方虽然在暗默中期待对方的等价补偿，但又单方面给予对方恩惠的社会规范。在这里，当事人的一方虽然期待对方的等价补偿，但并不以明确的形式作为权利来主张，另一方面又要求对方洞察自己的想法和状况，察觉其暗默中的期待，履行本人应付的义务。因此，不能察觉对方的暗默期待，只是单方面接受恩惠，不履行义务的人被蔑视为‘忘恩负义者’；另一方面，最大限度地在对方的义务范围内明确提出自己

的期待者，则被责难为‘无血无肉的贪婪者’。”〔1〕义理人情虽不是主张权利的形式，但是作为一种规范，是消解西方式权利主张方式的“生硬与绝对”的工具。“暗默的期待”大体与“心理契约”类似，它常常被用来委婉地表达自己的主张，并且一旦对方不能够确切的理解或采取相应的行动，那将会导致交往的淡漠甚至疏隔，别人知道了也会认为是对方的不是。这种社会交往的日常规范也要求人们在出现纠纷时，尽量自行协商化解或各自相让，例如中国的俗语“退一步海阔天空”、“相逢一笑泯恩仇”等等。然而，将此种意识断言为“缺少权利意识”是错误的。无论是“暗默的期待”还是“心理契约”，都是一种表达意图的形式，而且不仅可以而且经常是表达权利意图的形式。此外，再强调一点，不能将好讼意识与厌讼意识作为判断权利意识或法律意识的唯一标准，因为，主张权利和救济权利的途径绝非只有诉讼。当今流行的 ADR 模式，虽然并不是日本传统意义上的解纷息讼理念的体现，但是却与其如出一辙。

大木雅夫认为，虽然在表面上过去日本人讨厌打官司，但其实只要有利于自己，有这样的情况的话，就很积极地利用法院。〔2〕在前述 A 版“三方一两损”故事中，不是当事人中的某一位而是拾金者金太郎的房东将事件告到了大岗前越守处。金太郎的房东大约一方面是出于打抱不平，另一方面也是出于支持自己的房客，后一方面如果就是大木雅夫所言的对自己有利，那么这一故事倒可以权作证明。而“邻人诉讼”中遇难孩子的父母坚持提起诉讼恐怕不是为了利益，而是出于情感等心

〔1〕 华夏、赵立新、［日］真田芳宪：《日本的法律继受与法律文化变迁》，中国政法大学出版社 2005 年版，第 240 页。

〔2〕 植田信广：“日本传统法律文化及其历史背景”，载《中外法学》1996 年第 4 期。

理因素。而法院的判决令遇难孩子的父母只是取得了“很小一部分的胜诉”，尤其令人想到“喧哗两成败法”的宗旨，即不鼓励通过诉讼解决纠纷。社会对被告夫妇的反映之强烈不亚于针对遇难孩子父母，则鲜明地昭示了“喧哗两成败法”理念的现代传承。川岛武宜在1967年出版的《日本人的法意识》中认为，传统日本社会中的“厌讼”倾向是由日本人的法意识决定的，而这种法意识的特点在于缺乏权利的觉悟，或者说是缺乏对于权利与义务的关系的正确理解。日本社会的集体主义和纵向关系导致了“和为贵”的行为准则。人们尽量避免纠纷；即使出现了纠纷，也要抑制个人的权利主张，力争通过友好协商来圆满处理。[1] 这是日本传统的义理规范的核心，即抑制个人权利主张，张扬集体和谐理念。但是，这种义理规范并不反对主张自己的个人权利，只是要求必须采取温和的方式，避免出现“生硬和绝对”的态度，正如植田信广指出的那样：“义理规范与权利义务关系大不一样，在义理规范下主张自己权利的办法很微妙，是用比较委婉曲折的方式主张权利，而不是直接向对方主张权利。比如某个人可不可以主张其权利，其判断标准属于社会上的一般想法，是社会的一种默契。而且认为对方应该立即觉察他的要求而让他达到目的。”之所以这样的权利主张方式能够成为传统并被延续至今，是因为这一规范实际上设计了比司法判决还要严厉的规制“措施”：“面对他人提出权利的暗示，却不予以理睬而只顾自己享有权利，这种人会被视为野蛮人从社交社会里赶走。”[2] 显然，被“从社交社会里赶走”

〔1〕 季卫东：“法律秩序的传统与创新（代译序）”，载［日］川岛武宜：《现代化与法》，申政武等译，中国政法大学出版社1994年版。

〔2〕［日］植田信广：“日本传统法律文化及其历史背景”，载《中外法学》1996年第4期。

要比通过诉讼与特定而且有限的当事人交恶严重得多。此即植田信广所言的“义理世界”。但是，植田信广同时警告说：“这样的观点好像很重视整个社会的协调，其实隐藏着非常危险的思想因素。就是说，这种观点对异己分子往往采取不宽容的态度。”[1]“邻人诉讼”事件较为明显地证明了这一点。

五、结论

日本人缺乏西方的法观念，但自己的传统法观念不仅不欠缺，而且很强烈。“东西方无差别”论之所以受到质疑，是因为没有发现二者的差异，而正是文化的差异导致了法观念的差异。文化冲突是文化差异的必然结果，而文化差异又是文化本身的特质，无差异则无文化。我们应当对不同层面的文化冲突给予不同的视角。“日本 cheers”与“Chinese 干杯”就是一种文化冲突，然而它带给我们的是友谊。在这个意义上，多元文化主义带给我们的不是乱象，而是繁荣。

日本法文化的民族性——不只是传统法文化的民族性，而且当代法文化的民族性——并没有在移植西方法的进程中被消解，当代日本法依然是日本法，西方法的移植是根植于日本土壤之中的。移植或继受都不是日本法文化的唯一特征。尽管我不同意关于日本传统法文化“义务本位论”的说法，但是，很赞同川岛武宜的这句话：“日本法虽然拥有西洋法的外观，但剥去镀金，则到处显露日本独特的法律观念”。

日本并非仅仅是“移植西方法的典范”，而更应是“西方法与本土法融合的典范”。就权利意识而言，不是单纯引进了西方的权利观念，而是将西方的权利观念与日本自己的传统权利观

---

[1] [日] 植田信广：“日本传统法律文化及其历史背景”，载《中外法学》1996 年第 4 期。

念融合在了一起，也就是说，既用西方法改造了本土权利观，又用本土法改造了西方权利观，使之成为同时超越自我又超越他者的权利观。

近代中日私权形成之比较

周骁男*

导言

从明治维新开始，日本民法几经修订，终于形成了体系完备的现代民法体系，而清末修律以降，除港澳台地区以外，中国民法的现代化之路历经坎坷。造成中日民法现代化之路的差异以及中国大陆民法发展跌宕起伏的原因是多方面的。而私权观念体系完备与否、私权的社会基础是否坚实，则是其中一个重要的方面。因为私权是民法赖以产生和发展前提与基础。

一、前近代社会中的私权萌芽

日本与中国是一衣带水的邻邦，在前近代社会都是以农耕经济为主要生产方式，日本的文字是在借鉴汉语的基础上形成的，“大化改新”后，日本全面学习中国的政治制度。似乎就前近代社会的状况而言，传统中国社会与日本别无二致。实际上，处于前近代社会的日本已经孕育了私权产生和发展的萌芽，而

* 周骁男：长春工业大学人文学院教授。

私权在传统中国社会几乎难觅踪迹。

前近代社会中央与地方的关系是后来私权能否顺利产生的政治基础。在安土、桃山时代，日本就已经基本确立了幕藩体制。到江户时期，幕府政权较为薄弱，幕府不能直接管辖大名的领地，大名只要按时参觐交代，就算履行了服从中央的义务。因此，各地大名与幕府将军之间存在着事实上的制衡关系。为了强化幕府的统治地位，在关原和大阪战役胜利后，幕府一方面颁布了《武家诸法度》，另一方面在国内大力倡导程朱理学，强调大名对将军的效忠。幕府甚至有能力改变大名领地的所在区域（“更封”）或部分削减大名的领地。即便如此，江户幕府的政治体制也仅与西汉初年中央集权下的分封制较为接近，同在前近代中国长期占统治地位的中央集权政体有着本质的区别。幕府末期，日本的政体更类似于欧洲中世纪的领主制。在中央高度集权的传统中国社会，不存在天子之外的相对独立的政治利益主体，因此也就不具备出于私利的政治制衡。而在前近代的日本，虽然不像中世纪的欧洲存在教皇、国王、领主三者之间的利益制衡，但是存在着幕府、大名之间的利益制衡，这就为承认不同利益主体的平等地位创造了前提条件。换句话说，幕府政体为承认个体私权的主体地位奠定了基础。

在前近代社会的经济运行过程中，是否承认并保护私产对于公权力的对抗，是后来私权能否发展的关键。从经济发展的阶段上讲，前近代的中国和日本都属于农耕社会，生产力发展水平大体相同，但是，两国对于私产的承认与保护有着较大的不同。从16世纪开始，日本逐渐废除了都市贵族土地所有制，建立了大名一元化的土地所有制。江户初期，颁布了《禁止田地永久买卖法令》、《分地制限令》，进一步“硬化”了大名对土地的所有权。虽然法律限制任意买卖大名的土地，但是承认并保护大名对于自己土地的排他权。而在传统中国社会并无真正意义上的私产。“普天之下，莫非王土，率土之滨，莫非王臣。”[1]只有天子一人拥有对于土地的排他权，其社会成员对于土地仅仅拥有使用权，天子可以任意剥夺任何社会成员使用的土地。虽然传统中国社会允许土地自由买卖，但是，任何社会成员都不可能以土地与天子相抗衡。私权的产生和发展不仅仅是私产所有者经济利益的满足，更重要的是，私产所有者有权利以财产对抗公权力。正如法国《人权宣言》所指出的那样，“财产是神圣不可侵犯的权利，除非当合法认定的公共需要所显然必需时，且在公平而预先赔偿的条件下，任何人的财产不得受到剥夺”。

是否拥有全国性的商业体系和商人集团，是萌芽于前近代社会的私权，能否最终获得合法地位的前提和基础。日本国家面积狭小、四面环海、外贸发达、民族单一，较易形成全国性的商业体系。虽然江户时期也曾经出台过“抑商”政策，但是，商人的社会角色被法律作了严格的身份限定，商人始终以一个独立的社会阶层出现在社会生活的舞台上。因此，商业和商人集团在前近代日本社会始终处于不断发展的状态。特别是大名为了履行参觐交代义务，不得不向商人贷款，有的为了解决债务危机而与商人家族联姻，客观上进一步提升了商人的社会地位。在传统中国社会，商人就是道德上难于教化的“小人”，“商人重利轻离别”、“无商不奸”都是对商人的道德评判。一个道德低下的群体，在礼教盛行的国度是不可能得到社会认可的。传统中国社会以自然经济为资源的基本配给方式，政府长期奉行“重农抑商”，加之国土辽阔、交通不便，形成了几乎相

〔1〕《诗经·小雅·北山》

互隔绝且不完备的区域性商业体系和商人群体。广大社会成员要么接受命运的现实，要么通过科举制改变自己的身份，实现“朝为田舍郎，暮登天子堂”的梦想。前近代的日本，商业发达、商人阶层庞大，不但促进了经济的发展，而且为社会带来了大量平等主体之间的交换关系，为私权的合法化奠定了坚实的社会基础；传统中国社会里，社会成员依赖天子宠幸来改变自己的命运，无心也无力构筑自己的私人财富空间。因此，明治维新后的日本迅速确立了私权的合法地位，在近代化中国，私权随着社会的艰难转型而挣扎前行。

二、外来压力面前的私权建构

“不断扩大产品销路的需要，驱使资本主义奔走于全球各地。它必须到处落户，到处创业，到处建立联系。资产阶级，由于开拓了世界市场，使一切国家的生产和消费都成为世界性的了。”[1] 1840 年，英国人凭借着坚船利炮率先叩开了中国的大门；1853 年，美国迫使日本签订了不平等条约、实施对外开放。似乎中日两国是在同一历史时期、同等条件下实施对外开放的，建构近代私权的时间似乎也应该大体相同。然而，发展私权并不是近代中国的主题，日本则是在政府扶持下建立了近代私权体系。

在近代中国，发展私权让位于谋求国家的独立富强。面对从未遭遇的巨大变故，曾经拥有自足而高度发达文明的近代中国，其第一反应必然是固守自己的传统。而在中华传统文明里并没有允许和促进私权发展的资源。传统中国社会以封建土地所有制为基础且商品经济不发达，社会成员一般不是以平等主

〔1〕 中共中央马克思恩格斯列宁斯大林著作编译局：《马克思恩格斯选集》（第 1 卷），人民出版社第 1972 年版，第 63 页。

体的身份出现在经济生活领域。同时，每一个社会成员都被按照“礼”的规范限定了自己的社会角色，个人从未成为完整意义上的独立个体。恰恰是对个性的否定、对私权的重重限制，维系了一个幅员辽阔、人口众多的大国，延绵数千年而经久不衰。在从未遭遇的巨大变故面前，为了秉持固有传统，也只能是崇尚公权而继续打压私权。熟谙英文的严复将穆勒的笔下的自由主义演绎为“国群自繇”与“小己”的对抗，进而提出“外患深者，其内治密，其外患浅者，其内治疏。疏则其民自由，密者反是。”〔1〕在严复那里应该不存在误读的可能，他的这段话是出于谋求国家独立富强的理想，也道出了近代中国知识界的一般心态，同时更是政界和普通百姓所乐于接受的救国路向。

在谋求国家独立富强的过程中，私权于不知不觉中登上了近代中国的历史舞台。当祖宗留下来的“制夷方略”都无法避免割地、赔款的厄运时，上至天子、下到臣民不得不另谋对策。为了“制夷”，天朝大国不得不“师夷人长技”。从引入列强的器具文明到研习西方的制度文明，近代中国是在固守传统的旗帜下踏上近代化之旅的。郭嵩焘在考察西方各国后，得出的结论是“西洋政教以民为重，故一切取顺民意”〔2〕，在他看来，这是列强之所以强盛的根本原因。梁启超则更进一步，“君权日益尊，民权日益衰，为中国致弱之根源”。〔3〕虽然梁启超所说的民权并不是民法意义上的私权，而仅仅是人民的参政权，但是，表明了维新派与洋务派之间泾渭分明，维新派与革命派的

〔1〕王栻主编：《严复集》，中华书局1986年版，第1292页。

〔2〕郭嵩焘：《使西日记》（光绪四年四月十八日），转引自熊月之：《中国近代民主思想史》，上海人民出版社1986年版，第11页。

〔3〕梁启超：《饮冰室合集·文集之一》，中华书局1989年版，第128页。

差别仅在于政体的具体设计上。近代中国的私权终于以承认个人的政治权利形式初步获得了合法性。随着近代商品经济在租借地和城市迅速发展，私人拥有的财富不断增加。特别是在治外法权的庇护下，聚集在租借地的私人财产可以公然和天子的皇权相对抗。近代中国已经不再是“普天之下，莫非王土”〔1〕的景象了。至清末修律，物权被正式写入《大清民律草案》。可见，私权登上近代中国的历史舞台不是源自传统，而是谋求独立富强的副产品以及从列强那里得到的舶来品。

榜样选择的“脱亚入欧”为近代日本建构私权体系奠定了坚实的基础。“日本将外来文化当衣服穿，即使是对中国文化的貌似全盘接受也是如此，只是表面的皮毛的接受”，“尽管江户幕府醉心于中国文化，但那只是停留在对高深的儒家文化的仰慕”〔2〕。早在16世纪，随着天主教的传入，日本迅速接受了被冠之以“南蛮学”的西方工程技术、医学以及平等博爱的价值观。到18世纪后期，兰学“就像将一滴油点在池水中而扩散到满池”，“此学普及海内，此处彼处四方流布”。〔3〕兰学不但为日本提供了大量自然科学和工程技术知识，而且带来了实证主义的科学观和西方启蒙思想。可见，前近代的日本在榜样选择方面已经逐步放弃了前近代的中国。虽然幕府末期也曾经提出过“尊王攘夷”，但是与中国的“华夷之辨”有着极大的区别。“幕末的攘夷包含着封建性的排外主义要素和萌芽中的民族主义要素，但不管怎么说，在具有经常靠摄取外国文化发展本

〔1〕《诗经·小雅·北山》

〔2〕周振鹤：“‘脱亚入欧’的虚与实——对日本前近代社会的断想”，载《复旦大学学报》2011年第2期。

〔3〕［日］原平三：《幕末洋学史の研究》，新人物往来社1992年版，第18页。

国文化之历史传统的日本，即便是‘攘夷’，也是在吸取欧美文化，特别是科学技术这一前提下的攘夷。”[1]科技领域的“脱亚入欧”为资本主义生产关系的广泛建立奠定了基础，再加上西方启蒙思想的传入，私权观念在近代日本已经不再是舶来品，而是自身社会发展的必然产物。

明治维新后，日本政府大力推行“殖产兴业”和“脱亚入欧”政策，正式确立了私权的合法地位。“在日本，17～18世纪，其商品经济发展要比中国更普遍一些……明治维新后，日本政府对这种关系和社会力量又大力予以发展，因而在明治20年后开展大规模法律改革时，其商品经济已远远超过中国。经济基础的差距，决定了中日两国近代社会思想、观念的不同变迁和发展，这也必然在两国法律文化近代化进程中反映出来。”[2]近代日本的“殖产兴业”就是“以国营军工企业为主导，按照西方的样板，大力扶植资本主义的成长”[3]。在日本政府的大力扶持下，私人资本急剧扩张，近代企业的法人治理结构也广泛建立起来。“1884年，日本农、商、工、矿、水陆运输和水产业的公司为1298家”[4]，到19世纪90年代初，日本基本完成了“第一次产业革命”。1885年，《时事新报》3月16日社论提出，“我日本之国土虽居于亚细亚之东部，然其国民精神却已脱离亚细亚之固陋，而转向西洋文明……与其坐等邻邦之进，退而与之共同复兴东亚，不如脱离其行伍，而与西洋各文明国家共进

---

〔1〕［日］依田憙家：《日中近代化比较研究》，卞立强译，北京大学出版社1991年版，第93页。

〔2〕陈鹏生、何勤华：“中日法律文化近代化之若干比较”，载《中国法学》1992年2期。

〔3〕万峰：《日本近代史》，中国社会科学出版社1981年版，第149页。

〔4〕米庆余：《明治维新：日本资本主义的起步与形成》，求实出版社1988年版，第124页。

退”。这样，私权在近代日本的地位与在西方国家的地位别无二致，而此时，私权在中国还是一个鲜为人知的法学术语。

三、私权观念体系的构筑

江户时期，日本的汉学家在义理、考据、辞章方面都有很深的造诣，随着兰学的盛行，一些汉学家开始转而兼治兰学，所以，他们能够以典雅的汉文来对译新输入的荷兰词语。这样日本的法学术语大都以汉文词语对应西文。清末，中国大量翻译日本的民法著作，并且直接引入日本法学术语，“如果不懂得日本法学词语的意思，是不可能看懂1900年至1911年期间的（中国）法学文献的”。〔1〕时至今日，许多来自日本的法学术语已经完全融入中国民法体系之内了。应该说，近代日本私权观念体系的构建要早于中国，而近代中国法学界是以谋求国家的独立富强为宗旨，逐渐接受了来自日本的私权观念体系。

近代日本率先从西方引入了私权观念体系，其起点是反抗封建专制，为民争权。在英文中，right与power本来是分属于不同领域的概念，但是日本学者在翻译的过程中为这两个概念共同赋予了“权”的内涵。柳父章指出：“自由民权的‘权’，与其说是right，不如说首先是力（power）。即便不等于力，也大体有‘力’的性质。曾经在幕末明治初期时，由西周等人首先把right在公法意义上介绍。其后，作为译语而固定的所谓‘权’这个词，在以后的民‘权’运动中，我想恐怕已经给予了深刻影响。”〔2〕由此，便有了今天仍然令中国人困惑不已的“权力”和“权利”。事实上，近代日本法学界为民所争的

〔1〕 俞江：《近代中国的法律与学术》，北京大学出版社2008年版，第16页。

〔2〕［日］松本三之介：《明治思想における传统と近代》，东京大学出版社1996年版，第20页。

“权”既包括公权又含有私权，即人民的参政权、人民的生存权、人民的财产权。

“人民的参政权”在近代中国引起了广泛的社会认同。谭嗣同大声疾呼，“中国所以不可为者，由上权太重，民权尽失”〔1〕。在他看来，要实现民权就必须保证人民的参政权，“无论如何天翻地覆，惟力保国会，则民权终无能尽失”。〔2〕毕竟，日本自16世纪起就踏上了“脱亚入欧”的道路，因此对于实现人民参政权的路径选择比近代中国知识界的情绪化呼喊要切实得多。西村茂树将近代日本界定为“半开化之国”，“政府之力常得八、九分重，人民之力常不过二、三分重”，未来需要进一步拓展人民参政权，“必政府退二、三步，人民进八、九步，始可达到获得平均”。而拓展人民参政权的途径有两个，一个是人民主动争取自己的正当权利，“漫然依赖政府，譬如等待黄河澄清，终不可有相逢之期”〔3〕；另一个是振奋民族精神、关心国家大事，“从前日本平民一向无精神，只处理一身一家之事，不进而关心社会国家之事”，〔4〕“今振作之而使其旺盛之方法无他，使人民干预国事也”。〔5〕而近代中国知识界则认为国人民智未开，不能担当参政重任。因此，只能由知识分子自己向当权者讨要“应该”属于自己的参政权。到后来梁启超和严复竟然以人民参政权来巩固君权。“今惟以民权之故，而国基巩固，君位之尊

〔1〕（清）谭嗣同：《谭嗣同全集》，中华书局1981年版，第248页。

〔2〕（清）谭嗣同：《谭嗣同全集》，中华书局1981年版，第278页。

〔3〕明治文化研究会编：《明治文化全集·杂志篇》，日本评论社1992年版，第245页。

〔4〕［日］植木枝盛：《植木枝盛集》（第1卷），岩波书店1990年版，第8页。

〔5〕明治文化研究会编：《明治文化全集·杂志篇》，日本评论社1992年版，第116页。

荣，视前此加数倍焉。”〔1〕“天下未有民权不重，而国君能常存在者。”〔2〕近代中国，不但人民参政权根本没有保障，而且人民私权也缺乏广泛的社会基础。因此近代中国法学界只能以移植的方式，从国外引入私权观念，并将其写入著述和法律条款内。鉴于既精通西洋文字、又谙熟法律的人才十分匮乏，沈家本等清末修律大臣就将日本作为学习的榜样，“我国与日本相距甚近、同洲同文，取资尤易为力”〔3〕。在沈家本主持下，冈田朝太郎等先后来到中国，他们一方面在京师法学堂为近代中国培训法律人才，一方面协助清廷创制新律。他们带来了近代日本从西方习得的私权理论。自清末修律始至民国在大陆溃败，中国的私权理论和民法创设，主要受到来自日本的影响。一些在今天看来属于常识的东西，当初都是被作为先进理论引入近代中国的。“西洋各国由历来认识的所有权之真理，政府允许人们私有土地，以至于丝毫不将天下全部土地当作一位君主之私有。”〔4〕“各民得以自由处置其所有物品、决不受他人妨碍之权利。……即使是罪犯的房产物品也决不没收，必给予其妻子亲戚。”〔5〕日本学者关于物权的解说，仍然为今天的中国法学界基本接受。“管物之权利作为所管理吾人的物类之权利，依吾人之所有其物或借用之而举行者也。今细别为三：一曰所有权利、二曰所用权利、三曰所持权利是也。所有之权利云保有吾人之

---

〔1〕 梁启超：《饮冰室合集·文集之三》，中华书局1989年版，第16页。

〔2〕 王栻主编：《严复集》，中华书局1986年版，第90页。

〔3〕 （清）王先谦：《东华录东华续录》（光绪三十一年），上海古籍出版社2008年版，第129页。

〔4〕 ［日］加藤弘之著，［日］上田胜美编集，［日］大久保利谦、［日］田畑忍监修：《加藤弘之文书》（第1卷），同朋舍1990年版，第146页。

〔5〕 明治文化研究会编：《明治文化全集·政治篇》，日本评论社1992年版，第25页。

万物，将之控制进止之权利。所用、所持、所得之权也亦包含其中。所用之权利云即便自己未所有之，现在也可使用者，所持、所得之权自在其中，例如借土地而在上筑造，所持之权利云并非自己所有，亦非所用之而现保持之权，所得之权或包含其中。”〔1〕

结语

回顾中日两国近代私权的建构和发展历程不难发现，一个社会建构自己的私权体系，不仅仅是民法的创设问题，而且是一个社会结构改变的问题。日本之所以能够迅速建立近代私权体系，一方面是由于前近代社会具备了建构和发展的社会基础；另一方面是因为日本以科技和文化的“脱亚入欧”为先导，迅速建立了近代化的经济和社会发展结构。反观近代中国，资本主义生产方式一直在萌芽阶段缓慢发展，全社会以博得天子宠幸为目标，缺乏外在的发展动力和机制，因此，在近代化浪潮冲击下，难于自立，不得不在反抗侵略、实现社会转型过程中，探索建构近代私权体系的路径。

〔1〕［日］小野梓：《小野梓全集》（上卷），富山房1936年版，第32页。

法律全球化影响下的中国法的发展方向

孙耀刚*

一、法律全球化

（一）全球化

尽管全球化是进入21世纪才越来越多的概念，而实际上，自中世纪结束以来，欧洲从世界地理大发现开始，就已步入全球化的进程，只不过是由于科学技术的发展水平限制，其规模与影响力，远不如当前的程度。现在的全球化在信息技术等高科技的影响下，从某种意义上说才是真正地从本质上体现全球化出来，如超国家机构—欧盟和东盟、跨国公司、区域一体化、世界公民、地球村、互联网的无缝连接，等等。全球化是多维的，资本、货物、财产（有形和无形）、人力资源在地球的流动。无论如何，全球化的过程是西方文化在全世界传播的一个过程，不管我们是否承认。

（二）法律的全球化

伴随着西方文化在全世界范围内的传播，法律文化作为整

* 孙耀刚：北京市中普律师事务所律师，法学博士

个文化中的重要组成部分，也在全世界范围内得到传播。目前在全世界占主导地位的法系是罗马法系与英美法系，由于前苏联的解体，社会主义法系已不存在。有人可能要说，中国还算是社会主义法系。我不这样认为，中国过去是前苏联的法律模式，目前的法律从概念到体制，更是大陆法系的特征。我国台湾地区是大陆法系的，香港地区是英美法系的。只不过在本质上，大陆中国的法律还不是完全法治意义上的法律体制。但在经济领域，我们已是 WTO 的成员国之一，正在建立市场经济，已不可避免地被融入西方法律主导的国际社会中。中国也正在加紧立法和司法改革的步伐，只有这样，我们才能不被孤立，只有开放、改革，中国才能走上复兴之路。

法律的全球化是一个不可逆的过程。在世界上，两大法系也在各自发展的基础上，逐步融合互相借鉴，国际法治的呼声越来越高。

二、法律全球化对中国法的影响

（一）中国法的过去

自古代到近现代以来，由于中国特殊的地理环境和起源于农耕文化的特点，加之周边国家和地区相对落后于中国，以儒家思想为主导的中国法主要是一种伦理式的法律文化，以刑法为主，注重实体，轻视程序，诸法合体，民刑不分，主道德说教，是一种不平等的等级区别待遇的法律文化。皇帝凌驾于法律之上，官僚可以享受很多法律特权，如八议。另外，由于中国是以家族为核心的社会结构，家法族规在很大程度上起到社会调整的作用。

总之，过去中国的法律文化是一种伦理式的、一元化的、专制的、不平等的法律文化。

（二）法律全球化对中国法的影响

由于西方殖民主义在16～19世纪的扩张，中国的国门被坚船利炮打开，在两种文化的冲撞中，中国文化显然处于劣势。正是在西方文化的冲击下，中国才开始了改革的举动。在法律方面，清朝末年大量借鉴西方法律文化中大陆法系的一套做法，想搞君主立宪制，在部门法上，制定了民法典、刑法典、诉讼法典等大量的基本法律。但最终还是没有维系清王朝的统治。

“中华民国”建立以后，国民党政府制定了《六法全书》，可以说是系统地借鉴了西方法律文化中的大量内容，是非常有益的法制建设。新中国成立初期国家进行了一些法治建设，但之后长时间在搞运动，进行阶级斗争，法治建设遭到严重破坏。

1978年改革开放以后，中国开始大规模的法制建设，至今已初具规模。在公法领域，有宪法、行政诉讼法的法典。在私法领域，法律已经非常完备，但由于司法制度的问题，法治还是存在问题，如司法腐败，行政干预，金钱贿赂，关系导向等。

三、文化多元主义下的法律文化

（一）文化的含义

西方文化人类学家泰勒对文化的定义还是很经典的。[1]文化包括物质的、精神的和制度的三个层面，法律作为文化的重要组成部分，主要还是体现在精神和制度层面上。一个文化是一个有机的系统，该系统要想有效地运转，其核心价值观起着

---

〔1〕泰勒（Edward Burentt Tylor，1832～1917），英国人类学家，文化史和古典进化学派的创始人之一。文化是一个复杂的总体，包括知识、信仰、艺术、道德、法律、风俗，以及人类在社会里所获得的一切能力与习惯。参见《文化学辞典》，中央民族学院出版社出版1988年版，599页。

指导作用。文化应包括以下内容：语言、价值观、思维模式、习惯、风俗、仪式、服饰、居住模式等等，是生活方式和生产方式的总和。法律文化要包括以下内容：法律语言、法律价值观、法律制度、争议解决方式、审判组织的组成等等。具备这些要求，法律体制才能有效地运行。

（二）文化相对主义与文化多元主义

当前，文化优越论已受到越来越多的批判，正如生物多样性应受到保护和尊重一样，文化多样性同样要受到尊重和保护。这也正是文化的多元主义和相对主义受到关注的原因。不同的文化，都有自己的优点和缺点，它们都有存在的权利。但是，我总是认为，文化是有强弱之分的，在文化的冲撞过程中，强势文化是会同化、改变弱势文化的。纵观人类文明发展的历史，我们看到，西方文化从欧洲已蔓延到全世界，成为当今世界占主流地位的文化，在法律文化方面更是这样。在联合国，在WTO组织，在世界银行等众多的国际社会、机构中，在国际活动中，西方两大法系的规则是占绝对主导地位的。

我们可以说，文化没有优劣之分。但在竞争中，文化具有有排斥、同化、融合的特性。问题是我们处于相对弱势地位的民族文化，怎样对待这种文化上的冲突，相对主义和多元主义，也许是一个很不错的选择。我们要以开放、宽容、学习的态度来对待其他文化，任何拒绝和排斥都是愚昧可笑的，这里日本和中国清朝的例子从正反两个方面说明了这个问题。

还有一个问题需要提醒，文化相对主义与文化的多元主义有可能成为某些人的借口，用来排斥和拒绝接受、学习其他先进文化，或用来作为进行专制，侵犯人权的理由。

我认为，无论什么样的法律文化，《联合国宪章》、《国际人权宣言》，这些国际公认的规则，还是必须作为普适性的规范来遵照执行的。

（三）法律多元主义

从法律发展史的角度看，法律的进化是呈现出一个多元复杂的路线的。无人怀疑罗马法对人类法律文明的巨大贡献；英国人创立了信托法律制度，建立了现代议会制度，人权的保护也开了文明的先河；美国的司法审查制度、三权分立、反垄断法也是创新之举；瑞典的宪法监督机制也值得称道。

走到今天，世界法律正在走向融合、借鉴与创新。当今中国的法律也呈现出一个多元化的局面，我国内地、台湾地区、香港地区、澳门地区各有特色。面对这样一个局面，就存在一个在适用法律方面如何应对不同法律文化的冲突和差异问题。我们主张法律文化的多元主义，但并不是排斥法治。我认为，多元主义不应成为孤立、保守、落后的借口，多元主义更多的是一种学习、借鉴、尊重、完善和创新。要坚持在宪政、法治的指导下来运行多元化的法律体制。这样，在中国我们才能避免“无法无天”的悲剧重演，才能走向民主、法治、繁荣和富强。

四、走向法律多元主义——代结束语

市场经济是法治经济，这是法律文化公认的准则。法律多元主义也要在遵守国际社会公认规则的基础上来坚持。我所理解的法律多元主义，即不管你是英美法系的，还是大陆法系的，或是阿拉伯法系的，不同的法系之间都可以互相学习和借鉴，共同促进法律文化的发展和繁荣。中国目前可以说是个法律多元主义的范例，不同的法律文化共存，大陆的、台湾地区的、香港地区的、澳门地区的，两大法系的特点兼而有之，为我们借鉴、创新提供了很好的条件，希望它们共同发展和繁荣。

目前，我们面临的环境恶化、恐怖主义、贫困、资源短缺等全球性问题，让我们必须重新定义我们的法律观，我们必须抛弃意识形态的偏见，超越国家主权绝对观，去面对全人类共同的未来。

中俄法律文化差异的比较研究

殷方敏*

中国与俄罗斯拥有不同的法律文化传统，两国国民在法律信仰、法律观念、法律原则、司法态度等方面存在巨大差异。虽历经数千年的演变，但两种法律文化的根本性质和根本内涵并没有发生实质性的变化，由此造成的文化碰撞十分明显。当前中俄积极致力于全方位的合作，并谋求更深层次的立法与司法协作。中俄法律关系更为紧密，法律合作更为频繁，但由于两国传统法律文化的巨大差异所造成的法律冲突和困境也更为突出。了解中俄法律文化的差异，对于消除两国法律文化上的障碍、拓宽两国法律合作的领域、保持并发展中俄战略协作伙伴关系十分重要。

一、法律文化概述

（一）法律文化的内涵

正如人们对于文化的理解一样，法律文化作为文化的一部分人们对于它的定义也是莫衷一是。目前公认的最早提出法律

* 殷方敏：长春理工大学法学院，硕士研究生。

文化概念的学者是美国的劳伦斯·弗里德曼。他所认为的法律文化是："与法律体系密切关联的价值与态度，这种价值与态度决定法律体系在整个社会文化中的地位。"〔1〕

日本学者千叶正士认为法律文化是："作为法所表现出来的一个社会所特有的文化结构。"随后他又提出了一个"法律文化的操作性定义"，将法律文化界定为："以法的统一性原理加以统合的各种官方法、非官方法、固有法、移植法、法律规则、法律原理等组合的整体，以及国内的各种法、国家法、世界法等多元结构的文化。"〔2〕

至于我国学者对法律文化的定义那就更是数不胜数，何勤华教授就曾经说道："关于法律文化的概念，我数了数大概也有四五十种以上。"〔3〕张文显教授认为要定义法律文化就需要考虑："选择适当的法律文化参照；正确认识和处理法律文化与法理学理论体系的关系；将法律文化与法学的基石范畴联系起来；确定法律文化研究的理论价值指向。在以上四个前提下出发，法律文化是法律现象的精神部分，即由社会的经济基础和政治结构决定的、在历史进程中积累下来并不断创新的有关法和法律生活，特别是权利和义务的群体性认知、评价、心态和行为模式的总汇。"〔4〕刘学灵先生认为："法律文化既是社会观念形态、群体生活模式、社会规范和制度中有关法律的那一部分以

---

〔1〕 L. Friedman, "Legal Culture and Social Development", *Law and Society Review*. 6 (1969), pp. 29 ~ 44。

〔2〕［日］千叶正士：《法律多元——从日本法律文化迈向一般理论》，强世功等译，中国政法大学出版社 1997 年版，第 13 页。

〔3〕 贺卫方、何勤华、田畴：《法律文化三人谈》，北京大学出版社 2010 年版，第 27 页。

〔4〕 张文显：《法哲学范畴研究》，中国政法大学出版社 2001 年版，第 233 ~ 235 页。

及文化总体功能作用于法制活动而产生的内容—法律观念形态、法治协调水平、法律知识沉积、法律文化总功能的总和。”〔1〕刘作翔教授认为：“法律文化是由社会的物质生活条件所决定的法律上层建筑的总称，即法律文化是法律意识形态以及与法律意识形态相适应的法律制度、组织机构等总和”。〔2〕

综上所述，本文笔者将法律文化定义为：人类在长期的法律实践中所创造有关法律意识、法律思想、法律制度和法律设施等一系列成果的总和。

（二）法律文化的特征

法律文化是人类在长期的法律实践中所创造有关法律意识、法律思想、法律制度和法律设施等一系列成果的总和，具有四个基本特征。

1. 抽象性。法律文化属于意识范畴，它蛰伏于人们的大脑之中，涵盖的是人们对法律的认知、情感和评价等主观认识方面的内容，而不包括具体的法律制度。这就决定了法律文化的深层性、抽象性。

2. 民族性。法律文化源于不同国家、不同民族的历史传统，它是基于某一国家或某一民族的特定的经济土壤、政治制度以及地理环境、风俗习惯而形成的，这就造成了法律文化的多元性，没有任何一个民族的法律文化与其他民族的法律文化完全相同。法律文化总是在具体的民族中产生和发展，离开具体的民族环境或条件，法律文化便不能产生。从这一点上讲，法律文化是民族的，表现出不同的民族地域性风格，是绵延千年的民族传统文化在法这种社会文化现象上的反映和折射。

---

〔1〕 刘学灵：“法律文化的概念、结构和研究观念”，载《河北法学》1987年第3期。

〔2〕 刘作翔：《法律文化理论》，商务印书馆1999年版，第26页。

3. 群体性。法律文化，通常来说是指一定的社会群体对法律现象的共同反映，是整个社会公众对待法律现象的心态，而不是社会上某些单个的人对法律现象的态度和评价，个体的法律观念不能称之为法律文化。由于个体的生存环境、知识水平等因素的不同，因而对法律的意识反映呈现出一定程度的差异性，而群体对法律的意识反映是个体之间相互交融的结果和产物，它反映的是特定社会中绝大多数成员对待法律的心态。

4. 历史延续性。一个民族或一个国家在自己特有的经济土壤、政治体制、历史传统等基本因素综合作用下孕育生成的法律文化具有丰厚的历史铺垫，呈现出一脉相承、连绵不断、难以更易的明显特征。它不是一代人所创造的精神财富，而是人类历史发展过程中的一个文化不断积累的过程，并且具有巨大的历史惯性。它一旦形成，就在人们的心理中凝聚，犹如灌输于民族的血液之中，并非随着法律制度的建立完善而发生根本性的变化。

二、中俄法律文化差异的表现形式

（一）伦理色彩与宗教精神不同

中国法律又称伦理法，其主要特征是极端重视亲属伦理和保护伦理亲情，强调法律与伦理道德之间的必然性联系，并借以确立法律的价值基础。中国传统伦理文化是以儒家学说为其指导思想的，称之为儒家伦理。儒家伦理以“三纲五常”为主导，三纲即君为臣纲、父为子纲、夫为妻纲，五常即仁、义、礼、智、信。前者为古代社会中三种最重要的伦理关系的交往准则，后者是传统社会中最具有普遍性的道德规范。

中国传统法律伦理化的成因是多方面的，但血缘性和宗法小农经济则是起决定作用的两个方面。中国传统社会以宗族血缘本位为基础，注重伦常，推崇名分，强调“父慈，子孝，兄良，弟悌，夫义，妇听，长惠，幼顺，君仁，臣忠”的宗法伦理关系 。血缘宗法伦理对每个社会成员在家庭中的地位、权利、义务的基本界定，成为人们在立法、司法诸方面衡量罪与非罪、罪行轻重等问题的根本尺度，被当成法外之法、法上之法。此外，中国传统法律伦理化是由宗法小农经济决定的。中国是一个具有发达的农业生产和农业文明的古国，个体小农经营和生产力的低下决定了家族团结和家长权威，强化了以父权为核心的家族关系，肯定家长权、族长权、王权，家本位观念为法律思想的基础。因此，中国传统法律文化注重调整以父权为核心的家族间的义务关系，儒家伦理经典亦成为法典的主要内容，形成了中国所特有的法律与道德密切结合的伦理法。

俄罗斯法律宗教化的过程稍显复杂。早期俄罗斯人接受基督教以前，俄国只有多神教，法律受宗教的影响很小，《罗斯法典》中没有与宗教有关的法条。公元 988 年，基辅大公弗拉基米尔奉基督教为国教，并命令捣毁所有异教神像；强令基辅的臣民们跳入河中，集体接受宗教洗礼；建立大主教区，兴建教堂；把《圣经》译成斯拉夫语；捐赠大批土地给教会。于是，基督教在俄国迅速发展起来。伊凡四世上台后，除使用“沙皇”尊号外，还采用政教合一的制度。彼得一世统治时期，把教会的管理权置于自己的控制之下，并自兼教会首领。俄罗斯接受基督教以后，司法权几乎被神职人员所垄断，立法也基本出自僧侣之手。东正教一方面给俄罗斯带来了拜占庭教会的法律，教会法长期深刻影响着俄罗斯法律，国王把宗教作为统治工具，臣民把宗教教义作为道德原则来恪守；另一方面，俄罗斯建立了宗教法庭，这些法庭拥有非常广泛的司法权，可以处理包括道德、信仰、继承权和婚姻等各方面的案件，教会的司法权随之确立。

（二）刑事化与民事化不同

刑在中国古代是法的统称，不单是指刑罚。所谓“夏有乱政而作禹刑，商有乱政而作汤刑，周有乱政而作九刑”，法律以“刑”为名，并将处以相同刑罚的罪放在一起“以刑统罪”。三代之后历朝官方成文法典的内容也以刑事立法为主，而且行政立法和民事立法等也大多采用刑事处罚措施。汉代《九朝律》，魏晋时期的《甲子科》、《新律》、《泰始律》，隋朝的《开皇律》、《大业律》，唐朝的《唐律疏议》，以及明清时期的《大明律》和《大清律例》，大体上相当于今日的刑事法典，包含总则性规定、一般刑责以及对少年与老年的特别规定、社会防罪、特别刑法、国际刑法等，结构严谨，体系严整。日本学者滋贺秀三先生即指出：“中国所谓的法，一方面就是刑法，另一方面则是官僚制统治机构的组织法，由行政的执行规则以及针对违反规则行为的罚则所构成。”因此，中国古代法文化又可称为刑法文化，传统律典中刑事法占主体地位，且始终用刑事手段调整民事、行政、经济各方面的法律关系，具有较为成熟的刑事立法经验和相对发达的刑法典编纂历史。

俄罗斯民事立法的历史颇为悠久。从基辅罗斯起，民法就在法典中占有主导地位，有关民事诉讼、土地占有、家庭、债权构成了《罗斯真理》的主要内容。1467 年的《普斯可夫审判法规》进一步规定了民事法律关系中所有权的调整、所有权的取得以及债务关系，还规定了法定继承和遗嘱继承所形成的财产所有关系。伊凡三世时期，根据社会政治与经济发展的需要，对已经形成或是正在形成的民事习惯给予国家权力的确认。《1497 年律书》在民事法律内容方面规定了财产所有和占有的原则，以及借贷和雇佣关系的有效设立条件。《1649 年会典》

又称《会议法典》或《阿列克赛·米哈伊洛维奇法典》，是俄罗斯历史上第一部具有体系化特征的法典，它内容丰富，首次在各章使用了标题，根据主体和客体的划分来区别不同法律关系的调整原则。《会议法典》规定了物权、债权和继承权的内容。其中，物权法和契约法的内容更为完备，条文更加充实：首次规定了地役权制度和在物上设定役权的制度，保障土地私有权所有者的权利；契约的种类更加详细，出现了货载、承揽、寄托、租赁等类型的契约；契约的订立以及责任认定上有了扩展，财产权有效取得的主要方式是书面契约的订立。

（三）民本观和人本观不同

中国传统法律文化始终贯穿着儒家伦理思想，推崇民本主义精神，孔子有“民之于仁民，甚于水火”的说法，孟子说“民为贵，社稷次之，君为轻”。汉代“独尊儒术”后，民本思想则成为官方正统的意识形态，并因此而占据了统治地位。历代帝王往往通过“恤民”、“爱民”、“亲民”的方式来标榜“仁政”，以期获得民众的认可。唐代《贞观政要》记载，唐太宗从隋末农民大起义中认识到老百姓的力量，说：“舟所以比人君，水所以比黎庶，水能载舟，亦能覆舟”。明太祖也认为，“尝闻国以民为本，民以食为天，此有国家者所以厚民生而重民命也”。民本主义反映在立法上就是“轻徭薄赋”、“取民有制”、“不夺农时”，体现出统治者关心民众生计并使之富裕的思想，只有民众富裕了，他们才会安居乐业，也从根本上减少犯罪，使国家获得长久的稳定。反映在法律文化观上，即是强调统治者不能“独乐”，不能满足一己之欲，而应该优先考虑民众的利益，重视民众的诉求，对于老百姓的需要应尽量予以满足。

历史上的俄罗斯接受的是古罗马法制传统和基督教文明，而且在其法律思想的发展过程中，始终受到西方法律思想和法律制度的深刻影响。在“十月革命”以前，俄罗斯就涌现出大批杰出的法学家，如民法学家谢尔谢涅维奇、私法大师巴克洛夫斯基、法学者和法律教育家卡索等等。他们在俄罗斯的法学和法律教育史上都有卓越的贡献，为俄罗斯的民族文化注入了法律精神。值得注意的是，俄罗斯法学家大多有留学欧洲的经历，其法学研究也以借鉴并承继罗马法学思想为主。著名的法学家斯佩兰斯基在起草俄罗斯民事法典草案时写道：俄罗斯法“从渊源上讲也就是罗马法案，所有法典总是相似的，我们可以直接从中获取正确思想、原始意义、基本语言，不用再模仿任何人，不用在什么德国、法国的大学里学习”〔1〕。罗马法首先是把人当作独立个体来展开的，个人也保留着与上帝对话的权利，个人主体地位的独立性也一直作为一种文化被俄罗斯法保留下来并作为俄罗斯法律文化的哲学基础而贯穿其中。

三、中俄法律文化差异的原因分析

（一）受不同法律思想影响

中国传统法的形式以律典为主体，同时又辅之以令、格、式、例等，律是法的“常经”；在法律思想上深受儒家法理影响，天理、国法、人情相通，表现为一种完全不同于任何其他法系的“情、理、法”观念；在法观念上主要以“刑”为核心和内容，中国人往往习惯于把刑、律、法等同起来，认为法即是刑法；在法的内容和性质上，主要是刑事法和行政管理法，除婚姻家庭法外，成文的私法不够发达；在法的实施上，中央层面的行政与司法略有分工，中央以下行政与司法不分，行政官同时兼理司法；在司法审判上，刑事审判依律进行，程序严

〔1〕 Е. В. Салогубова, Влияние Римского Правана Российское Гражданское Процессуальное Законодательство//Вестник Московскогоуниверситета, 1997. №2.

格，民事纠纷则调解重于裁判；在法的精神和价值取向上，法律维护帝制，追求社会稳定和人际关系和谐；在法的知识类型上，它不同于西方的法学，表现为独特的“律学”，即依据礼教和帝国政治而专注于对法律注解的学术。

俄罗斯法律的特色在于承袭了古罗马的法律传统，重视法典的创造，法典的编纂内容完备，条款较原则，编排合乎逻辑，且注重民事性法律规定。公元 911 年、945 年、971 年，罗斯先后三次与罗马签订《拜占庭条约》，对于双方经济交往中涉及刑事和民事的问题做了具体而详细的规定。公元 11 世纪，俄罗斯颁布了历史上第一部成文法典《罗斯法典》，内容涵盖了国家的对内对外职能、土地所有权、契约与债权、家庭与继承等规定。此后，俄罗斯在不同的历史时期相继编纂法典和法律汇编，如《1497 年律书》、《1550 年律书》、1589 年《沙皇费多尔·伊凡诺维奇律书》、《1649 年会典》、1833 年《俄罗斯帝国法律全书》等等，这些系统化的法典编纂不仅规定了行政和刑事内容，而且还高度重视民事法律行为的调整，成为俄罗斯法律最主要的法律渊源。与中国传统司法体系不同的是，俄罗斯行政与司法有别，司法审判采用纠问式程序，直接来源于古罗马的宗教法庭式诉讼程序，由法官掌握全部进程，主动对被告和证人进行讯问，指出证词的矛盾之处，征询鉴定人意见，向双方和法庭成员展示有关文件和勘验检查报告等，法官和陪审员共同组成法庭来审理案件。

（二）受经济条件的限制

在中国自给自足的自然经济一直占主导地位。中国古代的统治者，或用“重义轻利”的道德说教，或用“强本抑末”的暴力措施，驱使人们依附于土地，严格限制商业的发展。没有商品观念、交换观念，便不会产生平等观念。因而中国传统法律文化更多地反映农本主义思想，重视人们的守法观念，重义轻利，民众只能服从国家的安排而不能主张自己的权利。这与西方的重商类型的法律文化形成鲜明的差别。

历史发展规律告诉我们，无论是我国法律文化还是俄罗斯法律文化都既包含着有利于社会主义现代化发展的成分，也包含着不利于其发展的因素。适应社会主义现代化建设发展的新的法律文化既要面向世界，又要立足本国；既要充分体现时代精神，又要继承优秀历史传统。

"综合比较法"的新概念和注重多元化的全球化法律教育

——基于千叶晚年的日文论文

角田猛之*著　杜雅云**译

一、简介

从20世纪70年代到他生命的最后时刻，千叶[1]始终坚持投身于对非西方特别是亚洲的法律多元化理论和法文化理论的发展，最早从他在1965年至1966年研究霍贝尔（Adamson Hoebel）的法律人类学时就开始了。在超过30年的时间里，他以日语、英语和法语出版和发表了许多关于非西方非官方法、固有法和法文化方面的专著和论文。在主要是2000年以后发表的一些日语论文中，他首次提出"综合比较法"的概念。

遗憾的是，千叶于2009年去世，没有留下对他的"综合比较法"概念详细的澄清，这一概念是对学者们在诸如比较法、

---

* 角田猛之（Tsunoda Takeshi）：日本关西大学法学部教授，长春理工大学法学院客座教授，法学博士。本文以英文写成，故注释皆为英文，为保持原文韵味，在翻译时没有刻意地翻译为汉语或日语。——译者

** 杜雅云：长春理工大学外国语学院。

〔1〕 千叶正士（Chiba Masaji，1919－2009），日本著名法学家，法学博士。文中敬称略。——译者

法律社会学、法律人类学、法律哲学和法理学及其他领域的跨学科研究的概念化。事实上，2002年他发表了一篇日语论文，这是他唯一在论文标题中使用“综合比较法”这一概念的论文。〔1〕他在该论文的结论中指出，综合比较法是一种综合的或一般的法理学，简言之是法学理论之一。它的目的和意义是综合两种方法，即文化多元主义对西方社会的影响和法律多元主义对非西方社会的影响。“运用这种新的方法，法律社会学家和法律人类学家负责收集和积累事实和数据，而与他们合作的法哲学家负责对这些事实和数据的理论化”。〔2〕

本文根据千叶始于2000年起发表的一些日文论文，首先概述和讨论“综合比较法”这一新概念。然后，通过与曼斯基（Werner Menski）进行比较，讨论千叶的“多元意识的全球化法律教育”概念，这一概念是在“综合比较法”基础上提出的。

二、非官方法和非西方法的法文化——作为综合比较法轴心的两种“法理学新思潮”

千叶将处理法文化的方式分为三种：国家法的法文化，非官方法的法文化以及非西方法的法文化。〔3〕首先，千叶用批判的口吻这样描述国家法法文化：“法文化的学者们作为文化研究专家，负有批判现存法和法学理论的任务”，然而，“几乎所有学者，都维护着国家法一元论，不加批判的处理法文化问题，从不提意建立一个值得尊敬的法学理论。所有这些，都是由于

〔1〕 See Chiba Masaji, “Request for Developing Comprehensive Comparative Law”, *Tasks and Views of Comparative Law*, Tokyo: Shinzansha, 2002.

〔2〕 See Chiba Masaji, “Request for Developing Comprehensive Comparative Law”, *Tasks and Views of Comparative Law*, Tokyo: Shinzansha, 2002, pp. 22.

〔3〕 Chiba Masaji, “Debates on Legal Culture toward New Jurisprudence”, *Legal Theory*, 22 (2003), pp. 296 ~297.

缺少一个科学的批判性的研究法文化的方式”。〔1〕在这样批评国家法法文化的同时，千叶评价另外两种作为综合比较法轴心的法文化研究方式，称之为“法理学的新思潮”。

（一）非官方法的法文化

对于“为什么会存在法文化”这样的问题，千叶明确地指出：“这里存在着社会规范，因其有效而凌驾于被认为是一元的国家法之上。这些社会规范，不论是否获得国家法的承认，依托于作为独立的社会法主体的固有法，它们是十分有效的。”〔2〕千叶将这些社会规范整合为“非官方法”，并与“官方法”并列为一个大类，作为他的可操作性法的定义“三重二分法”的轴心之一。主要是从20世纪80年代起，在法社会学与法人类学的国际学术圈内，这些之前为西方观点忽视的各种各样的非官方法范畴的问题被学者们提及，学者们认为这些问题是法律多元主义和法文化的基本问题。千叶称这些基于非官方法研究的法文化问题为“非官方法文化”，并认为这是他所说的第一个“法理学新思潮”。千叶认为这是国家法法文化的一个对立面，“如果我们通过理论来研究这些非官方法之间的联系，并且系统地加以整合，通过这样的学术过程，我们就可以把这法学理论造就为一门超越现代正统法理学的社会科学。现代法理学因阻碍了这样一种科学的法律理论的形成，而难逃被批判的命运”。〔3〕

---

〔1〕 Chiba Masaji, “Future of Jurisprudence and Faculty of Law”, *Law Journal of Tokai University*, 30 (2003), p. 8.

〔2〕 Chiba Masaji, “Future of Jurisprudence and Faculty of Law”, *Law Journal of Tokai University*, 30 (2003), p. 8.

〔3〕 Chiba Masaji, “Merits ? or Demerits ? of Modernity ”, *Law Journal of Tokai University*, 34 (2005), p. 19.

（二）非西方法的法文化

非官方法文化存在于西方社会，也存在于非西方社会。因此，非官方法文化这一理论是可以同时适用于西方和非西方社会的。此外，千叶还认为非官方法文化是基于起源于西方法律文化的国家法，因为“官方法 vs. 非官方法”的二分法，作为他的三重二分法的主要问题之一，取决于国家法是否可以授权任何规范或规则作为官方法。〔1〕

相比较而言，尽管非西方法的法文化和非官方法的法文化有部分重叠，它们在基础和概念上还是有所不同的。千叶的确多次重述过他对于法文化的定义，即“法文化的同一性假定之下的三重二分法”〔2〕，这可以作为法律多元主义分析的一种手段，同时适用于西方法和非西方法。尽管如此，千叶先生仍说道：“我们至少可以在分析法律多元主义的方法论这一层面上说，但如果我们考虑的是现存法律体系和法理学领域的话，就有必要区别对待西方法和非西方法，这样一来我们才能明白它们在当代世界的不同人类意义”，因为“非西方法是一种有效的法，它支配着非西方社会中民众的日常生活，它对修改，有时甚至是反对从西方国家中传来的法有着强有力的功效……因此，深入研究综合比较法是一项必须且紧急的工作，它将帮助我们复原非西方法，同时帮助我们阐明非西方法的法律文化”。〔3〕简而言之，至少在目前，综合比较法的主要任务就是分析非西方法的法文化，这也是他提出的第二个“法理学新思潮”。

---

〔1〕 See Chiba Masaji，“Future of Jurisprudence and Faculty of Law”，*Law Journal of Tokai University*，30（2005），p. 10.

〔2〕 Chiba Masaji，“*Legal Cultures in Human Society*：*A Collection of Articles and Essays*”，Tokyo：Shinzansha International，2002，pp. 16～20.

〔3〕 Chiba Masaji，“Future of Jurisprudence and Faculty of Law”，*Law Journal of Tokai University*，30（2003），p. 11.

三、千叶的综合比较法概念概况

（一）千叶提出综合比较法概念的背景之一

在千叶的“发展综合比较法的要求”一文中〔1〕，千叶这样说道：“本论文的目的是综合地处理非西方法或法的多元化与现有比较法研究的问题，同时要求学者们考虑发展综合比较法”。在千叶后半生的学术生涯中，他独立地将自己的研究作为一个整体，并将其评价为“非西方观点的比较法”。千叶曾经简要地描述了自己形成综合比较法这一观点时的情形：“当我在整理自己过去将近半个世纪关于非西方法的研究时发现了这一新任务。首先，我们应当确定建立一个研究非西方法的‘非西方法理学’的方法论，并且去完善它，将它合并在比较法这一框架下，作为综合比较法。是伍德曼（Gordon Woodman）于1998年发表在Capeller & Kitamura上的一篇论文直接鼓励我追求综合比较法这一事业。”〔2〕虽然伍德曼在文章中批评了千叶的几个观点，但大体上还是承认千叶的著作是从非西方的立场上出发的。在文章的结尾，伍德曼写道：“学习比较法的学生需要发展一种法的理论，这种理论可以顾及并且适应世界上所有的法，而不仅仅是那些存在于西方社会的法……在过去，比较法不仅不能达到一个广泛的普遍性，偶尔有这样的想法还常常被认为是妄想。而现在，正在形成一个更为广大和广泛的信息体，这当中一大半应当归功于千叶。在如此的信息体面前，西方的

〔1〕 See Chiba Masaji, “Request for Developing Comprehensive Comparative Law”, *Tasks and Views of Comparative Law*, Tokyo: Shinzansha, 2002.

〔2〕 See Chiba Masaji, “Request for Developing Comprehensive Comparative Law”, *Tasks and Views of Comparative Law*, Tokyo: Shinzansha, 2002, pp. 6 ~7.

民族优越感正在逐渐减退。”[1]

在千叶的“法理学的未来和法的功能”[2]一文中，千叶指出了自2000年起，导致他的研究改变方向的一些事实。我在这里仅提出其中两个与我们主题相关的原因。其一是上文提到的1998年在Capeller & Kitamura上的发表论文，千叶这样说道“我的研究环境发生了改变”。[3]千叶对这篇论文的评价非常高。其二是曼斯基认为千叶的理论是一个合理的关于非西方法的概念分析框架的高度评价。千叶在2004年时这样说道“我最近感到我的研究正在世界上获得声誉”，千叶特地提到了曼斯基的两项研究：2000年出版的《全球背景下的比较法：亚洲与非洲的法律体系》，和2003年出版的《印度法：超越传统与现代》。[4]千叶这样评价到：“曼斯基为一位卓越的学者，他断然坚持把我们的学术领域推广到世界范围上的普遍比较法的重要性。”[5]很明显，这两个事件直接或间接的影响到了千叶，驱使他在自身学术生涯的最后阶段，发展和精炼了他所预想的综合比较法这一概念。就如同我在前文中所提到的作为“综合或一般的法理学以及一种法学理论”。

---

〔1〕 See Chiba Masaji, “Request for Developing Comprehensive Comparative Law”, *Tasks and Views of Comparative Law*, Tokyo: Shinzansha, 2002.

〔2〕 See Chiba Masaji, “Future of Jurisprudence and Faculty of Law”, *Law Journal of Tokai University*, 30 (2003).

〔3〕 See Chiba Masaji, “Future of Jurisprudence and Faculty of Law”, *Law Journal of Tokai University*, 30 (2003), p. 6.

〔4〕 Chiba Masaji, “Assessment of Academic Research”, *Law Journal of Tokai University*, 31 (2004).

〔5〕 Chiba Masaji, “Future of Jurisprudence and Faculty of Law”, *Law Journal of Tokai University*, 30 (2003), p. 12.

（二）构成综合比较法基础的三种途径——文化多元主义，法文化理论和比较法

千叶指出存在于国际学术圈的综合比较法的三大基础——文化多元主义、法文化理论、比较法。关于文化多元主义，千叶首先指出它是一种“没有直接面对非西方社会的实际问题，只适用于少数人群的问题，比如有关在西方民主社会的非西方事实问题。”——这样的论断。然而千叶在该文章中提到金里卡（Will Kymlicka），并认为他是提倡文化多元主义的代表人物。千叶还说到他关注非西方法也因为“它是有可能适用于亚洲，中东，拉美，非洲和东欧的广泛各国的”，因此千叶主张文化多元主义“不仅可以并且应当同法律多元主义合作，而且应与比较法合作”。[1]

其次，针对主要被法哲学家们所讨论的法文化学说，千叶说道：“法文化学说不仅可以与法律多元主义和比较法合作，而且必须与它们合作——这是不言自明的。”在这里，千叶先生虽然没有提到具体的法哲学家，我们仍可以认为，就日本的法哲学家而言，至少有像恒藤恭[2]、矢崎光圀[3]和何塞·罗姆帕特（Jose Llompart）[4]，这些人在日本的法文化学说领域均有着突出的学术地位。尤其是自20世纪90年代起，矢崎光圀一直在批判现代法和法理学的欧洲模式，这与千叶的想法基本上是一致的。可以说矢崎光圀从多方面进行了考察，作为后现代法学理论的大家，他给予千叶的法文化理论和法律多元主义以很高的评价。

---

〔1〕 Chiba Masaji：“Request for Developing Comprehensive Comparative Law”, *Tasks and Views of Comparative Law*, Tokyo：Shinzansha，2002，p. 20.

〔2〕 恒藤恭（Tsunetou Kyo，1888～1967）：日本法哲学家。

〔3〕 矢崎光圀（Yasaki Mitsukuni，1923～2004）：日本法哲学家。

〔4〕 何塞·罗姆帕特（Jose Llompart，1930～2012）：西班牙人，日本上智大学名誉教授。

第三种方式就是比较法，这同时也是千叶综合比较法的基本理论框架。千叶提到最近日本国内外关于综合比较法观念的发展趋势："在比较法学术圈中，如今，有些学者坚持认为我们抛弃只关注西方法的观念，转而平等的对待全世界的各种法文化"。有关最近这样的学术趋势，千叶提到了以下的学者，比如，Poh－Ling Tan〔1〕，伍德曼和日本的比较法律师木下毅〔2〕等人。

综上所述，千叶说道：鉴于以上的三种方式，并且它们都与综合比较法紧密相关，他的研究方法有着"综合处理，例如，西方社会的多元文化主义和非西方社会的法律多元主义这些学术的目的与方法"。〔3〕

（三）发展综合比较法这一任务的三种不同类型的"支撑者"

此外，千叶还指出了在发展综合比较法时我们应当采纳的三种不同的"支撑者"。比如一些学科的分支，一些学者以及一些学术团体。首先，就特定的科学领域而言，比如，哪些学科的分支应当对该任务负责。千叶认为比较法、法社会学、法人类学和法哲学都应当为综合比较法添枝加叶。举例来说，法社会学和法人类学的任务就是提供经验和进行分析，法哲学的任务则为提供理论支持和综合处理。因此，发展综合比较法这一任务不仅仅是比较法律师们的工作，同样也是法学理论界学者们的任务。〔4〕

---

〔1〕 Poh－Ling Tan：马来西亚人，澳大利亚格里菲斯大学法学院教授。参见 Poh－Ling Tan, *Asian Legal Systems* ：*Law*, *Society and Pluralism in East Asia*, Sydney：Butterworths, 1997.

〔2〕 参见［日］木下毅：《比较法文化论》，有斐阁 1999 年版。

〔3〕 Chiba Masaji, "Request for Developing Comprehensive Comparative Law", *Tasks and Views of Comparative Law*, Tokyo：Shinzansha, 2002, p. 22.

〔4〕 Chiba Masaji, "Request for Developing Comprehensive Comparative Law", *Tasks and Views of Comparative Law*, Tokyo：Shinzansha, 2002, pp. 23～24.

其次，就哪种方向的学者们应当承担起这一任务，千叶这样说道，“非西方国家的法学者们，为他们自己的法和法文化感到自豪，应当向那些对非西方法和法文化无了解或有误解的西方的法学者们展示自己的特色法文化。毫无疑问，在众多非西方学者中，将西方法和西方法科学移植到本土并使之与本土社会现实融合的，日本学者们是做得最好的。如果真是这样，日本的学者们更应当在主观认为自己是非西方法学者的同时承担起综合处理西方与非西方世界法文化问题的责任。”〔1〕

最后，在千叶看来，何种学术组织应当承担发展综合比较法这一理论的任务呢？千叶就这一问题给出了明确的答案。他指出这一任务的承担者不仅要发展综合比较法，而且应当重视他所提出的作为综合比较法轴心的“法理学新思潮”。首先，千叶说道，在现有的日本法学院体制中，需要特别设立一个新分支来研究法理学新思潮。在这一部分中，千叶提到：“法文化学说，这一领域的专家们（法哲学家、法史学家和比较法律师）最近正在声名鹊起，应当进一步的发展与扩大。至于关注非官方法的法科学，它需要专攻于法文化领域的科学家（比如法社会学家）。关注非西方法的法科学，它需要专攻于非西方法领域的学者们（比如法社会学家、法人类学家和专攻‘亚洲法’的学者）。这样一来，我们应当用现有的法学院体制来准备研究法理学新思潮。”此外，千叶还提到了建立新部门和研究生课程来致力研究法文化的研究和教育，还需要建立独立的法文化研究机构。〔2〕

---

〔1〕 Chiba Masaji, “Request for Developing Comprehensive Comparative Law”, *Tasks and Views of Comparative Law*, Tokyo: Shinzansha, 2002, pp. 23 ~24.

〔2〕 See Chiba Masaji, “Future of Jurisprudence and Faculty of Law”, *Law Journal of Tokai University*, 30 (2003), p. 14.

四、综合比较法观点下有关非西方法和法文化的法学教育的重要意义——曼斯基的比较

（一）曼斯基“多元化的全球化法律教育”的概念

我曾在前文中指出，千叶在他最后的学术生涯中强烈要求“发展并且完善综合比较法这一观念”，这是他受曼斯基的将“国际框架下的比较法”作为“一般比较法”这一观点的影响下所提出的。千叶同时注意到了曼斯基十分强调基于法律多元主义前提下的多元意识全球化法律教育的重要性。曼斯基在伦敦大学亚非学院（SOAS）开设了一门“亚非法律体系”的课程，在课堂上，他选用自己的著作《国际视野下的比较法》为教科书，并指出“在千叶的影响下，在全球化背景下，法律多元主义在法学教育中的重要性。伴随着全球化的进程，多元性产生了对具有更细节知识和能够更深入了解这个复杂世界中的各式各样的法律这种能力的需求。这样的能力为我们关于文化和权利的辩论提供了新的视角。让一年级的法科学生接触像千叶这样享誉国际的后现代法律学者和他关于‘官方法’、‘非官方法’和‘法律假定’这些问题上的深刻讨论，不会显得太强制，也不会使一年级学生产生迷惑。”〔1〕而千叶是这样回应曼斯基对他的评价的，“曼斯基以我对非西方法的新的分析概念框架为基础，用他对来自世界各地的学生讲课的方式，宣扬了我关于法律多元主义的观点”。〔2〕

曼斯基对基于法律多元主义的全球法律教育多元意识如此看重是有原因的。最主要的原因当然是自20世纪90年代以来的

〔1〕 Werner Menski, *Comparative Law in a Global Context The Legal Systems of Asia and Africa*, second ed., New York: Cambridge University Press, 2006, p. 36.

〔2〕 Chiba Masaji, “Difficult Stage of Research”, *Law Journal of Tokai University*, 32 (2004), p. 14.

全球化进程。当然，如此之外还有一个主要原因就是，曼斯基本人就是研究南亚法（即非西方法）的专家，他这样说道："从一个内在的角度来学习亚洲和非洲的法律体系，……欧洲中心论，中央集权论（Statist），这些所谓的关于法律假设全球通用的模型，这些看起来都是不可能的了。或许也正因为如此，人们从来也没想过去研究那么远。于此，比较法教师和法律理论学者在全球化法律教学上都面临着一个巨大的挑战"。〔1〕尽管曼斯基和千叶并不同源——曼斯基是西方学者，千叶则是东方学者——曼斯基和千叶同作为研究非西方法的专业还是有很多共同点的。在上文所描述的曼斯基的观点中有这样一个短语"从内在的角度"，这一点十分地重要。像曼斯基这样研究非西方法的专家如果"从外在的角度"来研究他们的专业的话，继续保持"欧洲中心论，中央集权论（Statist），所谓的关于法律假设全球通用的模型"就并不是件难事了。然而，曼斯基毫不留情地称持这样观点的学者们为"以欧洲为中心的自大狂"。〔2〕在这一点上，曼斯基和千叶都主张从"内在的角度"来看问题。毫不夸张地说，这一"从内在角度看问题"的观点是千叶自早期研究开始从一贯而终的。也就是说，千叶始终坚持认为如果我们想要切实的了解某一地方的生活法的整体构架，就应当从内在的角度去研究该地区的本土法和法律文化。〔3〕举例来说，如千叶在他于1949年出版的第一本书中说道，"如果人只是作

---

〔1〕 Werner Menski, *Comparative Law in a Global Context The Legal Systems of Asia and Africa*, second ed., New York: Cambridge University Press, 2006, p. 35.

〔2〕 Werner Menski, "Flying Kites in a Global Sky: New Models of Jurisprudence", AKU Lecture, 2010, p. 5

〔3〕 See Tsunoda Takeshi, "Chiba' s Legal Philosophy and Legal Culture—Based on the Concept of Legal Subjectivity and Identity Postulate", *Legal Theory*, 18 (1999), Tokyo: Seibundo.

为客体来看待的话，可以说我们和其他动物没什么两样，都是按照各种各样的规则活着。但是如果将人作为主体来看待，我们就是通过对我们自己的各种深入诚恳的探究而活着。作为我们生命的掌舵人，有些人能意识到法律的积极的方面，并愉快的利用它。而有些人，则屈服于法的强威下，痛苦的煎熬着。不论是何者，法与人类的生活总是息息相关，密不可分的"。[1]

曼斯基支持多元化的全球法律教育的另一个原因和地理有些关系，那就是曼斯基本人在伦敦大学亚非学院教学。伦敦大学亚非学院是受到多元文化的强烈影响的，尤其从20世纪80年代以来。在这样的环境下，曼斯基提出了他的原创观点"pop"。他说道，"法律作为一个整体并不简单地是不清晰，而是一个复杂的多层次多元的，可以看作是一个深层的'pop'结构。"基于这样的对法的内在"超多元性"的理解，曼斯基批判性的提及目前的情况并且评价道："数十年前，比较法的研究主要关注殖民地的经验和英国法在世界的影响。如今在伦敦工作并考虑全球化背景下的法律问题是完全不一样的体验。而这一工作目前也还未充分的体现到比较法研究当中。也许是出于对在这方面的无知，很多律师装作这些研究并不关己事。"[2]基于目前的形势，曼斯基坚持在法律教育上实行改革，这一想法在曼斯基以下的这段话中有所表现，"在伦敦这样法律教育中心城市的学生构成正随着时间在不断变化，这本身就是全球化的结果，法律教育也应当随之进行调整，应当考虑到当今世界的现实情况"。[3]

---

〔1〕 See Chiba Masaji, *Human Beings and Law*, Tokyo: Cyoujiya, 1949, p. 168.

〔2〕 Werner Menski, *Comparative Law in a Global Context The Legal Systems of Asia and Africa*, second ed., New York: Cambridge University Press, 2006, p. 65.

〔3〕 Werner Menski, *Comparative Law in a Global Context The Legal Systems of Asia and Africa*, second ed., New York: Cambridge University Press, 2006, p. 70.

（二）千叶基于综合比较法的“多元意识的全球化法律教育”概念

和曼斯基一样，在他的综合比较法新概念中，千叶同样特别强调了全球化背景下法律教育多元化的重要性。千叶这样描述从19世纪后期到当今后现代时代的现代日本法律教育：明治维新时的日本政府提倡注重仿照西方法建立一个新的国家法律系统的法学教育。因此，学习西方的法律体系就足够了，先学德国，再学法国和英国的体系，接下来学习美国的国家法，然后仿制出一个现代的日本法律系统。尽管我们断断续续研究了其他国家的法律，在第二次世界大战后有组织的课程只有几门其他国家法律（尤其是英美国家法）和一门新建成的关于“亚洲法”的研究委员会。更重要的是近期政府正在打算建立的新型的“法学院”（将于2004年起建，仿照美国“法学院”的建制）也都是仿照传统法学教育的老路。随着现在全球化的进程在世界各地如火如荼地展开，人们也开始认识到在跨文化交流中本土化的重要性。所有的人，尤其是那些生意人，不管在不在他们的本国，也无论是公开或者私下，都需要关于多个国家多个民族的法律的丰富的知识。然而，研究尺度跨越这样大的法律和教育学生各式法律的法律教育系统却不多。[1]

千叶关于日本法律教育的讨论中最重要的一点和前文提到的曼斯基的观点不谋而合。那就是，法律教育的步伐应该跟上全球化的进程。在前文中所提及的，除了曼斯基和千叶持有相同的看法，曼斯基执教于伦敦大学亚非法学院这一事实也深深地影响到了他的观点。那对于千叶而言是不是也有类似的其他方面的影响呢？就像伦敦大学亚非学院之于曼斯基一样，是什

---

〔1〕 Chiba Masaji，“Debates on Legal Culture toward New Jurisprudence”，*Legal Theory*，22（2003），p. 298.

么更进一步地驱使着千叶去提倡多元意识的全球化法律教育呢？

根据日本现代法律体系的历史我们至少可以找到三个重要的转折点。第一个就是明治维新。在1867年，当时的法律体系主要是搬照德国的法律体系。第二个是1945年后的“战后重建”。那时我们学习的是美国的法律体系。第三个是自20世纪90年代开始的世界范围下的全球化进程。随着20世纪90年代开始的各项法律改革，法律教育的体系，尤其是律师的培训过程彻底地改变了。随着19世纪后半期开始的传统德国式法学院的绝迹，日本政府近期设立了日本式的法学院，仿照美国法学院的体制，注重大学里实务型律师的培养却独立于现存的法学院。这种新型的法学院，如千叶指出的，仿照西方法律体系，法律教育完全基于国家法是很自然的事。在这种新情境下，尤其自2000年以来，传统法学院模式的法律教育，基于实在法或国家法的，同时代表着以欧洲为中心的、一元的、实证规范的法律教育模式，需要重新审视和革新，来适应新的社会情境。如今，很多法学院正在探索着对法律教育的新的理解，即不需受到某一国的国家法的限制。就最近的情况而言，千叶指出他的课题“法理学新思潮”以及“综合比较法”的重要性。他这样说道：“我的研究三种形式的法文化（国家法，非官方法和非西方法）的课题是在广义上对一种新的法理学的提议。我坚信这样的计划对如今问题缠身的法学院改革是有着重大意义的。”〔1〕

对于千叶来说，尤其是自2000年起的日本法学院所面临的各种困境激励着他试着向现有的法学院引进新的多元意识的全球化法律研究及教育的新方式。与此同时，曼斯基对这种法律

---

〔1〕 Chiba Masaji, “Debates on Legal Culture toward New Jurisprudence”, *Legal Theory*, 22 (2003), p. 298.

教育重要性的坚持或多或少的影响到千叶基于综合比较法的法律教育这一观点。千叶这样说道，“在日本的法学院中，既然有美国法这一课程和研究美国法的专家们，同样应该开设非西方法的课程和有研究非西方法的专家。这一方法于当下的社会现实是非常必需的。在传统的法学院创建新的法律教育任务。这样一来，法学院注重教育和培训法律执业者这一任务也变得独立……”〔1〕千叶这一改革传统法学院教育的独特提议是针对过度专注国家法和西方法的研究和教育的现状提出的。总的来说，面对当今世界范围全球化的现状和日本法律教育体系的大规模改革，千叶强调提倡多元意识下全球化教育，即基于他的法律多元主义理念，在现有的传统法学院框架下扩大法律这一观念的范畴。

在综合比较法背景下多元意识全球化法律教育的指导原则下，千叶强烈提倡日本法学学者可以在当今全球化背景下在国际上为法律研究和教育做出贡献。正如千叶所说：“如果我们在日本创立一个组织来提倡学习法文化，并展现出基于综合比较法所得出的真实的法律研究和教育的结果，毫无疑问，这样的研究成果将作为日本独有的成就在世界范围内得到很高的关注。因为，目前这样的想法在其他国家还尚未出现，我认为，这样的研究将会吸引其他国家的学者，尤其是非西方国家的学者来日本学习各个国家的法文化。这样一来，日本将会成为法文化理论研究的圣地麦加。”〔2〕

就建立法文化研究项目和与此相关的研究机构而言，千叶

〔1〕 Chiba Masaji, “Debates on Legal Culture toward New Jurisprudence”, *Legal Theory*, 22 (2003), p. 300.

〔2〕 Chiba Masaji, “Future of Jurisprudence and Faculty of Law”, *Law Journal of Tokai University*, 30 (2003), p. 14.

的综合比较法观点有着广泛的国际范畴。因此，千叶向全世界提出了呼吁，随着世界全球化的影响，不仅法律学者和法人类学家间需要交流合作研究，还需要建立专门机构来研究和教授法律多元主义和法文化。

五、小结——千叶的法文化理论和法哲学

曼斯基指出了国家一元主义的风险，他这样说道："作为一名德国纳粹分子的孙子，我太了解这种独断地宣称法是权威和权力的危险性，这很容易导致可质疑的失策。在法律理论中，寻找多元的模型，我从千叶正士教授的文章中获益匪浅……他的关于法的内在多元属性的著作在世界范围内有着重大的影响。"〔1〕千叶作为成长于日本极权军国主义环境下的一代人，同样批评国家法的一元论。比如，千叶在1994年，回顾他自己在第二次世界大战结束后的心理和精神状况，对战前的日本法哲学发表了如下看法："我着实被这样的事实吓了一跳：尽管日本法哲学家从19世纪晚期起建立了一套基于西方法，主要是德国，极其系统化的法哲学，这也无法批判日本的国家制度（由于是基于极权军国主义的国家法和法哲学），更加不能阻止日本发动战争。因此，我们不得不承认，日本的法哲学不过是装装样子而已。"〔2〕基于对第二次世界大战前日本法哲学如此严重的批评，千叶在他的《法律文化理论》中存续了这一看法。千叶继续说道："如果法哲学想要真正的价值，它需要囊括基于经

〔1〕 Werner Menski, "Flying Kites in a Global Sky and Dodgy Weather Forecasts: Accommodating Ethnic Minority in the UK", Paper for the International Symposium 2009 at TUFS, Crossing Borders and Boundaries: Towards Transnational/Transcultural Comparative Area Studies, 2009 (14/15 February), 3.

〔2〕 Chiba Masaji, "Contemporary Meaning of Study of Non - Western Law", *Law Journal of Hokkaido University*, 44.4 (1994), p. 896.

验事实的理论上的哲学思考。”[1]千叶在这里提到的“基于经验事实的理论”明显是暗指美国式的法社会学理论，这也正是二战后日本多方向改造，建设民主日本的主导理论。同样也是指千叶自20世纪70年代始引进日本并进行研究的法人类学。

这两个事实——“具有真正意义的法哲学”和“基于经验事实的理论”——一直都是贯穿千叶《法律文化理论》的主线，因此也是千叶研究综合比较法的基本方法。就如同我在简介部分提到的，千叶说道，“运用这种新的方法，法律社会学家和法律人类学家负责收集和积累事实和数据，而与他们合作的法哲学家负责对这些事实和数据的理论化”。我们可以说千叶先生所提倡的观点是“法的主体性”和“法文化的同一性假定”，通过他的这种“法哲学”方式，理论上精化了，并被置于千叶的法文化理论的核心位置。最后，我将指出千叶的基于法文化同一性假定的法文化理论对法哲学的重要意义。

菲斯特（Johannes Feest）于2003年发表了对千叶《人类社会的法文化》一书的书评。[2]在这篇书评中，菲斯特表达了他对千叶关于非西方法和法律多元主义研究的极度崇敬，同时菲斯特也提到了法文化的同一性假定，他这样说道：“千叶最大的贡献在于为关于‘法文化的同一性假定’这一辩论提供了新视角。这和凯尔森的基本规范一样，这一理论对法文化体系的统一做出了无比的贡献。”关于菲斯特的评论，千叶专门于2003年1月21日致信与我说道，菲斯特对我的书中的同一性假定给

---

〔1〕 Chiba Masaji, “Request for Developing Comprehensive Comparative Law”, *Tasks and Views of Comparative Law*, Tokyo: Shinzansha, 2002, p. 22.

〔2〕 See Johannes Feest, “Book Review Chiba, Masaji Legal Cultures in Human Societies—A Collection of Essays”, Tokyo: Shinzansha International, 2002, *the RCSL News Letter*, Winter (2003), p. 4.

予了很高的评价。“我从来没有想过我可以和菲斯特有联系，因为在日本的法哲学圈里，他就好像是‘神’一样的存在。然而，因为我关于国家法和西方法世界化的批评一文主要是基于凯尔森的理论，可能我的理论因为借用了凯尔森的理论而通过什么途径得到了菲斯特的垂青。”于我而言，真正的理解千叶这封信的用意是很有难度的，尤其是最后一段的评价：“我从来没有想过我可以和菲斯特有联系，因为在日本的法哲学圈里，他就好像‘神’一样的存在。”千叶说这番话的真意已无从可考，但是尽管如此，我们仍然可以从中体会到贯穿于千叶一生研究历程的对于法哲学的沉思。

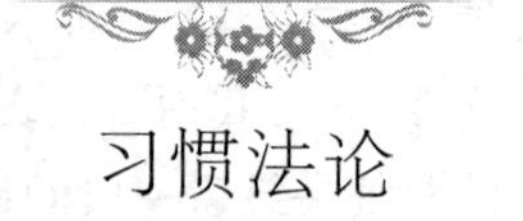

习惯法论

——以中韩两国民法史为中心

李钟吉*著　陈凤影**译

一、序言

习惯法作为法的重要组成部分，属于法学研究的基础领域。但是对于何为习惯法以及习惯法包含何种内容等问题却存在争议。习惯法在民事法的发展过程中发挥着极其重要的作用，并且在各个社会以及各民族的法文化形成过程中扮演着重要的角色。因此，系统、全面研究习惯法是制定和完善民事法的基础，也是理解和调整当下实际社会关系必须诠释的事项。

同时，在探究法的起源、法的概念及效力的过程中习惯法也成为重要的研究领域。考虑到习惯法是顺应社会的变化及发展而自然生成的产物，所以在对“法”的论议中，探求社会的形成以及变化应先行一步。从而，法亦存在于无“国家”组织的原始社会，设定其社会成员之间应相互遵守、互不侵犯的领

* 李钟吉：韩国东亚大学法学院教授，法学博士，研究方向：法史学、法哲学、法文化学。

** 陈凤影：女，吉林长春人，沈阳工业大学文法学院讲师，法学博士，研究方向：民商法。

域及内容。虽然法由于时间的流逝及空间的移转而其内容会发生变化或存在差异，但是如果考虑到作为法的根源的产生意义及其自身顺应的客观变化，在社会底层，同历史一样具有生命力的法即为习惯法。

从习惯法的定义来看，“习惯法作为国家认可的并由国家强制力保证实施的习惯，和国家诞生前就存在的原始习惯一样并未具备法的性质”，或者说“习惯法是经国家认可并赋予国家强制力的完整意义上的法”；〔1〕“习惯法是渊源于习惯并由国家认可的法律”〔2〕。可见，习惯法虽缺少制定法的程序性和成文性，但一样具有法的效力。

正因为如此，即便是在现代社会，习惯法的效力仍然不会被减弱，反而在特定领域中，其效力优于制定法。而且，习惯法对特定社会共同体的稳定与团结发挥着极大的作用。因此，一方面，虽然法所追求的效率性和安定性是由法应具备的普遍性、抽象性的规范力而来，但是，另一方面，针对社会团体或者个案的、具有个别性、具体性的合理的规范，以在历史发展中生成并确定的内容而存在的可能性也应受重视。对于习惯法的研究应以各个社会及民族拥有的法内容的多样性和历史的固有性为基础，以尊重先进社会设定并实践的过程及结果为出发点。在当今社会，不能过于强调当下的实际而恣意裁断和贬损历史凝聚的成果。以致力于缜密考察习惯法的凝聚过程为前提，虚心、深入践行掌管当今社会的法论议，由此创制的法终会为人类社会做出巨大的积极贡献。

本文重点研究中韩两国民法史上关于习惯法的立法论议，

〔1〕 孙国华主编：《法学基础理论》，中国人民大学出版社 1987 年版，第 41 页。

〔2〕 北京大学法律系法学理论教研室编：《法学基础理论》（新编本），北京大学出版社 1984 年版，第 37 页。

探讨清末以后法的近代化过程以及民国民法典的制定过程中出现的以法的历史文化性为基础的习惯法的立法基调。同时，对韩国民法典制定过程中关于习惯法的议论以及大法院的判例中对习惯法的定义及见解进行分析，以期提高在民法学领域对习惯法的关注度。

二、中国法史上清朝末期法制近代化进程及对礼教民情的重视

习惯法作为特定集体经过长时间累积而形成的共同生活的产物，其内容存在于共同体组织的同时，承认其具有强制力，从而产生作为习惯法的效力。同时，习惯法因其内容是经反复实践而确定，所以具有不易被变更的特征。虽说中国社会经历了漫长的封建社会以及历代王朝的交替，但其法律思想和法律制度却并未发生实质性的变化。但是，随着1840年西方恶势力的侵入——鸦片战争的爆发，西方法文化开始流入进来，继而迫切地要求改编封建传统法律。

从1902年开始，清政府任命沈家本和伍廷芳为修律大臣，开始了修律工作，直至1911年因清朝的灭亡而终止。经过这十余年的努力，在中国诞生了一部具有近代意义的法律。当时的修律摆脱了传统法律基本精神的束缚，突破了传统“以刑为主，诸法合一”的封建法律体系，并借鉴大陆法系，形成了以宪法为主，公法与私法相分离，程序法与实体法相区别的近代法律体系。[1]清末的修律具有中国法制史上划时代的意义，其标志

---

〔1〕 通过当时清政府发表的论旨和沈家本的论证可以将“修宪宗旨”概括为两点：其一，通过参照各国法律，以西方法律修改中国的旧律；其二，通过体察中国礼教民情，在拥护中国传统礼教常情的同时，酌情考虑全国各地的风俗及民情。参见赵立新、毕连芳：《近代东亚的社会转型与法制变迁》，中国社会科学出版社2006年版，第35页。

着旧时代的结束及新时代的到来。[1]

(一) 对中国各地礼教民情的调查

清末，为了制定新律，修律担当者们广泛参考、研究了外国立法例。但是，从修律的整个过程可以看出，修律者们悉心考察中国社会源远流长的礼仪和民众的生活实际，并致力于将其反映在修律中，即在体察中国礼教民情上倾注了很多心血。[2]

由于中国各地的礼教民情习俗根源深远，为了在修律过程中反映这一点，要求付诸特别的关注和努力，彻底地进行调查整理，为修律提供重要的资料。光绪二十八年（1902 年），刘坤一、张之洞、袁世凯、沈家本和伍廷芳等人在呈交的修订法律的上奏文中充分强调了风土民情对民法及刑法之修订的重要性。[3] 其后，1907 年张之洞再一次强调民情风俗在立法上的重要性，认为倘若在充分研究中国的民情风俗和法令源流等之后，再将其予以变通，官民就不会感到困惑。外国法律学家在议论法律关系的同时，定会对政治、宗教、经济、风俗习惯、历史及地理等进行全面的考证，其理由也在于此。[4]

沈家本也十分重视立法中民情风俗的重要性，主张修订法律不能违背中国世代沿袭的礼教民情，但同时，他还指出："各省地大物博，习尚不同，使非人情风俗纤悉周知，恐创定民商各法，见诸实行必有窒碍，与其成书之后多所推求，曷若削简

---

〔1〕 姜军、孙镇平：《中国伦理和法律的思考》，华文出版社 1997 年版，第 284 页。

〔2〕 赵立新、毕连芳：《近代东亚的社会转型与法制变迁》，中国社会科学出版社 2006 年版，第 42 页及以下。

〔3〕 张国华、李贵连：《沈家本年谱初编》，北京大学出版社 1989 年版，第 115 页。

〔4〕 李贵连：《沈家本年谱长编》，台湾成文出版社 1992 年版，第 167 页。

之初，如意慎重。”〔1〕

光绪三十三年（1907年）9月5日，随着伍廷芳作为使节出使美国，清朝廷让俞廉三和英瑞接替其出任修法大使，并明确指示接下来的工作内容，即提出在参照各国的成文法、充分研究中国的礼教民情的基础上，深刻领会其含义，参酌修律。〔2〕这样的谕旨反映清朝廷对“体察中国礼教民情”的重视。为此，沈家本等人提出了具体的方法，即翻译各国最新法典及参考书，引进外国法律专家，随时咨询，彻底调查，再体察中国民情。〔3〕其中，体察中国民情的具体方法是收集考证各个地方的地方志、官刻书籍，以及私家著述中有关典章制度和礼教民情的记载。〔4〕

光绪三十三年（1907年）5月，大理寺卿张仁黼上奏，主张：“凡民商法修订之始，皆当广为调查各省民情风俗所习为故常，而于法律不相违背，且为法律所许者，既前条所谓不成文法，用为根据，加以制裁，而后能便民，此则编纂法典之要义也。”〔5〕

其后，同年9月，宪政编查馆奕劻等人奏请设立各省调查局，称：“中国疆域广袤，风俗不一，虽国家之政令，初无不同，而社会之情形，或多歧异。现在办法，必各省分任调查之责，庶几民宜土俗，洞悉靡遗。将来考核各种法规，臣馆得有所据依，始免两相抵牾……令各省分设调查局，以为臣馆编制法规，统计政要之助。”同时一并奏上拟定的《各省调查局办事章程》

---

〔1〕（清）朱寿朋：《光绪朝东华录》（五），中华书局1958年版，第5929页。

〔2〕（清）朱寿朋：《光绪朝东华录》（五），中华书局1958年版，第5747页。

〔3〕“请外国法律专家，随时咨询，调查明澈，再体察中国情形，斟酌编辑。”参见李贵连：《沈家本年谱长编》，台湾成文出版社1992年版，第247页。

〔4〕“凡关于典章制度，礼教民情，搜集交馆，以资考证”。参见张国华、李贵连：《沈家本年谱初编》，北京大学出版社1989年版，第179页。

〔5〕故宫博物院明清档案部编：《清末筹备立宪档案史料》，中华书局1979年版，第834页。

十三条。清政府以此为基础颁布并实施了《令各省设立调查局各部院设立统计处谕》的谕旨，批准了奕劻等人的奏请。[1]

光绪三十四年（1908 年）5 月，沈家本向朝廷呈交了《法律馆咨议调查章程》，即为保证民商事习惯调查真正取得实效，在修律过程中，一定要实地调查各省习俗，派遣人员随时调查。此章程明确规定了各省调查官的工作目标及职责，并为其后制定民商事习惯调查章程奠定了基础。[2] 为了统一调查，宣统二年（1910 年）通过了修律大臣奏请的《清律馆通行调查民事习惯文》，进而正式颁布施行了《调查民事习惯章程十条》。按照章程规定的要求，调查官们前往全国各地，在当地有识之士的帮助下详细调查各地的礼教民情。而且，重点调查内容除“方言俗语”以外，还包括各地的乡规、家规和“意美良法”。在方法上，调查员通过面对面的交谈收集资料，并将其累积起来为修律提供参考。此外，调查员还详细调查了各地各处的婚书和合同（意思的一致）契约、债券及遗嘱等，在整理过程中对其进行了简单概括，以便有关人士进行阅读研究。[3]

修律大臣们为了充分理解并如实反映与立法相关的国民的实际生活，开展了大规模的民俗习惯调查活动。虽说在这项调查中投入了大量的人力和物力，但通过此项调查，获得了大量的民商法习惯调查资料，并以此为基础编纂了《民商事习惯调查》。通过这样一系列的调查，修律有关人员对国内各地方的民情有了更深的了解，修律准备工作也做得更为充分。

---

〔1〕 故宫博物院明清档案部编：《清末筹备立宪档案史料》，中华书局 1979 年版，第 51 页。

〔2〕（清）朱寿朋：《光绪朝东华录》（五），中华书局 1958 年版，第 5929 页。

〔3〕 张国华、李贵连：《沈家本年谱初编》，北京大学出版社 1989 年版，第 221 页。

综上，在清末的修律过程中，虽然并未减少对西方法律制度的采纳比重，但在一定程度上表现出对中国国内习惯的重视。从而，《大清民律草案》创设了适合中国民情的原则，在本草案第一条中规定："民事本律所未规定者依习惯法，无习惯法者依法理。"[1]在适用顺序上，习惯法优于法理而适用。这充分体现了修律者们对民间习惯法承载的民情和习惯的尊重。另外，在该民律草案中，对与立宪相冲突的亲族、婚姻及继承等内容进行了酌情变通处理，对于其他事项，或以经义为根本，或参照道德，或采用现行法制，以整风肃纪，同时重点指出应维护百姓崇尚数千年的价值理念。[2]这些都是对中国各地民情风俗深入调查的结果。

总之，修律机构调查了中国各地的礼教民情，并将该调查资料作为新律制定的基础素材，体现了对客观事实的尊重。而且，这些调查资料不仅为清末的新律制定，还为民国初期的法律修订提供了重要的参考价值。修律者在引进西方法律的同时，兼取中国传统法律的某些原则和精神，并将二者有机结合是这一时期修律工作的一大重要特征。

此外，沈家本主持修律工作的同时，又通过对中国古代法律和法学著作的研究与整理，导出中国传统法文化的核心内容，并将其反映到修律中。[3]沈家本深入考察中国历代法律渊源并说明其要义，将中国与西方法律进行对比，从而谋求中

---

〔1〕 朱勇主编：《中国法制史》（第9卷），法律出版社1999年版，第220页。

〔2〕 "凡亲属婚姻继承等事，除与立宪相背酌量变通外，或本诸经义，或参诸道德，或取诸现行法制，务期整饬风纪，以维持数千年民彝于不蔽。"参见故宫博物院明清档案部编：《清末筹备立宪档案史料》，中华书局1979年版，第913页。

〔3〕 为了参照古今及广泛收集的各种资料，晚清政府在修律过程中翻译了东西方诸多国家的法律书籍，并研究了中国历史上的文献资料。尤其是收集了中国固有的法律文献，并依据《重刻明律序》予以记录。参见赵立新、毕连芳：《近代东亚的社会转型与法制变迁》，中国社会科学出版社2006年版，第45页。

西方法律的融合。即考证传统法律的渊源，把握传统法律的精髓，追求与西方法律在学理上或规范形态上一致的同时，又将西方法律规范予以适当变通，使其与中国固有的法律规范相融合。比如，沈家本早前通过将唐律、明律的“依律令正文，定罪量刑”与西方的“罪刑法定主义”相比较的方式，考证这些近代西方刑法原则也存在于中国古代法律中，并阐明这些原则自然也适用于当今社会。这些措施起到了会通中外法律之法理基础的作用，为减少法律变革的障碍做出了贡献。进一步来讲，反映了通过这些做法使中国国民易于接受外国法律规范，并以探明法律文化的源流为基础，谋求法律发展的意志和见识。〔1〕

（二）《大清民律草案》视角下的习惯民情

《大清民律草案》是通过清朝末期的修律，于宣统三年（1911年）完成而诞生的民法典。《大清民律草案》由五编1569条构成，其各篇及主要内容如下。〔2〕第一编总则，共由8章构成：法例（一般通则）、人、法人、物、法律行为、期间和期日、时效、权利之行使及担保；第二编债权，共由8章构成：通则、契约、广告、发行指示证券、发行无记名证券、管理事物、不当利得及侵权行为；第三编物权，共由7章构成：通则、所有权、地上权、永佃权、地役权、担保物权及占有；第四编亲属法，由7章构成：总则、家制、婚姻、亲子、监护、亲属会以及扶养的义务；第五编继承，共由6章构成：总则、继承、遗嘱、特留财产、无人承认之继承及债权人或受遗人的权利。

〔1〕赵立新、毕连芳：《近代东亚的社会转型与法制变迁》，中国社会科学出版社2006年版，第46页。

〔2〕以下的内容参见李显东：《从〈大清律例〉到〈民国民法典〉的转型》，中国人民公安大学出版社2003年版，第131～179页；赵立新、毕连芳：《近代东亚的社会转型与法制变迁》，中国社会科学出版社2006年版，第56～57页。

综上，《大清民律草案》在其体例上由总则、债权、物权、亲属和继承共五编构成。前三编（总则、债权、物权）由日本法学家志田钾太郎和松冈义正起草，主要以日本明治29年（1896年）民法为蓝本，同时参考了德国和瑞士民法。后两编（亲属、继承）与礼教有关，因此由修订法律馆与礼学馆共同研究起草。《大清民律草案》在体统上采用了潘得克顿体系模式，这体现了在中国民法与西方民法相融合的过程中，促进了法律新发展。如同修律大臣俞廉三、刘若曾在《民律前三编草案告成奏折》中所说："大清民律草案，注重世界最普通之法则，原本后出最精确之法理，求最适合于中国民情之法，期于改进上最有利益之法。"〔1〕

《大清民律草案》所反映的近代法原则和中国传统的礼教民情如下：①平等原则，以总则或分则等的平等原则及以个别规定为基础，强调任何人平等地参与民事法律活动的同时，特别强调契约双方的权利平等；〔2〕②诚实信用原则；〔3〕③契约自由原则；〔4〕④过失责任原则；〔5〕⑤保障私有财产所有权原则；〔6〕⑥法人制度；〔7〕⑦物权制度，在草案物权编中明确指出了这一

〔1〕故宫博物院明清档案部编：《清末筹备立宪档案史料》，中华书局1979年版，第912～913页。

〔2〕作为特别事项，在过去被看作物或畜产的奴婢规定为非物的权利主体。

〔3〕《大清民律草案》第2条："行使权利，承担义务，依诚实及信用方法"等。

〔4〕《大清民律草案》第513条："依法律行为而为债务关系发生或其内容变更消灭者，若法令无特别规定，须依利害人之契约"等。

〔5〕《大清民律草案》第37条规定："因故意或过失而侵害他人之权利者，于侵权行为须负责任。"

〔6〕《大清民律草案》第983条规定："所有人于法令之限制内得自由使用、收益、处分其所有物。"

〔7〕《大清民律草案》第60条规定："社团及财团得依本律其他法律成为法人。"

原则，而物不仅具有自然的属性，须为人类所控制，且具有经济、文化、科学的价值，例如土地、森林、河流、矿产、机器等。

除此之外，值得一提的是行为能力和权利能力制度。这些制度，在矫正中国传统法文化固有内容中不合理部分的同时，致力于反映民情习惯。即⑧关于行为能力，草案第10条规定："满二十岁者为成年人"，而这意味着满二十岁便具有完全行为能力，矫正了旧律中以"丁年"为成年的模糊规定。⑨对于权利能力，进一步建立了以中国传统的家族文化和制度为基础的法制。草案第4条规定："人于法令限制范围内，得享受权利，或负担义务。"即人可以在法律的范围内享受民事权利或承担义务。但是，草案的亲属及继承两编中在法精神层面上与前面的总则、债权、物权有着较大差异，在亲属、继承编中公然拥护封建宗法礼治。例如，在亲属编中，采取家族主义，贯彻宗法精神，而且，在婚姻关系中，依然维持同姓不得结婚、结婚一定要得到父母的允许等封建主义规定。[1]在家庭关系中，继续实行家长制，并且规定家长为一家中最尊长者。[2]同时，草案第1374条规定："行使亲权之父母于必要的范围内可以亲自惩戒其子女，或者呈请审判衙门送入惩戒所惩戒。"[3]草案第1376条还规定："子之财产，归行亲权之父或母管理之。关于其财产上之法律行为，由行亲权之父或母为之代表。"同时，对于夫妻（夫妇）之间，继续贯彻"夫为妻纲"，规定了夫妻共同

---

〔1〕《大清民律草案》第1333条规定："同姓者不得结婚。"第1338条规定："结婚须有父母允许"等。

〔2〕家长被定义为："家长以一家之中最尊长者为之。"

〔3〕《大清民律草案》第1374条规定："行亲权之父母于必要范围内，可亲自惩戒其子或呈请审判衙门送入惩戒所惩戒之。"

财产以及丈夫对妻子的财产有管理、使用、收益的权利等，体现了封建时代夫权至上的精神。另外，承认一夫多妻制，在继承方面，继续实行宗祧继承制度。

综上，《大清民律草案》是在采用大陆法系民法原理和原则的同时最大限度地吸收中国民情习惯的基础上完成的，但由于清朝的灭亡，最终未能颁行。《大清民律草案》虽然在内容上仍有封建残余，但其打破了民刑不分的旧律结构，并和近代资本主义民法接轨，成为中国民法发展史上的重要里程碑，为继起的民国政府制订民法典提供了重要的基础。《大清民律草案》作为中国法史上最早的一部独立化、专门化、民法法典化的文献，突破了旧法时代民刑合一的结构，确立了在中国法律体系中民法的独立的地位。同时，终结了在中国数千年民事法律关系中缺乏体系性结构的历史，消除了法制史上“重刑轻民”的传统，实现了民法和刑法的分离。

三、中国法制史上“民国民法典”对习惯法的立场

（一）“民国民法典”对习惯法的基本立场

在中国近代法制史上，沈家本在编纂《大清律例》的过程中也将中国社会固有的习惯作为重要的法源，并对其进行了广泛的研究。〔1〕而且，在中国辛亥革命以后，掌管裁判业务的大理院在没有法律明文规定的情况下参考了风俗习惯，使（辛亥）革命以后的社会在按照法律规定寻求法治的同时，当没有法律规定时，在不违反公共秩序和善良风俗的限度内援用习惯。〔2〕

中国持续这样的法制史，1929 年的《民国民法典》第 1 条

〔1〕关于清朝末年的《大清律例》，参见本文第二部分的叙述。

〔2〕谢振民编著：《中华民国立法史》，中国政法大学出版社 2000 年版，第 750～752 页。

规定了“民事，法律所未规定者，依习惯；无习惯者，依法理”。[1]如上，民国民法典规定了习惯法和法理，保留了充分容纳中国历史上庞大的法文化的可能性。[2]辛亥革命以后，中国大理院的判例也采取了“当没有明文规定时适用习惯法”的观点。由于中国领土宽广，礼俗各异，从而导致各地的习惯复杂多样，因此，在维护民国革命基本精神的基础上，依法治国，从事民事活动原则上依法律规定为之，在无法律规定时，在不违反公共秩序和善良风俗的限度内依习惯。[3]在这样的延续中，即使在1929年新的民国民法典颁布以后，在解决民事纠纷时适用大清律例部分内容的情况大为有之。[4]

与此相关，可以参考在《中华民国习惯调查录》发刊词中记载的内容。[5]在中国古代社会，官吏在确定“民间细故”时，从来都没有“严格规则主义”的概念，风俗、人情、义理等一直都可以成为司法裁判的依据。从而，在民国初年，民法

---

〔1〕《民国民法典》第1条规定：“民事，法律未规定者，依习惯；无习惯者，依法理。”

〔2〕王健编：《西法东渐——外国人与中国法的近代变革》，中国政法大学出版社2001年版，第56页。

〔3〕谢振民编著：《中华民国立法史》，中国政法大学出版社2000年版，第750页。

〔4〕参见李显冬：《从〈大清律例〉到〈民国民法典〉的转型》，中国人民公安大学出版社2003年版，第221页。将进一步说明有关民国民法典的制定及各编的公布与实施。1928年12月，成立了立法院，立法院于1929年（民国十八年）1月29日组织民法起草委员会，采取分别制定和实施各编的方式。因此，国民党政府于1929年5月23日公布了《民法总则》，并于10月10日开始实施，1929年11月22日公布了《债权编》，并于1930年5月5日开始实施，1929年11月30日公布了《物权编》，并于1930年5月5日开始实施。最后于1930年12月6日公布了《亲属编》，并于1931年5月5日开始实施。

〔5〕参见中华法令编印馆编译：《中华民国习惯调查录》（日华对译），中华法令编印馆1943年版，发刊词；李显冬：《从〈大清律例〉到〈民国民法典〉的转型》，中国人民公安大学出版社2003年版，第188页。

典缺失，且其他制定法又不完备的情况下，民事习惯自然就成为地方审判机关重要的裁判依据。不过，以制定法之外的行为规范来裁判民事案件，并非民国初期的创造，只是当时不得已而沿用古代的惯行罢了。[1]

综上，习惯的形成，经历了长期社会实践的淘汰和过滤，而且与民众的实际生活密切相关，故而在法律无明文规定的情况下，以习惯作为处理各类案件和纠纷的依据，既具有一定的合理性，更能为民众所普遍接受。[2]

由于民事习惯只是地方性的法律事实，并非严格的法律规则，因而，其在司法审判过程中，内容客观公正，作为弥补制定法缺失的规则，易于为当事人所接受。在程序上，在制定法无明文规定时，当事人可以根据民事习惯主张权利，当事人所依据的民事习惯“经审判衙门调查属实，可认为有合法之效力者，自应援用之以为判断之准据”。由于民事习惯的内容，在其本质上体现的是中国固有法律注重秩序和谐的总体精神，显然能充分保护个人利益，所以会被推崇。[3]

（二）习惯法的弱化及外国法移植的扩大

1900年代上半期，中国立法当局坚持“准诸本国习惯”的立法思想。但是，从民国民法典物权编的具体内容可以看出，民间习惯法规并没能像从前一样充分地反映于立法中，当时的立法基本上是从西方国家吸收过来的移植法。即虽然在当时也关注中国本土的习惯法，但相对来说，不能否认其比重被降低

---

〔1〕张生：《民国初期民法的近代化——以固有法与继受法的整合为中心》，中国政法大学出版社1992年版，第47页。

〔2〕朱勇：《中国法律的艰辛历程》，黑龙江人民出版社2002年版，第358页。

〔3〕张生：《民国初期民法的近代化——以固有法与继受法的整合为中心》，中国政法大学出版社1992年版，第48页。

的事实。其结果，移植外国法而导致的西方化，成为20世纪中国社会现代化的基本方向，导致了法律与中国社会的连贯性脱节的局面，这也是20世纪中国法制的基本结构和特征。从而，法律往往成了“纸上之法”，产生了民众被法律疏远的现象。[1]

针对习惯法的这些问题，也许在一个民族或国家看来，规范其行为以及支配其生活的法律应是在心灵深处或生活习惯中成长起来，否则将成为法律之不幸，民族之不幸。故这样的经历被指为是中国法律现代化进程中存在的最大的缺点。因此，如何适度移植法律，增植“长成法”，并将二者有效地结合起来是中国法制现代化进程中最重要的问题。[2]

四、中国现行法制上有关“调解”的习惯法文化

（一）中国的社会变化及调解制度

现代中国社会正处于以法律为中心，政治、经济、社会以及文化等急速变化的时代。1949年中华人民共和国成立，并于1978年开始，受国际社会变化的影响，吸收资本主义的合理要素，从此中国社会进入了急剧变化的新时期。由于国内政治、经济体制的改革以及实行与国际社会协力发展的改革开放政策，中国社会迎来了质与量上的高速发展。这样的变化归因于所贯彻的国家治理基本方向，即实行对外开放，最大程度上吸收外面世界拥有的发展要素，同时坚持中国文化及历史的独自性，谋求建立富强的社会。新中国的建设，从根本上改变了旧社会

〔1〕李显冬：《从〈大清律例〉到〈民国民法典〉的转型》，中国人民公安大学出版社2003年版，第188页及以下。

〔2〕胡旭晟、夏新华、李交发点校：《民事习惯调查报告录》，中国政法大学出版社2001年版，第14页。

封闭式的政治、经济体制，实施了以法律为中心的治国方略。[1]

下面我们来分析一下，立足于中国社会的变化，在民事纠纷中，作为家事纠纷的重要解决方案即“调解制度”。有关中国民事纠纷的诉讼程序法可以按时期分为1982年施行的《民事诉讼法〈试行〉》以及1991年正式施行的《民事诉讼法》。若从司法政策的角度说明民事纠纷的解决方法的话，1982年以前是以“调解”为主、裁判为辅，自1982年以后至1991年民事诉讼法正式施行止，从调解为主转变为着重调解的政策，自1991年以后，则采取根据当事人的意思自愿选择调解的方式，即实行调解与裁判并重政策。2008年4月1日开始施行的新民事诉讼法进一步完善了民事诉讼制度。[2]

中华人民共和国民事诉讼制度将调解原则作为其基本原则而设定。[3] 中国民事诉讼法第八章（第85条~第91条）中单独规定了“调解”，将民事案件的调解原则法制化。[4] 中国民

---

〔1〕 王立民主编：《中国法律与社会》，北京大学出版社2007年版，第402~420页。1978年12月中国共产党第十一届三中全会以后，中国社会进入了以法律为中心谋求社会发展的大变革时期。参见公丕祥：《中国的法制现代化》，中国政法大学出版社2004年版，第632~663页。

〔2〕 参见法律出版社法规中心编：《中华人民共和国民事诉讼法注释本》，法律出版社2009年版；黄松有主编：《诉讼调解要务》，人民法院出版社2006年版，第31~32页。

〔3〕 为了详细了解调解制度，参见［韩］李钟吉：“对中国调解制度和离婚法规的研究”，载《东亚法学》2010年5月第47号。调解的种类分为诉讼调解、法院调解、人民调解、民间调解及行政调解等，详细的内容参见上述论文。关于以调解制度为中心的中韩两国民事诉讼制度的比较研究，参见［韩］赵武济：“中韩民事诉讼法的特殊性比较”，载《东亚法学》2008年第42号。

〔4〕 中国民事诉讼法特有的基本原则如下：①法院调解原则；②辩论原则；③当事人处分原则；④人民检察院的民事审判活动监督原则；⑤起诉支持原则；⑥诉讼权利义务同行原则及对等原则。参见高其才、罗昶编著：《中国法律制度概要》，清华大学出版社2005年版，第236~250页。

事诉讼法第85条规定："人民法院审理民事案件，根据当事人自愿的原则，在事实清楚的基础上，分清是非，进行调解。"此规定阐明了民事诉讼中的调解制度。〔1〕同法第86条规定了调解组织，第87条规定了人民法院进行调解，可以邀请有关单位和个人协助，被邀请的单位和个人，应当协助人民法院进行调解。而且在以下条文中规定了调解书的制作及其效力等适用调解制度可能涉及的内容，形成调解制度的基本构造。当然，在调解未达成协议或者调解书送达前一方反悔的，规定人民法院应当及时判决，从而为及时解决民事纠纷设定了最终的解决手段，即判决。〔2〕

这样的调解制度是争议当事人在第三方的主持下，充分调查明确事实关系，分清是非，依法明辨事理，同时作好当事人之间的沟通工作，力求让双方平等协商、相互谅解的基础上，自愿达成协议、解决纷争的制度。〔3〕调解作为人民法院处理民事案件重要的方式之一，调解过程既是当事人进行诉讼的过程，也是人民法院审理民事案件的过程，如果当事人通过调解达成协议，案件即宣告终结。〔4〕调解书与判决书具有同等的法律效

〔1〕《中华人民共和国民事诉讼法》第85条规定："人民法院审理民事案件，根据当事人自愿的原则，在事实清楚的基础上，分清是非，进行调解。"

〔2〕《中华人民共和国民事诉讼法》第91条规定："调解未达成协议或者调解书送达前一方反悔的，人民法院应当及时判决。"

〔3〕根据法律情况统计年鉴资料表明，1990年至1996年民事一审案件中通过诉讼调解而结案的比例分别是：64.6%（1990年）；59.1%；58.3%；58.5%；58.4%；56.9%；54.2%（1996年）。甚至在部分地区诉讼调解结案比例高达80%，这表明在中国解决民事诉讼案件的过程中对调解具有相当的依赖性。参见黄松有主编：《诉讼调解要务》，人民法院出版社2006年版，第8页。

〔4〕关于调解的原则，根据《中华人民共和国民事诉讼法》以及《最高人民法院关于人民法院民事调解工作若干问题的规定》来看，有以下几个重要原则：①自愿原则；②查明事实与分清是非原则；③合法原则；④心理平衡原则。参见黄松有主编：《诉讼调解要务》，人民法院出版社2006年版，第3页。

力，但是，与追求协商与让步的调解相比，判决是人民法院审理案件，查明事实关系后依据相关法律而作出的权威结论。

（二）中国社会中调解制度的历史以及习惯法文化的意义

如何将保留并发展于中国社会数千年的传统伦理文化即法文化要素应用于现代社会法制，是中国社会法制现代化的重要课题之一。〔1〕“重刑轻民，德主刑辅”的法律传统是以自然经济和宗法制度为基础而重视礼教，从而阻碍了民法权利意识的成长。〔2〕并且其强调德治，将道德置于政治与社会生活的中心位置，将道德转换成了法律，但也应注意法律不能成为道德的文化特性。〔3〕而且提出了“礼，经国家，定社稷，序民人，利后嗣”〔4〕以及“分争辨讼，非礼不决。君臣上下父子兄弟，非礼不定”，而这些都建立在“礼”的基础之上。〔5〕这样的“礼治”，灵活运用教化和刑罚，强调人伦道德，以宣扬人与人之间亲善友爱的人品为中心。礼治社会具有重视人与人之间关系的特征。为了体现礼治，通过长时间对人类的教育，使其明白良心及修身，以及对个人及社会的责任的同时，试图建立克己复礼的人类社会。进而，理想的礼治是通过此种人类教化，在各自的人际关系中懂得规范和廉耻，从而对于外部的监督和制裁感到羞愧。这正是要实现：作为人具有心地善良的人格涵养，

---

〔1〕梁凤荣：《中国传统民法理念与规范》，郑州大学出版社2003年版，第6~8页。

〔2〕为了对其进行全面了解，参见韩伟：“民法文化的多元性之探讨”，载《福建论坛》2009年第12期；［韩］李钟吉：“对中国传统社会的民事法发展过程的研究”，载《中国史研究》2007年第48辑。

〔3〕参见王伯琦：《王伯琦法学论著集》，三民书局1999年版，第13页。

〔4〕“礼，经国家，定社稷，序民人，利后嗣。”《十三经注疏》左传隐公十一年。

〔5〕“分争辨讼，非礼不决。君臣上下父子兄弟，非礼不定。”《十三经注疏》礼记之曲礼上。

同时社会上形成相互体谅、相互关怀的风气，政治上实行以礼和德为中心的仁政。[1]

以这样的思想史的脉络为基础，历史上解决纠纷的手段，与现行调解制度具有很强的关联性。在元代的民事诉讼中，与扩大民事代理的范围一样，民事争讼及过失伤害的情况下，充分尊重当事人和解的请求。因此，大多数案件依当事人和解的请求以调解的方式得以解决。[2] 明清时期，由于民事诉讼案件急剧增多，确定了限制判决时间的制度。民事判决除正式判决之外，一般情况下，只要当事人递交了约定的“甘结”，通过官厅的审查，该案件即因“准结”而终结。[3] 特别是在明代传统儒家观念中，诉讼被视为一种“民风浅薄”的行为，试图建立“无讼”的理想社会。因此，认为民间的纠纷不应呈报官厅使之复杂化，在民间自行调处和和解而终结诉讼才是上上策，并将此统称为调解息讼制度。[4] 同时，在大明律中，详细规定了起诉以及诉讼过程的相关内容。[5] 在清代，由于放宽了重农抑商的政策以及商品经济的发展，有关财产权及人身权的民事诉讼急剧增加，因为主要以土地、婚姻、继承的民事纠纷为主，所以将

---

〔1〕“德以柔中国，刑以威四夷”（《十三经注疏》左传僖公二十五年）阐明了在礼治中德和刑罚的作用。即，作为教化，实行道德礼仪，作为刑罚本意上遵从礼制，可以解释为以德教化村落或本族成员，而刑罚用来对付敌人或异族势力。关于其他内容，参见马小红：《礼与法：法的历史连接》，北京大学出版社 2004 年版，第 113 ~ 118 页。

〔2〕 有关《元史》、《刑法志》及《至元条格》等内容，参见梁凤荣：《中国传统民事法理与规范》，郑州大学出版社 2003 年版，第 213 ~ 217 页。

〔3〕［日］滋贺秀三等著，王亚新、梁治平编：《明清时期的民事审判与民间契约》，法律出版社 1998 年版。

〔4〕 梁凤荣：《中国传统民事法理与规范》，郑州大学出版社 2003 年版，第 270 ~ 273 页。

〔5〕 参见《大明律》、《刑律诉讼》。

这些案件统称为“田宅户婚钱债”案件或“户婚田土”案件，又因案件多数发生在州县基层，所以被称为“民间细故”。清朝政府对日益增长的民事案件采取了调解和诉讼并用的处理方式。〔1〕

综上，在中国现行法秩序中被热议的“调解制度”可以认为是从中国法文化历史中沉淀下来的综合产物。在传统中国社会，发生纠纷时，相较于依诉讼而得出胜负的两端结论，更推崇重视和谐的无讼文化，而定着于小农经济的熟人社会结构使与传统相融合的现行调解制度赋予强大的生命力。在熟人社会，社会成员与他人之间紧密的人际关系和相互依存的态度形成了自然的共同体生活状态。因此，重视人情和面子的同时，相互尊重，求同存异的传统生活方式，对于邻里之间不可避免发生的纠纷，倾向于运用仲裁者的说服、依赖人情、面子等要素加以解决。〔2〕

五、韩国的习惯法及韩国民法典制定过程中出现的有关习惯法的论议

（一）韩国大法院对习惯法的定义

现行大韩民国民法〔3〕第1条“法源”中明确规定，“关于

〔1〕 清朝政府从每年4月1日至7月30日止，实行了“农忙止讼”制度，即这期间官府不受理“户婚”、“田土”、“钱债”等“细事”。参见梁凤荣：《中国传统民事法理与规范》，郑州大学出版社2003年版，第311～313页。

〔2〕 徐忠明：《如何思考中国传统法制的现代意义》，中国政法大学出版社2004年版，第166～169页。

〔3〕 从日本帝国的殖民统治中独立（1945年8月15日）的大韩民国，随即着手制定民法典。即1945年8月15日政府成立之后不久，1948年9月15日以总统令第4号公布了《法典编纂委员会职制》，以该委员会为中心，开展了民法典的编纂工作。其后，1958年2月7日，具体民法条文的持续讨论结果通过国会被移送到政府，政府于同年2月22日，以法律第471号予以公布，并于1960年1月1日开始施行了民法典。现行民法典是在此民法典经过几次部分修订而来的。有关民法典编纂的详细经过及论议，参见［韩］郭润直：《民法注释1》，博英社1992年版，序说部分。

民事，法律无规定者，依习惯法；无习惯法者，依法理”，从而将习惯法作为民法的重要法源。法源即法的渊源，一般来讲意味着法的生成渊源（causaessendi，Rechtsentstehungsquelle）和法的认识渊源（causacognoscendi，Rechtserkenntnisquelle）。〔1〕因此，法如何产生且哪些内容可被认可为法是法学论议的开端。

为了理解韩国社会观念中的习惯法的概念，首先来考察韩国大法院对于习惯法的定义。习惯法是指因社会的惯例而产生的社会生活规范，其依社会对法的确信及认识而被上升为法律规范并被赋予强制力。其作为法源，与法令不相抵触的为限，具有法律效力。〔2〕

为了承认因社会惯例产生的某种社会生活规范上升为法规范，则不能违反以宪法为最上位规范的全体法秩序，从而能被认可为具有正当性及合理性。否则，即使是因社会惯例而产生，也无法将其作为法规范而承认具有习惯法的效力。〔3〕

同时，即使因社会的惯例而产生的社会生活规范被认定为习惯法，如果社会成员不确信其法的拘束力，或者因支配社会的基本理念、社会秩序的变化而适用习惯法的时点上其违反了全体法秩序，则不得不否定其作为法规范的效力。〔4〕

（二）韩国民法典制定过程中关于习惯法的论议

韩国民法典制定过程中，1957年民事法研究会对民法草案提

---

〔1〕［韩］郭润直：《民法注解1》，博英社1992年版，第26～27页。

〔2〕大法院1983.6.14宣告，80다3231判决。

〔3〕参见大法院2003.7.24宣告，2001다48781，全员合议体判决。

〔4〕大法院2005.7.21宣告，2002다1178，全员合议体判决。这一判决中，变更了对前面提到的习惯法案件（1983年判决和2003年的判决）的大法院意见，并作出了附加说明。即，考虑到其间社会以及国民意识的变化，对具体案件将其内容变更为更加正当合理，并进一步明确习惯法的意义。

出的研究意见书中关于习惯法的核心观点有以下几个方面。[1]（研究对象）草案第1条规定："关于民事，法律无规定者，依习惯法；无习惯法者，依法理。"这表明民法的法源有法律、习惯法及法理，其适用顺序依次是法律、习惯法和法理。与此同时，否定存在争议的判例法具有法源性。草案将法律、习惯法及法理三者作为民法的法源是没有争议的，但是在适用顺位上将法律优先于习惯法是不妥当的。草案将习惯法置于法律的下位，仅以法律无规定为限承认其补充效力，这一点只不过是对原来法例第2条的文理解释的原搬照抄。该法例的规定克服了19世纪的自然法思想，意味着历史法学派对习惯法的认可，但是尚未摆脱成文法万能思想，即法规范形成过程中的国家主权绝对思想。

即使与现行法制一样，存在成文法典，并不断制定特殊民法规则的单行法规，即采取的是成文法主义，但是作为制定法不仅不能规定全部的千态万象的现象，而且有很多情况是为了明确习惯法的存在和内容而制定成文法的。如上，即使在采取

---

〔1〕 本文在以下引用的资料是韩国民法典制订过程中民事法研究会提交的对民法草案的研究意见书的内容。参见民事法研究会编：《民法案意见书》，一潮阁1957年版，第20~21页。下面进一步说明民事法研究会的民法草案研究意见书。作为政府提出的法案——民法草案，于1954年10月26日向国会提交，并于同年10月28日转交给民议院法制司法委员会进行审查。该民议院法制司法委员会又组成民法审议小委员会，对总则、物权、债权三编进行了逐条审议，于1956年9月完成审议工作，制订修正案的同时，又订立了亲族、继承编的审议纲要。国会的审议进行到这一阶段之后，在以首尔为中心的全国各个大学的多数民法教授以及少数商法、国际私法教授于1956年9月25日会合，组成了民法草案研究会，对民法草案及其修正案以及亲族法、继承法纲要进行研究和讨论。他们将讨论内容分为总则、物权、债权和身份四部分，直到1956年11月9日对各部分进行了预备讨论之后，从同年11月9日到次年1月19日共召开了12次全体会议，反复进行了讨论。本意见书作为其成果，在最后一次全体会议中决议将该会议命名为"民事法研究会"。参见民事法研究会编：《民法案意见书》，一潮阁1957年版，序文。

成文法主义的国家，法律的产生过程包括以下两种情况：一是，作为人类生活固有的、当然的产物而设立一般的、抽象的规范的情况（自然法的成立过程）；二是，适应社会生活的实际需要，根据惯例及社会对法的确信而设立法规的情况（历史法的成立过程）。因此，可以认为，在民法的形成过程中，既有成文法和习惯法的有机融合，又有历史法与自然法的微妙的结合。

现行民法第175条即“物权除本法及其他法律设定的以外，不得创设”，意味着物权的种类和内容由法律加以固定，不依当事人的意志创设或变更，贯彻了物权法定主义原则。但是，在必要的灌溉限度内的公有河川的流水使用权（参见大正7年7月10日、大正10年7月12日高等法院判决），以及在他人的土地上立坟墓时类似于地上权的物权（坟墓权，参见昭和2年3月8日高等法院判决）等，不能限制这些习惯法的产生。这些实例，足以说明，不能仅将习惯法视为对成文法的补充，反而可以论证其对等的效力，而且近来的法史上习惯法的地位进一步得到重视，即试图肯定其效力从一种补充的效力上升到对等的效力。

因此，为了符合理论根据与实际需要，将法律（成文法）和习惯法置于同一平面而承认其对等的效力，民事法研究会提议将草案第1条修改为“关于民事，法律或习惯法无规定者，依法理”。同时，与之相协调，提议将草案第176条也修改为“物权，除法律或者习惯法规定的以外，不得任意创设”。

以上是民事法研究会意见书中提出的核心内容，即认为在民事上，应将习惯法与法律置于同等的地位而适用。换句话说，在适用顺位上，法律不应优先于习惯法，草案将习惯法置于法律的下位，仅以法律无规定为限承认其补充效力，这一点只不过是对原来法例第2条的文理解释的原搬照抄，因此提议将民法第1条修改为“关于民事，无法律或习惯法者，依法理”。但是，韩国民法典的制定结果与此意见相左，在第1条“法源”中仍然规定：“关于民事，法律无规定者，依习惯法，无习惯法者，依法理。”〔1〕民事法研究会基于习惯法的重要性而提议在民事领域应承认习惯法具有与成文法同等的效力与地位，然而最终其意见未被采纳，在现行民法第1条的规定下，只有在成文法不完备的情况下才承认习惯法的补充效力。但是，关于物权的第185条“物权的种类”规定：“物权，除法律或者习惯法规定者外，不得任意创设”，即采纳了民事法研究会的提案意见，在与法律同等的地位中，可以依习惯法设定物权。

六、结语

在近代法律实证主义的盛行下，一般认为，作为法律的习惯属于国家的范畴。然而，即使在中国古代社会没有类似习惯法的概念，但是与历史一并产生并发展了具有事实上效力的各种习惯。在历史上，这样的习惯规范着中国人的生活，并且在相当长的一段时间内与国家无关、规范着底层民众的权利义务关系，彰显了法的内在特征。同时，由于习惯规范着普通百姓的社会生活且被反复适用而具备了法的外在特征。因此，在特定社会中，习惯通过调整人们的权利义务关系且反复被适用而规范着社会，其效力得以承认并取得了普遍的行为规范性，从而其作为习惯法的法律性也因此得到认可。〔2〕

习惯法作为由民间社会发育之法，在中国，也称之为民间

---

〔1〕 韩国民法采用的这种文言表述，其渊源为满洲民法及以中国民法为媒介日本明治8年（1875年）的太政官布告第103号裁判所心得第3条规定：“关于民事裁判，无法律规定者，依习惯，无习惯者，依法理。”参见［韩］郭润直：《民法注解1》，博英社1992年版，第28页。

〔2〕 参见李显冬：《从〈大清律例〉到〈民国民法典〉的转型》，中国人民公安大学出版社2003年版，第190页。

法。因此，相较于公法关系领域，习惯法大量存在于私法关系以及日常社会关系领域。民间的生活模式有着与国家追求的整齐划一的规制不一致的限定性。一个国家追求的统一性，有可能与法的具体妥当性相背离而毁损民间所期望的和谐。习惯法的研究是创造民间和谐生活的研究。如果说，法存在的理由是为纺织人类美好的生活，那么，习惯法的研究也就具有极大的重要性。

清朝末期，在中国法近代化过程中所强调的对礼教民情和民情习惯的调查、研究，即反映了重视习惯法并将其体现在立法内容中的立法意志。继而，1929 年的《民国民法典》第 1 条规定："民事法律所未规定者，依习惯，无习惯者，依法理。"《民国民法典》中对习惯法和法理的上述规定，为充分保留中国历史上博大精深的法文化内容提供了可能性。但是，另一方面也要看到，由于过多地移植西欧法律，导致对习惯法关注度的减弱。即便如此，可以说，现行中国法上的调解制度，正在积极地以其现代化面貌诠释着中国历史上的习惯法文化内容。

韩国自 1945 年摆脱日本帝国的殖民统治，成立独立的政府以后开始了民法典的制定。在此过程中，强调习惯法重要性的同时，试图将习惯法置于与成文法同等的地位。但是，自 1960 年 1 月 1 日开始实行的现行民法典第 1 条规定："关于民事，法律无规定者，依习惯法；无习惯法者，依法理"，直接表明了民法的法源有法律、习惯法和法理三者的同时，也明确其适用顺序依次是法律、习惯法、法理，从而习惯法在与成文法的关系中，仅具有补充效力。另外，关于习惯法的定义，大法院的判例中进一步解释："即使因社会的惯例而产生的社会生活规范被认定为习惯法，如果社会成员不确信其法的拘束力，或者因支配社会的基本理念、社会秩序的变化而适用习惯法的时点上其违反了全体法秩序，则不得不否定其作为法规范的效力。"

综上，习惯法是特定社会共同体拥有并适用的规范，以具备法的实质要件为前提，源自对社会和谐以及共同体自律性的尊重、对社会形成中存在的历史的多样性及固有性的尊重，并在容纳法源多样性的原则上被设定的重要的法规范。可见，法分为国家依法定程序积极立法而形成的制定法和共同体依自律而生成并遵守的习惯法两种，因此，笔者认为，习惯法的效力决不应低于制定法。

进而，在近代化过程中曾经暂时停滞特有法律发展的中韩两国，为了其民法学的发展，乃至社会的健康发展，应进一步加强致力于探究和创新以自律性和历史性为基础之习惯法的学术研究。

下编 | 实践探索

发展中的俄罗斯联邦仲裁法院

王志华*

2012年1月26日～27日，在俄罗斯联邦仲裁法院成立20周年之际，俄罗斯联邦最高仲裁法院举行了隆重的庆祝仪式，并召开以“司法机关与民法发展”为主题的国际学术研讨会，世界各主要国家均有实务界和学术界代表参加研讨。

在目前的俄罗斯，由宪法法院、最高法院（普通法院）和最高仲裁法院及其所属各级法院“三位一体”，共同构成俄罗斯的司法机关体系。其中，仲裁法院体系（система арбитражных судов）最具俄罗斯特色，既是司法体制改革的产物，也是国家各派政治势力在改革初期权力博弈的结果。

近年来，中俄经贸合作关系日益紧密，对于中国法学研究者和实务界人士来说，了解主要审理经济纠纷案件的俄罗斯仲裁法院的起源、目前发展状况和未来发展趋势及其职能无疑具有现实价值和实践意义。

* 王志华：中国政法大学比较法研究院，教授，法学博士。

一、名称之由来

俄文 Арбитраж（仲裁）一词源自法语 arbitrage，原意为法官的公正裁决，现在意指通过争议双方选择仲裁员并将案件提交仲裁庭（третейский суд）审理的方式以解决产生于经济和其他民事法律关系领域纠纷的法律解决方法。在苏联国家发展时期，曾存在过国家和机构仲裁制度体系，并借助于这个体系解决企业和组织之间的各种经济纠纷[1]，属于非司法性质。

在现阶段，仲裁法院属于俄罗斯国家司法机关的组成部分，已经失去该词语原有的具有民间裁断的“仲裁”性质。面对不明就里的外国法律界同行，俄罗斯仲裁法院的法官不得不作出解释：俄罗斯的仲裁法院实际上是经济法院（экономические суды или хозяйственные суды）或商事法院（торговые суды или коммерческие суды），和一般所指的仲裁没有关系。之所以出现目前这种尴尬局面，与苏联和俄罗斯改革关键时期出现的各种突发情况和法学界的历史争议公案有关，具有很大的偶然性和戏剧性。

俄罗斯现行仲裁法院由苏联时期的国家仲裁制度演变而来。国家仲裁（Государственный Арбитраж）系指 1923 ~ 1991 年存在于俄罗斯联邦负责审理企业、机构和组织之间纠纷的机关，它们不是法院，不属于司法机关，设在行政机关之内。这些行政机关包括苏联部长会议、各加盟共和国部长会议、各自治共和国部长会议和各边疆区、州和所属人民代表苏维埃执行委员会。这些仲裁机关向相应的行政机关负责，并汇报工作。它实际上类似于我国现阶段设于行政机关中的行政复议机构。

20 世纪 90 年代初，苏联的改革进入关键阶段，1990 年 12

---

〔1〕 Большой юридический словарь. под ред. А. В. Малько. – Проспект, 2009 г.

月4日苏联最高苏维埃批准通过新宪法，其中国家仲裁条款消失，代之以国家仲裁法院（第163条）。在正常情况下应该称其为经济法院（хозяйственные суды или экономические суды）或者商事法院（коммерческие суды или торговые суды）。在20世纪30~80年代，苏联法学界一直存在着经济法与民法的地位之争，迄至改革阶段的整个苏联时期，以科学院国家与法研究所拉普杰夫教授为首的经济法学派势力强大，对民法学整个学科构成很大的威胁，在20世纪30年代前半期曾在整个苏联各高等院校取消民法学科的教学。1991年5月17日，在苏联解体之前通过了《苏联最高仲裁法院法》和《苏联最高仲裁法院关于审理经济纠纷程序法》，规定苏联最高仲裁法院有权在职权范围内通过审理企业、机构和组织之间以及集体农庄、个体经营者及国际和国家机关之间的经济纠纷的方式行使司法权。在拟定和通过包括宪法在内的上述法律草案的时候，经济法（хозяйственное право）学的立法代表曾极力主张使用经济法院（хозяйственные суды）这一名称在很大程度上出于抵制经济法学的目的，民法学拥护者的代表利用人数上的优势，选择使用了“仲裁法院”这一无论从哪个角度来看都并不十分得体的名称。在苏联最高苏维埃召开会议决定法院使用什么名称时，有人提出使用“经济法院”，反对者认为过于“陈旧”，于是索布恰克提议可以称为“仲裁法院”，大家表决通过，这一名称于是就这样确定了下来。作为苏联法律上权利义务承继者的俄罗斯，也通过了相应的法规，仍然沿用这一名称不变。〔1〕

---

〔1〕 参见 ПРАВОСУДИЕ ДЛЯЭКОНОМИКИ - государственные арбитражные суды РОССИИ. Книга 1. Высший Арбитражный Суд РОССИЙСКОЙ ФЕДЕРАЦИИ, 2011. С. 134. 本文有关仲裁法院的信息来源于未经正式出版的俄罗斯仲裁法院成立20周年庆典活动的相关材料。

如今，行使原有意义上仲裁职能的机构为仲裁庭（третейский суд），它可以是常设的，如俄罗斯联邦工商会国际商事仲裁院和莫斯科仲裁委员会（Международный коммерческий арбитражный суд и Морская арбитражная комиссия при Торгово－промышленной палате РФ），也可以根据具体案件临时组建。根据现行法律的规定，仲裁庭成立和活动程序，如果审理的双方当事人均为俄罗斯人，则适用《俄罗斯联邦仲裁庭法》（2002 年 7 月 24 日第 102 号联邦法），如果有一方涉及外国主体，则适用 1993 年 7 月 7 日通过的《俄罗斯联邦国际仲裁法》。

二、仲裁法院体系的建立与完善

1991 年 7 月 4 日通过《苏俄仲裁法院法》，自 1991 年 10 月 1 日起施行，但直到 1992 年 1 月 23 日最高苏维埃任命雅科夫列夫为第一任最高仲裁法院院长之后，俄罗斯仲裁法院系统的工作才算真正开始。1995 年 4 月 28 日通过《俄罗斯联邦仲裁法院法》（联邦第 1 号宪法性法律）、1996 年 12 月 31 日通过《俄罗斯联邦司法体系法》（联邦第 1 号宪法性法律）。相关的法律还有 2002 年 7 月 24 日通过的《俄罗斯联邦仲裁程序法典》（第 95 号联邦法）。

根据《俄罗斯联邦司法体系法》的规定，俄罗斯联邦仲裁法院属于联邦法院，为俄罗斯联邦法律体系的组成部分。从 1992 年诞生之日起至 2012 年的 20 年时间，俄罗斯的仲裁法院共经历了三个发展阶段。1992 年～1994 年为第一阶段，俄罗斯成立最高仲裁法院和各联邦主体仲裁法院，以取代苏维埃时期的国家仲裁机构，使其变为完全意义上的商事法院。第二阶段始于 1995 年，在俄罗斯境内成立了与行政区划没有实际关系的 10 个区仲裁法院作为上诉审，从而形成了三级法院体系，这对于司法审判的独立性具有重要意义。2002 年通过新的《仲裁程序法典》，从而开始了第三阶段的发展进程，包括将第一上诉审与第一审法院分开，成立了 20 个州级法院作为第一上诉审法院。这样，俄罗斯整个仲裁法院体系便形成了目前的四级制的仲裁法院体系。

目前全国共有 112 个仲裁法院，其中包括最高仲裁法院 1 个，10 个区仲裁法院和 101 个联邦主体仲裁法院，共有 3990 名（这还不包括最高法院的 100 余名法官）法官从事审判工作。

俄罗斯仲裁法院草创之初，法官主要来自俄罗斯国家仲裁机构人员、成立不久即告解散的苏联最高仲裁法院法官、刚被裁撤的苏联司法部官员和立法研究院的科研人员。由于这些最初参与仲裁法院工作的人员素质极高，保证了审判工作的顺利进行。

根据仲裁法院法第 3 条的规定，俄罗斯仲裁法院体系包括：联邦主体法院 81 个，为第一审仲裁法院；第一上诉审法院 20 个（апелляционный суд），其中两个第一上诉审法院的辖区内成立 1 个第二上诉审法院，构成 10 个第二上诉审法院（кассационный суд），即区仲裁法院；俄罗斯联邦最高仲裁法院 1 个，审理俄罗斯联邦仲裁法典规定的一审案件，并对各下级法院的司法文书按照监督程序行使监督职权。

三、仲裁法院的审判职能

1992 年最早通过施行的仲裁法院法和仲裁程序法典规定仲裁法院的管辖范围较窄，只有法人之间、公民个体经营者之间的经济纠纷由其审理，其他经济案件，包括外国组织参与的经济纠纷，除合同中有特别约定或存在国际协定外，均由普通法院管辖。1995 年施行的仲裁程序法典扩大了仲裁法院的管辖范围。其第22条规定，仲裁法院审理产生于民事、行政和其他法律关系的经济争议案件，归仲裁法院管辖的案件还有确定在经营和其他经济活动领域对产生、变更或终止组织与公民的权利具有法律意义的事实案件以及有外国组织和公民参与的纠纷，俄罗斯联邦所签署的国际条约另有规定的除外。

仲裁法院在俄罗斯是个新产生的司法机关，随着人员的增加和审判实践，管辖案件的范围也不断扩张。2002年新修订的程序法典进一步扩大和明确了其审判案件的管辖权，凡与经济活动有关的争议悉数纳入其管辖范围之内。而对于经济活动本身，可以作更为宽泛的解释。在民事法律关系之中，不论主体是公民还是法人，只要与营利有关的活动，都属于经济关系，这是不同于纯粹民事关系的根本区别之处。行政关系以及其他公法关系则较为复杂，在财产所有权争议案件中，如果涉及不动产登记的争议，自然也包括行政机关的确权登记是否合法，行政机关出具的确权文件、行政执行程序是否合法等，都由仲裁法院一并审理。这是仲裁法院管辖权的特别之处。

仲裁法院管辖的案件还包括公司，尤其是国有公司（государственная корпорация）活动以及与其法律地位、管理程序、成立、改组、清算、机关组织和权限、机关成员责任有关的争议案件。根据现行法律规定，知识产权案件应由仲裁法院审理，2012年2月1日起在区一级的仲裁法院将成立知识产权庭，专门审理涉及智力活动成果和与之相当的法人、商品、工作、服务和企业个别化手段的知识产权案件，但不包括著作权、邻接权和集成电路布图设计保护案件，后者仍归普通法院审理。

四、余论

俄罗斯仲裁法院体系建立只有20年时间，但发展迅速，与俄罗斯市场经济的建立和发展差不多同步。虽然目前还不能说已经完善，没有问题，还处于发展和完善的过程之中，但无可否认的是，这一司法体系正在对俄罗斯未来社会经济的健康发展发挥着保驾护航的作用。

中韩不动产制度比较研究
——以土地及建筑物的关系为中心

金路伦*

一、引言

房地产主要由土地和建筑物两个部分来构成，建筑物以土地为根本，不能离开土地单独存在。因为中韩两国的法律规定，土地与建筑物为独立的不动产，所以可以分别成为物权的客体。在一些特殊情形下，有可能造成土地及建筑物归属于不同的所有权人，此时需要调整双方当事人之间的关系。本文主要对比中韩两国的不动产制度，并探讨抵押城市土地与建筑物时所发生的“房地分离”问题。先分别介绍中国与韩国的土地制度，在此基础上比较介绍因抵押权人实行抵押权而导致土地与建筑物所有权人分离时，解决这一问题的中国与韩国的法律规定，并说明各种制度的优点及不足。

二、中韩土地所有权相关规定

（一）中国的土地所有制度

1. 国家土地所有制度。中国《宪法》第9条第1款规定：

* 金路伦：延边大学法学院，讲师，法学博士。

“矿藏、水流、森林、山岭、草原、荒地、滩涂等自然资源，都属于国家所有，即全民所有；由法律规定属于集体所有的森林和山岭、草原、荒地、滩涂除外。”第 10 条第 1、2 款规定：“城市的土地属于国家所有。农村和城市郊区的土地，除由法律规定属于国家所有的以外，属于集体所有；宅基地和自留地、自留山，也属于集体所有。”第 10 条第 3 款规定：“国家为了公共利益的需要，可以依照法律规定对土地实行征收或者征用并给予补偿。”宪法的这些规定确立了中国的国家土地所有权的基本法律根据，其他部门法是基于宪法的这些规定作出的具体规定。

《土地管理法实施条例》第 2 条规定：“下列土地属于全民所有即国家所有：（一）城市市区的土地；（二）农村和城市郊区中已经依法没收、征收、征购为国有的土地；（三）国家依法征用的土地；（四）依法不属于集体所有的林地、草地、荒地、滩涂及其他土地；（五）农村集体经济组织全部成员转为城镇居民的，原属于其成员集体所有的土地；（六）因国家组织移民、自然灾害等原因，农民成建制地集体迁移后不再使用的原属于迁移农民集体所有的土地。”

《物权法》第 41 条规定：“法律规定属于国家所有的不动产和动产，任何单位和个人不能取得所有权”，由此确立了国家专有制度。国有土地的所有权只能属于国家所有即全民所有，并由国务院代表国家行使所有权，法律另有规定的，依照法律规定。《物权法》第 47 条规定：“城市的土地，属于国家所有。法律规定属于国家所有的农村和城市郊区的土地，属于国家所有。”第 48 条规定：“森林、山岭、草原、荒地、滩涂等自然资源，属于国家所有，但法律规定属于集体所有的除外。”根据《物权法》的上述法条，可以得知国有土地的范围包括：城市市区的土地；法律规定属于国家所有的农村和城市郊区的土地；

依法不属于集体所有的森林、山岭、草原、荒地、滩涂及其他土地；农村和城市市郊已被征收的土地。

2. 集体土地所有制度。集体土地所有权是中国土地公有制的另一种法律表现形式，是农村集体所有权的一种。中国《民法通则》第74条规定了集体所有的土地依照法律属于村民集体所有。集体所有权实质上是一定范围内的集体组织全体成员共同对集体的土地直接享有的所有权。

《宪法》第10条第2款规定："农村和城市郊区的土地，除由法律规定属于国家所有的以外，属于集体所有；宅基地和自留地、自留山，也属于集体所有。"

《物权法》第58条第1项规定："法律规定属于集体所有的土地和森林、山岭、草原、荒地、滩涂"属于集体所有。第60条规定："对于集体所有的土地和森林、山岭、草原、荒地、滩涂等，依照下列规定行使所有权：（一）属于村农民集体所有的，由村集体经济组织或者村民委员会代表集体行使所有权；（二）分别属于村内两个以上农民集体所有的，由村内各该集体经济组织或者村民小组代表集体行使所有权；（三）属于乡镇农民集体所有的，由乡镇集体经济组织代表集体行使所有权。"

3. 国家土地所有权与集体土地所有权的区别。

（1）集体土地所有权具有独立性，并且与国家土地所有权地位平等。中国土地所有权只有两种，即国家土地所有权与集体土地所有权，在这两种土地所有权之间，不存在派生或隶属的关系，它们之间也不存在等级差别。集体土地所有权的独立性和两种土地所有权的平等性是我国土地所有权制度的基本原则。这一点，在中国《宪法》、《民法通则》、《土地管理法》和《物权法》等法律中，都得到了明确的体现。国家土地所有权与集体土地所有权的区别在以下方面体现的较为明显。

首先，国家土地所有权具有全民性和唯一性，它代表的是范围广泛而且往往是全局性的社会利益，主体只有一个，即国家；集体土地所有权具有团体性和分散性，它代表的是范围较小的局部性社会利益，主体是农民集体。其次，集体土地的使用、处分与国家的农业战略和农业政策密切相关，而国有土地主要用于国家机关办公、公共设施及公共事业的建设以及保护自然资源等。再者，集体土地所有权虽然与国有土地所有权地位平等，但集体土地所有权及其使用权在法律上受到较多的限制，就集体土地所有权的范围而言，集体土地的地表或地下的矿产资源，一律属国家所有。[1]

（2）国家对集体所有的土地可以通过征收的方式取得所有权。《物权法》将征用与征收区分，《物权法》第42条第1、2款规定："为了公共利益的需要，依照法律规定的权限和程序可以征收集体所有的土地和单位、个人的房屋及其他不动产。征收集体所有的土地，应当依法足额支付土地补偿费、安置补偿费、地上附着物和青苗的补偿费等费用，安排被征地农民的社会保障费用，保障被征地农民的生活，维护被征地农民的合法权益。"

集体土地所有权自设立时起就附加了一个条件，这就是随时服从公共利益的需要。国家征收，在法理上被称为"最高统治权的行使"，即最高统治者有权不经所有权人的同意，而将其财产收归国有，以用于公共利益的目的。[2]

（二）韩国的土地所有制度

1. 朝鲜王朝时期的不动产制度。关于朝鲜王朝时期[3]土

〔1〕 符启林：《房地产法》，法律出版社2009年，第56页。

〔2〕 符启林：《房地产法》，法律出版社2009年，第57页。

〔3〕 1392年～1910年。

地及房屋的关系，《经国大典》未作出明确的规定，但是根据当时的诉讼法的内容可以推断出土地和房屋是受法律保护的客体，即可以认为是独立的不动产。且在《经国大典》中亦未规定土地所有权与房屋所有权是独立的权利。因为当时尚未有动产、不动产概念，只有田地、房屋、田宅等具体化的物体概念，并且在买卖房屋时，固有的习惯认为应把该房屋下的土地作为房屋的从物一同转移给买受人。〔1〕之后，日本的“习惯调查报告书”中也明确表明了当时采取的是土地与建筑物所有权不分离的一元体系。因此，可以认为朝鲜时期的土地及建筑物的所有权关系，与现在的不动产制度有根本的区别。

2. 1910 年后的不动产制度。从 19 世纪末期至日本侵略朝鲜为止的一段时期内，朝鲜半岛受到了日本的经济、文化的影响，特别是日本在朝鲜半岛的立法对整个社会影响非常大。日本兼并朝鲜后，1910 年 10 月立即组成了临时土地调查局，开始了土地调查，于 1912 年颁布了土地调查令。之后陆续颁布了朝鲜民事令、朝鲜不动产登记令、朝鲜不动产证明令、朝鲜不动产证明令实施规则，以此达到建立土地及建筑物所有权的二元化体系的目的，使日本人在朝鲜半岛更为容易地进行不动产交易。〔2〕

3. 目前的韩国不动产制度。1945 年光复后，韩国因继受了日本民法有关土地及建筑物所有权的二元化体系，在 1960 年制定韩国民法典之前仍然采取了这种二元化体系。制定民法典时，在民法典审议录及民法典意见书上未提出关于不动产二元化的异议，因此至今为止继续沿用土地及建筑物二元化体系。

---

〔1〕 곽윤직, 부동산등기법, 박영사, 1994, 제43면.

〔2〕 최원규, “한말 일제초기 토지조사와 토지법 연구”, 연세대학교 박사학위논문,1994, 제 356면.

三、不动产抵押中的土地与建筑物的关系

（一）中国的相关规定

关于土地及建筑物的关系，中国采取的是“房随地走”和“地随房走”的双向原则，理由如下。第一，土地是房屋的基础，是土地之上房屋的本质组成部分。建设用地使用权人都是因为自己所有或使用的房屋才利用该土地，如果对土地没有使用的权利，则无权在该土地上建房或使用房屋，所以离开土地的房屋不具备法律上的独立性，不能独自构成抵押标的。第二，房屋虽然不是土地的本质组成部分，土地本身有独立的交换价值，但若建设用地使用权单独抵押而土地上的房屋不进行抵押，就可能出现建设用地使用权与地上房屋所有权主体不一致的情况，从而发生权利冲突与摩擦，不利于建设用地使用权和地上房屋的流通或转让，也不利于物的有序利用和社会秩序的稳定。为防止二者权属不一致，有必要将房屋与建设用地使用权视为一个整体。〔1〕

《物权法》第182条规定：“以建筑物抵押的，该建筑物占用范围内的建设用地使用权一并抵押。以建设用地使用权抵押的，该土地上的建筑物一并抵押。抵押人未依照前款规定一并抵押的，未抵押的财产视为一并抵押。”这一规定是上述“房随地走”及“地随房走”在抵押制度中的具体化表现。因为有这一条规定，即使仅抵押了建设用地使用权，也默认为一同抵押了其上的建筑物，所以不可能出现房屋及建设用地使用权归属于不同的所有人所有的情形。

关于抵押建设用地使用权后，在其上再建造建筑物的情形，

〔1〕 黄松有主编：《〈中华人民共和国物权法〉条文理解与适用》，人民法院出版社2007年版，第546页。

《物权法》第200条规定，“建设用地使用权抵押后，该土地上新增的建筑物不属于抵押财产。该建设用地使用权实现抵押权时，应当将该土地上新增的建筑物与建设用地使用权一并处分，但新增建筑物所得的价款，抵押权人无权优先受偿。”因此，抵押权人实现抵押权时，不能仅拍卖抵押物，须与其上的房屋一同处分建设用地使用权。

（二）韩国的相关规定

1. 法定地上权。因为土地与建筑物为相互独立的物，所以可以归属于不同的所有权人。在土地所有权人与建筑物所有权人之间没有协商土地使用权时，为了使建筑物所有权人继续使用建筑物，需要承认建筑物的所有权人对土地享有使用权，这种制度就是法定地上权。例如，债权人只在债务人或第三人的土地上设定抵押权，而未对该土地上的建筑物设定抵押权的，因债务人未履行债务，债权人拍卖该土地时，为了使建筑物所有权人继续使用该建筑物，法律推定建筑物所有权人享有法定地上权。韩国民法第366条规定：“因拍卖抵押物致土地及该土地上的建筑物归他人所有时，视为土地所有人为建筑物的所有人设定地上权。但地上权使用费应根据当事人的请求，由法院确定。”

如果建筑物所有权人欲取得法定地上权，需要具备以下要件。第一，设定抵押权时应存在建筑物。大法院的判例认为，在土地上设定抵押权时，虽然该建筑物是正当建造中的建筑物，即使尚未达到社会观念上可以认为是一栋建筑物的程度，但可以推知其外观或规模时，对该建筑物可以认为成立法定地上权[1]。第二，土地与建筑物应归属于同一所有人。只需在设立抵押权

〔1〕 대판 2003. 5. 30. 2002 다 21592. 대판 2004. 6. 11. 2004 다 13533.

时，土地与建筑物应归属于同一所有人即可。第三，土地或建筑物上设定抵押权。土地或建筑物中的一件物上设定抵押权或同时在土地和建筑物上设定抵押权。第四，因拍卖导致土地与建筑物归属于不同的所有人所有。

2. 同时拍卖权。《韩国民法典》第 365 条规定，“在土地上设定抵押权后，抵押人在该土地上建造建筑物时，抵押权人可以请求同时拍卖土地与建筑物”。抵押人在其土地上设定抵押权后，还可以继续使用该土地，因为抵押权不妨碍抵押人对土地的处分权。抵押权在设定抵押权后可以在其土地上建造建筑物。假如因实行抵押权，而由第三人取得该土地时，该土地上的建筑物就面临拆除的危险。为了防止出现这些情况，调整相关当事人的利害关系，并消除抵押权人因土地上存有建筑物而难以拍出土地的难处，应承认抵押权人享有同时拍卖权。〔1〕这种同时拍卖权是抵押权人的权利，而不是义务，所以抵押权人对同时拍卖权享有选择权。

（三）小结

虽然韩国和中国的法律都认为土地及建筑物为独立的不动产，但是在实现土地及建筑物上的抵押权时，所采取的方法不同。中国法为了预防出现“房地分离”的现象，规定必须一同处分建设用地使用权及建筑物，以达到防止出现纷争的目的。但是实际上房屋开发商在领取建设用地使用权证后，在该建设用地使用权上设定抵押权，即以该建设用地使用权为抵押权的标的向银行贷款，而且将来在该土地上建造房屋后，再把该房屋作为抵押权的标的进行抵押，则根据法律规定，会发生二次抵押该土地的情形，这些都是中国法需要解决的问题。

---

〔1〕 大判 2003. 4. 11，2003 다 3850

韩国民法以法定地上权制度来解决“房地分离”时的问题。因为土地与建筑物是独立的不动产，所以抵押权人可以只以其中的一种不动产为抵押标的物来设定抵押权，这也间接的造成了将来土地与建筑物归属于不同的所有权人的可能性。在因拍卖导致房地分离时，为了保护土地上建造的建筑物存续，法律推定建筑物所有权人享有法定地上权。韩国民法用这一规定保护有价值的建筑物不被拆除，也间接地限制了土地或建筑物拍得人的权利。

四、总结

中国与韩国都认为土地与建筑物是独立的不动产，但是因为中国的土地归属于国家及集体，所以在中国城市可以成为交易对象的是建设用地使用权，即在中国，土地与建筑物的关系问题转化成了建设用地使用权与建筑物的关系。因为土地与建筑物为独立的不动产，所以中国法为预防发生“房地分离”的情形，要求“房地一体处分”。韩国民法用法定地上权制度和同时拍卖权来规制因拍卖而发生“房地分离”时的建筑物所有权人的土地使用权问题。

对比中韩两国解决“房地分离”问题的方法，笔者认为中国的相关规定具有简单化法律关系及提前预防一些纷争的优点，但是也有限制所有权及使用权的弊端，即限制了私人对相关客体的权利行使；韩国的法定地上权制度具有较好地平衡抵押权与用益权的优点，但是对拍得人的利益有一定的损伤，或者因法定地上权的存在，使土地或建筑物不容易被拍卖，难以充实抵押权人的经济利益。

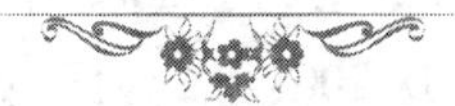

日韩老年长期护理保险法比较研究*

高春兰**

一、引言

随着经济的发展、医疗技术的发达和营养状态的好转，人的平均寿命比过去显著提高，老年人口比重急剧增长，人口老龄化成为世界趋势。为了解决人口老龄化带来的社会问题，世界各国都纷纷制订了老年长期护理〔1〕服务政策。在长期护理服务的政策模式上，多数国家选择了护理保险制度，美国采用商业保险形式，而德国、日本和韩国等国把它列入社会保险之中，成为继养老、医疗、失业、工伤保险之后的第五大社会保险。在此主要比较分析实施强制性社会保险制度的日本和韩国的老年长期护理保险法。

日本和韩国老年长期护理保险法虽然属于同一类型，但在

---

* 本文为国家社会科学基金项目“中日韩老年长期护理保险制度的政策环境比较研究”的阶段性成果之一，项目编号为11BSH063。

** 高春兰：长春工业大学人文学院教授，博士。

〔1〕长期护理，英文表示是long term care，在日本称之为“长期介护”，在韩国称之为“长期疗养”。为了避免歧义及论述方便，若没有特别说明，本文把日本的“介护”，韩国的“疗养”和中国的“护理”在同一意义上使用。

很多方面存在差异。1997 年 5 月日本议会通过了联合执政党提交的《介护保险法》，并决定从 2000 年 4 月 1 日起正式实施。《介护保险法》共有 14 章 215 条，还有 5 个附则，其实施令包括 58 条和 3 个附则。韩国国会于 2007 年 10 月通过了《老年长期疗养保险法》并决定从 2008 年 7 月 1 日开始正式实施。韩国《老年长期疗养保险法》共有 12 章 70 条，还有 3 个附则，其实施令有 29 条和 2 个附则。本文以保险人、被保险人、保险资金构成、保险给付、护理服务人员培养等作为比较框架，具体分析日韩老年长期护理保险法的具体内容，比较其共性和差异，探讨日韩老年长期护理保险法改革趋势和未来走向。

二、日本老年长期护理保险法主要内容

日本是世界长寿国，人口老龄化率居世界前列。20 世纪 70 年代日本已经进入了老龄化社会，90 年代进入了老龄社会。老龄化社会引发的护理风险的普遍化、家庭结构变化而导致的家庭护理功能的弱化、以低收入阶层为服务对象的既有护理服务政策的局限性、“社会性住院”引发的老年医疗费用的增加，促使日本实施由国家、家庭和个人共同承担的老年长期护理保险制度。

1. 被保险人。日本护理保险的被保险人是居住在市町村的 40 岁以上的居民。其中，65 岁以上者是第一类被保险人，40 岁以上不满 65 岁并参加医疗保险的人是第二类被保险人。两种被保险人保险费的缴纳与征收方式有差异，保险给付范围也不同。第一类被保险人发生护理状态或者在日常生活中需要他人照料时，就能接受护理服务。但是第二类被保险人在发生早期老年痴呆症状或者因患有心脑血管等老年性疾病而处于长期护理状态时才能享受护理服务。不满 40 岁的残疾人不属于护理保险给付对象，而是依据《残疾人保障法》规定的“残疾人福利计

划”享受介护服务。

截至2008年1月末，第一类参保者人数达到了2736万人，第二类参保者人数为4276万人，与2000年4月实施时相比第一类参保者增加了26%，而第二类参保者人数则有所减少。需要或者等待介护认定（包括要支援认定）的人数，第一类参保者为435万人、第二类参保者为15万人合计450万人，是实施当初218万人的2.1倍，等待认定的人数增长远远超过了目前利用介护保险者数量，需要介护人员当中97%的人在65岁以上。〔1〕

2. 保险人。保险人是保险经营责任者，负责征收保险费、接受保险赔付申请、提供必要的保险服务、监管保险服务质量的事务。日本介护保险的保险人是市町村，这是因为日本的市町村是直接与居民发生联系的行政单位，而且长期以来日本的老年保健福利都是由地方政府负责的，因而也符合社会福利地方分权化趋势。

市町村是介护保险的实际运营主体。市町村要求符合条件的人都要参保并向其征收保险费，把征收的保险费和政府提供的费用作为保险基金，当发生保险事由时，经过审议判定等级以后便对其提供相应的护理服务。当然，市町村不是独立运营这一制度，国家和都道府县对市町村提供财政及行政方面的支持。国家制定制度并根据情况修改法律，制订介护认定、保险给付、机构开设等标准，指导市町村护理保险的运营、承担护理保险给付的1/4。都道府县的业务是指导保险机构、护理机关的运营，支援市町村的护理对象判定事务、准备护理服务的设施、处理判定不服申请、承担护理给付费用的1/8。

3. 保险给付。日本的介护给付分为处于护理状态而需要护理服务的介护给付和有可能发生护理状态而需要支援的预防给

〔1〕 郝志梅等：“日本介护保险制度的实施现状研究”，载《中国卫生事业管理》2010年第8期。

付。从保险给付内容来看，可以划分为机构护理和居家护理，此外还有地区紧密型服务。从给付类型来看，介护给付中有3种机构服务，13种居家服务，6种地区紧密型服务；在预防给付中有13种居家护理和3种地区紧密型服务。(参见表1)

表1　日本介护保险给付内容

服务种类	介护服务	预防给付
机构服务（3种）都道府县指定和监督	特别护理机构	
	老年保健机构	
	护理服务性医疗机构	
居家服务（13种）都道府县指定和监督	1. 访问介护	1. 介护预防 访问介护
	2. 上门洗澡服务	2. 介护预防 上门洗澡服务
	3. 访问看护	3. 介护预防 访问看护
	4. 访问康复	4. 介护预防 访问康复
	5. 居家护理管理指导	5. 介护预防 居家护理管理指导
	6. 日间照料	6. 介护预防 日间照料
	7. 日间康复	7. 介护预防 日间康复
	8. 短期照料	8. 介护预防 短期照料
	9. 短期看护	9. 介护预防 短期看护
	10. 特定机构入住者生活介护	10. 介护预防 特定机构入住者介护
	11. 护理用具租借	11. 介护预防 护理用具租借
	12. 特定护理用具购买	12. 介护预防 特定护理用具购买
	13. 住宅改造费用支援	13. 介护预防 住宅改造费用

续表

服务种类	介护服务	预防给付
地区紧密型服务市町村指定和监督	1. 小规模多功能居家介护	1. 介护预防 小规模多功能居家介护
	2. 夜间应对型访问介护	2. 介护预防 认知症应对型日间照料
	3. 认知症应对型日间照料	3. 介护预防 认知症应对型生活介护
	认知症应对型共同生活介护	
	地区紧密型特定机构介护	
	地区紧密型介护老人福利机构	

资料来源于［韩］李光宰：《老年护理保险制度的理解》，共同体出版社2007年版。

介护等级根据日常生活能力受限而需要介护或支援的程度分为2个“要支援”和5个“要介护”，共7个等级，并分别制定了各个等级的状态和服务时间，对“要介护”者提供居家和机构服务，而对“要支援”只提供居家服务。

在日本的介护保险给付体系中，不承认现金给付，只有服务给付。日本虽然借鉴了德国的经验，但不像德国那样选择现金给付。德国和日本都是传统意义上的家长制国家，但日本家庭保护的社会氛围更加浓厚，没有必要用现金支持来鼓励和维持家庭照护，体现了介护保险只是应对实际护理服务需要的价值取向。

4. 保险费构成。在日本介护保险中，保险支付费用预算的50%由中央政府和地方政府共同承担，其中，中央政府承担25%，都道府县和市町村各承担12.5%，另外50%是从征收的保险费中支出。第一类被保险人按其收入确定保险费，由市町村制定具体条例，每三年调整一次。保险费由市町村征收，有年金收入的人按期收入比例从养老保险收入中直接扣除，由养老保险管理机构直接转入市町村介护保险账户里。80% 的第一类被保险人的保费从养老收入中扣除，20% 的第一类被保险人的保费由市町村征收。第二类被保险人是40 岁以上65 岁以下的参加职工健康保险和社区健康保险的人。参加职工健康保险的人的介护保险费由雇主和个人平摊，与健康保险费一起征收。参加社区健康保险的人根据收入和家庭被保险人数计算保险费，并与健康保险费一起征收。因此，第二类被保险人的保险费首先由国家统一征收，然后根据市町村介护保险支出情况而进行分配，具有财政上的再分配性质，因而市町村介护费用支出越多，得到的介护保险费用就越多。

日本的介护保险费用中，政府支付 50% 。其中，中央政府的 5% 用来调整市町村地区之间的平衡补贴。这是因为介护保险的保险人是地方政府，中央有必要向财政能力薄弱的地区倾斜。

在日本的介护保险中，介护服务利用者也承担 10% 的费用，机构入住者的伙食费不含在保险费中，也就是说机构入住者自己负担伙食费。最低生活保障对象则免缴费用，医疗救济对象、收入和财产低于规定额度的被保险人以及生活贫困者减免 50% 。

5. 护理人员培养。在日本，传统的老年福利服务的具体提供者是社会福利士，随着 1987 年《介护福利士法》的出台，1989 年国家实施了社会福利士国家职业资格制度和实际为老年人提供护理、照护服务的介护管理士（care manager）国家职业资格制度。而随着《介护保险法》的实施，介护管理士成为老年护理领域的主要人力资源。此外，还有介护士（home helper）制度。介护士分为三个等级，一级是主任介护士，需要参加 230

学时的业务培训；二级是应急性介护士，需要参加 8 个月内的 130 学时的业务培训；三级为简单介护士，需要参加 4 个月内的 50 学时的业务培训。

三、韩国老年长期护理保险法主要内容

老龄化也是韩国社会的主要问题。为了应对日趋严峻的人口老龄化问题，2000 年韩国保健福利部成立了由政府官员和相关专家组成的“老年长期护理政策促进企划团”（以下简称企划团），开始着手调查和研究老年长期护理问题。2001 年 8 月 15 日，金大中总统在国庆庆祝会上公开提出要建立老年长期护理保障制度。韩国政府于 2005 年 10 月向社会发出实施老年长期护理保险制度的立法预告并向社会公开征集意见。经过多次举行政策讨论会和听证会，反复修改议案，2006 年 2 月保健福利部把政府议案提交到了国会。2007 年 10 月韩国国会通过了《老年长期护理保险法》并决定 2008 年 7 月 1 日正式实施。

1. 被保险人。韩国依据普遍主义原则，以全民为对象实施老年护理保险制度，即老年护理以社会保险方式进行，参保者与国民健康保险范围一致。长期护理保险给付范围是 65 岁以上老人或者不满 65 岁，但患有老年痴呆、心脑血管、帕森斯等老年性疾病 6 个月以上并难以独立生活而受护理服务等级判定的人。在 2008 年制度实施之时，护理保险享受对象的等级是 1～3 级，但考虑到护理服务机构的扩充期，只有 1 级和 2 级才能接受机构护理服务，而 1～3 级可以利用居家护理服务。

在制订老年长期护理保险法时，保健福利部曾对护理对象和护理所需的财政规模做了如下的推算。很多利益团体认为这一数据是保守的估计，如果按照政府案，在 2008 年制度实施之时，政策享受对象仅仅是 8.5 万人，只占全体老人的 1.7%，即

使2010年扩大到三级，也只有16.6万人，占全体老人的3.1%。但是国会最终通过的法案还是尊崇了政府案，把4～5级轻度失能老人排除在制度之外。首先作为第一阶段，从2008年7月开始把1～2级重症老人8.5万人纳入到护理范围之内；其次作为第二阶段，从2010年7月开始把3级中度护理等级纳入进来，护理服务对象扩大到16.6万人。（参见表2）

表2　韩国长期护理服务对象及资金需求规模

年度	需护理的对象数量（千名）			资金需求规模（亿元）			
	机构护理	居家护理	合计	保险费	政府支援	个人负担	合计
2008	60	25	85	6 648	3 770	1 502	11 921
2010	90	76	166	10 893	5 256	2 548	18 732
2015	108	91	200	13 003	6 279	3 099	22 381

资源来源于韩国保健福利部："老年护理保险法的制定案说明资料"，2006年3月。

2. 保险人。韩国《老年长期护理保险法》第48条规定，老年长期护理保险的运营管理主体是国民健康保险公团。在制度制订之时也曾考虑过日本由地方政府管理的模式，但考虑到充分利用给付和财政管理一体化的既有的健康保险管理资源，同时也考虑到地区间经济、服务差距的问题，还是选择了在全国范围内平均支援的管理模式，把国民健康保险公团指定为长期护理保险的运营管理主体。公团负责管理护理保险参保者、征收保险费用、调查保险给付申请者、管理和指导护理等级判定和等级判定委员会的运营、制定护理等级认定书及利用护理计划书、监管长期护理服务质量、宣传和研究长期护理服务事业等业务。

韩国《老年长期护理保险法》规定中央和地方政府共同承

担老年护理服务的责任。护理保险由保健福利部负责制定政策议案和服务标准，设置长期护理委员会咨询机构并承担部分财政责任。地方政府负责指导、监督和管理福利机构并制定具体计划，承担老年性疾病预防保健事业，可以指定或取消长期护理机关，可以推荐护理等级判定委员会成员。

3. 保险给付。韩国的老年长期护理给付分为机构护理、居家护理和特别现金给付等三种类型，其中包括 2 种机构护理、6 种居家护理和 3 种特别现金给付。

从给付标准来看，利用机构护理时，其护理费用全额支付给机构运营者；利用居家护理服务时，根据服务利用者的选择类型支付一定的费用。同时保险服务利用者也承担部分费用，利用机构护理时，个人承担 20% 的费用，居家护理时承担 15% 的费用，其余由保险费和政府支援费用中支出。医疗救助对象和贫困阶层或者发生突发事件而遇到临时性困难者可以减免个人所承担费用的 50%。

表 3　韩国护理保险给付内容

服务种类	服务内容
机构护理（2 种）	老年护理机构：入住老人 10 人以上
	老年照护共同生活家庭：入住者 5 人以上 10 人以下
居家护理（6 种）	上门照护：派遣护理员照顾老人身体、支援家务活动
	上门洗澡：利用可移动的洗澡装备车，上门提供洗澡服务
	访问医疗：根据医生处方，由护理师访问家庭提供护理、诊疗辅助、护理咨询、口腔卫生等服务
	日间照料：长期护理服务机关白天为老年人提供身体活动、心里慰藉、娱乐以及康复训练等服务

续表

服务种类	服务内容
	短期护理：在指定的护理机关，在一定的时间内提供照料看护服务
	其他：包括支援护理用具租借或购买而发生的费用
特别现金给付（3种）	家庭护理费：居住在边缘地区，难以利用护理机构，而只能由家庭成员提供护理的，因身体或精神等原因，不得不由家庭成员提供护理的，因其他原因难以利用护理机关并由保健福利部认定的个人可提供特别家庭护理费用
	特别护理费：护理对象在养老院、残疾人福利机构等非指定的护理机关接受护理服务时，可以提供特殊护理费
	护理医院护理费：护理对象在老人医院或疗养院住院时，可以向医院提供护理费

资源来源于［韩］李光宰：《老年护理保险制度的理解》，共同体出版社2007年版。

4. 保险费构成。同日本一样，韩国的长期护理保险所需费用也是由保险费、政府支援、个人支付等三部分构成。长期护理保险的适用对象与国民健康保险参与者一致，分为职工参保者和社区参保者，两者均适用健康保险费的征收体系。护理保险费是健康保险费乘以护理保险费率而得出，护理保险费率由长期护理委员会根据需要确定。这是为了充分利用已有的健康保险管理体系，节约管理成本而采用的方法。以2008年为基准，护理保险费率仅仅是健康保险费率的4.5%，只占个人收入的0.2%。保险费的征收，同健康保险一样，雇主承担50%，个人承担50%，自营业者本人承担100%。

国家每年在预算范围内向健康保险公团支付保险费用的20%，对最低生活保障者、医疗救助对象的护理费用以及其他业务费用由健康保险公团承担。国家和地方政府还要承担老年疾病发生预防事业，建立和扩充各种老年护理机构。

同日本一样，个人利用护理保险服务时也要承担部分费用。利用机构护理，个人承担20%，利用居家护理服务，个人承担15%，个人承担费用比日本略高。超出《老年长期护理保险法》规定范围内的服务、不符合护理对象条件、选择与护理认定书记载的给付范围和种类不同的服务而发生的超出费用由个人承担。

5. 护理人员的培养。2007 年，韩国为了应对未来实施护理保险法的需要，修改了《老年福利法》，引入疗养护理士制度。护理士分为两级：一级可以为重症老人提供包括身体照顾在内的所有服务；二级护理士只为轻度失能老人提供身体照顾和家务劳动。若获得一级护理士必须在具有资质的护理士培训机构接受包括理论、实务、实习等环节的 240 小时的培训，二级护理士也必须接受 120 小时的培训。具有护士、社会工作者等职业资格者可通过补充教育获得护理士职业资格。护理士是为老年人直接提供服务的人，其劳动决定了护理服务质量，因而在护理保险实践中占据举足轻重的地位。

韩国《老年长期护理保险法实施细则》中规定了护理机构和居家服务机构的人力资源标准，根据护理服务机构的种类和利用者数量配备社会福利士、护士、护理士、理疗师、疗养师、营养师等。其中护理士占有很大的比例，如居家护理机构必须有 15 人以上护理师，日间或夜间护理机构必须有管理责任人和社会工作者以外还要每 7 人配备 1 名护理士，短期护理机构每 4 人配有 1 名护理士。

四、日韩老年长期护理保险法比较分析

结构功能主义认为社会保障制度是工业化以及由此带来的

经济发展和社会结构变化的产物，工业化发展水平和人口结构相似的国家，其福利制度在一定程度上表现出趋同特征；而福利扩散论者认为工业化和人口结构是社会福利制度产生的必要条件，但是并不是在特定工业化水平上一定要产生相应的社会保险制度，往往是落后国家模仿先进国家或者邻近国家，使社会福利制度在不同国家和地区之间得以普及和扩散（朴炳铉，2008）。日韩两国在建立老年护理保险制度时的经济发展水平不同，老龄化程度也有差异。韩国是借鉴和参考了日本的老人长期护理保险制度，从这一点来看，日韩两国的护理保险制度的建立具有扩散效应。由此，两国的老年护理保险制度既有相似性，也有一定的差异。

1. 被保险人比较分析。日本老年长期护理保险法中的被保险人分为第一和第二类被保险人，第一类被保险人是65岁以上的老年人，而第二类被保险人是40岁以上65岁以下的患有老年性疾病的人。因而日本的护理保险参与者适用选择主义原则，在年龄上予以限制。韩国的护理保险适用对象与健康保险一致，给付对象是65岁以上或65岁以下患有老年性疾病的老年人。两国护理保险制度都把残疾人排除在外。

表4 日韩护理保险被保险人比较

对象		日本	韩国
参保者	适用对象	第一类被保险人：65岁以上 第二类被保险人：40岁以上65岁以下	全国国民
	适用原则	选择主义	普遍主义

续表

<table>
<tr><th colspan="2">对象</th><th>日本</th><th>韩国</th></tr>
<tr><td rowspan="4">受惠者</td><td>年龄</td><td>65 岁以上老人
40 岁以上患有特殊疾病的人</td><td>65 岁以上老人
不满 65 岁患有老年性疾病的人</td></tr>
<tr><td>健康状态</td><td>6 个月以上不能独立生活的人
不包括残疾人</td><td>6 个月以上不能独立生活的人不包括残疾人</td></tr>
<tr><td>特定疾病</td><td>16 种疾病</td><td>24 种疾病</td></tr>
<tr><td>适用原则</td><td>选择主义</td><td>选择主义</td></tr>
</table>

资料来源：根据相关法律条文整理。

2. 保险人（管理主体）比较分析。从管理运营体系来看，日本采取的是地方主义方式，而韩国采取中央集权主义方式。[1] 日本的介护保险管理主体是市町村，中央政府和都道府县、医疗保险管理机构和养老保险机构共同支援市町村保险经费和行政管理业务。市町村管理被保险人的资格、征收保险费用、认定护理对象、支付保险费用等业务，中央政府支援市町村保险基金的安全运营，都道府县管理和监督服务机构的运营，支援保险基金的安全运营。韩国的老年长期护理保险的管理主体是国民健康保险公团，公团负责保险费的征收和给付，而且为了判定护理对象及其等级，在公团设有护理等级判定委员会，负责管理和指导地方护理等级评定机构。因此在老年护理保险的服务供给者、护理对象评定程序等方面，日韩两国有相似之处，

---

〔1〕 田香兰、严基郁："日韩老年人护理保障制度比较与借鉴"，载《东北亚论坛》2009 年第 3 期。

但在管理主体方面有很大的差异。日本是采用地方政府为主体的多数保险人体系，在 2007 年作为保险管理主体的市町村有 1686 个，[1] 而韩国采取单一的中央统一的保险人体制，全国只有一个护理保险管理主体，即国民健康保险公团。虽然在制度建立之时，韩国曾经围绕何者应该成为保险人进行过激烈的争论，但是最终还是指定健康保险公团为唯一的保险人。

表 5　日韩护理保险管理主体比较

	日　本	韩　国
管理运营主体	市町村	国民健康保险公团
评定主体	护理等级评定委员会	介护认定审议会（设在市町村）
评定项目	85 项	55 项
评定等级	7 个等级	评 5 个等级（但只有 1 ~ 3 属于给付对象）
给付费用审议	健康保险联合会	国民健康保险公团

资料来源：根据相关法律条文整理。

3. 保险给付比较分析。依据护理等级，日韩两国保险给付的内容有所差异。日本根据老人失能程度分为“要支援”和“要介护”等 7 个等级，给付类型上有机构护理服务、居家护理服务和社区紧密型服务，没有现金给付。韩国根据身心功能状态受损程度分为最重症、重症、中度重症三个等级，给付类型上有机构福利、居家护理和特别现金给付。在给付内容上，日本的护理服务包括老人医院、上门诊疗等医疗服务，而韩国把医疗服务排除在护理保险给付之外。

---

〔1〕 崔永勋：“老年长期护理保险制度的韩日比较及政策启示”，载《韩国政策研究》2011 年第 2 期。

表 6　日韩护理保险给付内容比较

	日　本	韩　国
给付种类	居家服务：13 种 机构服务：3 种 社区紧密型：9 种 预防型：13 种	居家服务：6 种 机构服务：2 种 特别现金给付：1 种
给付形式	服务给付	服务给付为主 现金给付为补充
给付等级	要支援：2 个等级 要介护：5 个等级	依据身体损伤程度分 3 个等级
给付内容	机构服务、居家服务 疗养医院及访问诊疗等医疗服务	机构服务、居家服务 医疗服务排除在外

资料来源：根据相关法律条文整理。

4. 保险费用筹集方式比较分析。在护理保险模式上日韩两国都选择了社会保险方式，而且都采用国库支援、个人缴费、个人负担等方式筹集资金，这一点上有其相似性。日本是政府负担 50%，保险费 50%，个人在利用护理服务时承担服务费用的 10%，机构入住者的伙食费自理。在韩国，护理保险参保者与健康保险参保者的范围是一致的，所以国民健康保险公团统一征收健康保险费和护理保险费，但两者按独立账户分别管理。国家在预算范围内，每年支付护理保险预计费用的 20%。个人利用护理服务时，机构护理承担 15% 的费用，居家护理承担 20% 的费用，低保户免费，医疗对象和低收入阶层减免个人承担部分的 50%。因此日韩两国在资金筹集模式上有相似性，只是在各部分资金构成比例上有差异。

表 7　日韩护理保险资金构成比较

	日　本	韩　国
资金构成	政府支援 50%，（中央政府 25%，都道府县 12.5%，市町村 12.5%）保险费 50%	保险费 80，政府支援 20%
保险费	第一类被保险人 第二类被保险人：收入的 0.9%，雇主和个人分别承担 50%，自营业者个人承担 100%	收入的 0.2%，雇主和个人各自承担 50%
个人负担	服务费用的 10%，机构入住者自行承担伙食费	机构护理 20%，居家护理 15%，低保户免费，低收入者减免 50%

资料来源：根据相关法律条文和政策规定整理。

5. 护理人员培养比较分析。日本的介护保险服务提供者主要有介护福利士和介护士。介护福利士通过一定期间的教育和实习并参加国家考试就能获得这一职业资格。介护服务士分为三个等级。韩国的护理服务提供者称之为护理士，分为两个等级，只要参加一定时间的教育培训和内部考试即可获得资格，无须参加全国职业资格考试。

表 8　日韩护理服务提供者比较

	日　本	韩　国
培训课程	介护士	护理士
等级	1 级：230 学时，一年 2 级：130 学时，8 个月 3 级：50 学时，4 个月	1 级：240 学时 2 级：120 学时
业务	看护、家务、咨询 2 级以上可提供身体介护	1 级：身体活动、日常生活支援 2 级：日常生活支援

资料来源：根据相关法律条文和政策规定整理。

五、日韩老年长期护理保险法改革趋势

日本在《介护保险法》的附则中规定考虑介护保险实施状况和社会经济及人口结构的变化，实施5年之后应该进行大规模的改革，而介护保险实施5年之后，介护对象比预期增长2倍，介护费用从2002到2002年平均增长15%，从2003年到2005年也增长11%。改革的核心是不仅要保证充分的介护保险财政资源，而且能够积极应老龄社会，保证制度的可持续发展。所以从2005年开始日本着手改革介护保险制度，改革方向是护理服务从"量"注重"质"，加强医疗和介护之间的连续，加强预防，做实居家护理。[1]具体的改革内容如下。

第一，从被动介护向介护预防转换。为了确立持续的综合性的预防介护体系，日本从2006年4月开始，以市町村为责任主体，以轻度失能者为对象，增设了新的预防给付等级。预防给付对象是依据"状态维持或改善可能性"标准，通过介护认定审议会的审查，将身体轻度失能的老人划分为"要支援"1级和"要支援"2级，并将其称之为"预防给付对象"，为其提供预防介护服务。对尚未获得等级认定，但有可能成为"要支援"、"要介护"状态的老年人，通过社区综合援助中心，提供相应的预防介护服务。因为介护预防事业与预防给付密切相关，因而其费用也是由保险费和政府支援费用中支出。

第二，确立新的服务体系。《介护保险法》修改以前护理类型主要有机构护理和居家护理服务，改革以后新增量了社区紧密型服务、介护预防服务、社区紧密型介护预防服务等三种类型，计划以后还要建立有效应对痴呆型老人或独居老人的小规

---

〔1〕［韩］张秉原：《日本老年长护理政策——对介护保险的深层分析》，阳书院2009年版，第361页。

模多功能的居家介护服务和访问介护服务。“介护预防服务”和“社区紧密型护理预防服务”是针对地区护理预防的对象开展的，由“地区综合援助中心”负责提供。“社区紧密型服务”是针对需要护理的居家被保险者开展的，由于接受居家护理的人数众多，而且独居老年人特别是痴呆症患者不断增加，为方便其在自己习惯的地区生活，新法规定，市町村应在其生活的范围内，就近提供灵活、多样化的服务。

第三，提高服务质量。提高服务质量的改革措施主要有信息公开的义务化、服务机构经营者规制的改善、介护管理士制度的改善、护理人员的培训等。利用介护保险的“要介护”老人一般岁数大，身心功能低下，难以收集各种信息，影响介护服务的利用，因此介护机构经营者和设立者有义务公开相关信息。介护保险的核心是介护管理，但在实际服务中，管理者不做充分准备，与主治医生的联系也不充分，因此，此次改革强调介护管理，要求介护管理者应该接受教育，新设主任级介护管理师。

第四，改革个人负担方式，增强市町村功能。此次改革保持了已有的缴费方式，力求真实反映被保险者的负担能力，注重利用者的便利性，减轻市町村事务负担，减轻低收入者保费负担，对第一类被保险人的保费来源扩大到遗属年金和残疾年金。对服务机关的监督方面，增强了市町村保险人功能。为了减轻市町村的事务负担，提高业务效率，市町村的行政事务可以委托给外部机构，但要求是履行保密义务。在“要介护”认证事务中基于公正性和便利性，改善了“要介护”认证调查的委托范围，不能把调查事项委托给居家介护经营机关或介护机构，以保证调查认证的客观性和公正性。

此次护理保险改革的现实意义在于，通过改革，实现了老年人护理体制向预防为主的转变，提高了费用的使用效率。在一定程度上减少了护理保险的财政开支，增加了福利领域的就业机会，对保持制度的稳定性和可持续性方面具有一定的意义。[1]

韩国从2008年7月正式实施老年长期护理保险制度，很多专家学者认为尽管处在制度实施早期，很多问题还没有暴露出来，借鉴日本经验，应该及早做好应对准备。在长期护理保险制度上，韩国和日本面临的问题是大同小异的，因为制度设计本身有很多相似性。韩国的很多专家学者指出，韩国也应该向日本一样加强护理保险的预防功能，同时在提高护理服务质量、加强护理服务机关的管理、增强从业者的服务专门性、改善服务人员待遇等方面加以改革。

六、结论

老年长期护理保险方面，日韩两国都选择了社会保险方式，在制度设计及其框架方面有很多相似之处，但因为两国社会福利管理模式和老年福利政策历史进程不同，在很多方面又有不同之处。在被保险人方面，日本采取选择主义原则，限制在市町村居住区域内的40岁以上的居民委为对象，并分为第一类和第二类被保险人；而在韩国采取普遍主义原则，国民健康保险和护理保险参保范围一致。在保险人方面，日本是与社区居民有密切关系的市町村地方政府担任，采取地方主义原则，中央政府和都道府县及养老医疗保险机关起补充的作用；而在韩国，保险人是国家，由保健福利部主管，管理运营机关及保险人是国民健康保险公团，采取中央集权模式。在保险给付方面，日韩两国都有居家护理和机构护理服务，但是日本还设有预防给

〔1〕宋金文："日本护理保险改革及动向分析"，载《日本学刊》2010年第4期。

付，对“要支援”被保险人提供预防服务。在服务形式上，日本没有现金给付，而在韩国在一定范围内提供特别现金给付。在护理保险资金筹集模式上，日韩两国有高度的一致性，都有政府的资金支持、保险费的征收和利用者负担，对最低生活保障对象和低收入者给予减免等规定。但是在具体分担比例上有差异，日本政府支援和保费支出各占50%，服务利用者承担费用的10%，而韩国政府对国民健康保险公团支援预期收入的20%，保险费收入占80%，服务利用者个人承担15%或20%。

任何一项制度或法律都不可能尽善尽美，也不可能一成不变。日韩两国的护理保险制度也随着社会环境的变化而需要不断进行调整。日本从制度实施五年以后进行了大幅度的修改，其目的是不断提高护理服务质量，完善护理服务体系，而韩国也深入研究日本的经验，防止日本失误的重现。

中国是世界上人口基数最大，老年人口最多且老年人数增长最快的国家。根据中国老龄科学研究中心的调查结果显示，全国城乡失能和部分失能的老人总数达3300万人，[1]老人护理问题也是需要解决的迫切问题。社会保障制度具有波及和扩散的效果。德国用近20年的讨论和论证，才通过了老年护理保险制度，日本用了近10年时间，而韩国只用了7年。中日韩三国同属儒家文化圈，人口及社会结构具有相似性，而且在社会福利的制度设计和实施方面都有政府强烈干预的东亚社会福利模式的特点，因而深入研究已经实施老年长期护理保险的日本和韩国的经验，对我们构建老年长期护理服务体系具有重要的借鉴意义。至于日韩经验对我们有何具体的借鉴意义，我们应该建立什么样的护理服务模式，这是研究者今后进一步研究的课题。

---

〔1〕 中国老龄科学研究中心课题组：“全国城乡失能老年人状况研究”，载《残疾人研究》2011年第2期。

草原保护利用制度的法学思考

海 棠*

2002 年我国修订的《中华人民共和国草原法》中对草原概念作出了明确界定：本法所称草原是指天然草原和人工草地。天然草原包括草地、草山和草坡。人工草地包括改良草地和退耕还草地。可以说，我国目前已经基本形成了以《草原法》为核心的包括《物权法》、《农村土地承包法》、《土地管理法》、《环境保护法》、《刑法》、《内蒙古自治区基本草原保护条例》等法律法规及地方性立法在内的草原保护利用法律体系。但是一个不争的事实使近年来草原生态环境进一步恶化，即牧民草场权利得不到保障，以致影响到少数民族地区和谐稳定的政治局面。因此，从制度设计层面深入探究遏制草原继续退化的趋势，改善和维护草原生态平衡，实现草地资源的可持续利用的路径显得尤为迫切和必要。

* 海棠：内蒙古大学法学院，教授，法学博士。

一、草场承包经营的产权制度安排是草原生态环境退化的重要原因

（一）草原生态环境退化的原因分析

内蒙古草原位于欧亚草原带，从20世纪中期以来，由于全球气候变暖，降雨时空分布不均衡，人口较快增长以及长期以来草原开垦、超载过牧、滥采乱挖、违法征占等人为因素和自然因素的综合影响下，草原“三化”（沙化、退化、盐渍化）严重，草原生态环境持续恶化，沙尘暴、荒漠化等危害日益加剧，已成为制约草原牧区社会、经济可持续发展的主要“瓶颈”。对此，中国科学院张新时院士的报告指出，目前内蒙古草原已进入一个不能自我维持、不可持续发展的阶段。主要表现为三个方面，即环境的不可持续性、生态系统的不可持续性以及社会经济的不可持续性。

梳理并找寻导致草原生态环境的退化的重要原因无疑会对于国家的制度设计和宏观决策产生重要的影响。笔者注意到学者们在分析草原生态环境恶化的原因时往往从生态学、环境学、经济学、政策学、法学等不同视角探究其原因，虽然对草原生态环境的退化的综合原因方面大体达成了共识，但对其主次原因的看法不尽一致。有学者认为，气候是最主要原因。盖志毅学者认为，人口增多是主要原因。汪诗平学者认为，放牧与其他因素的互作，特别是与干旱的互作才是草原退化的主要原因。也有学者认为，过度放牧是罪魁祸首。而海山学者认为：“草这个东西是吃不完的，是踩完的。”他强调，蒙古马、骆驼、牛、山羊、绵羊等“草原五畜”与蒙古草原长期共存，它们是一个整体。现在草原退化，并非牲畜采食造成，而是因牲畜反复践踏所致。他干脆直言是网围栏造成的。笔者认为，造成草原严重退化沙化的原因是综合的、多样的，既有自然灾害又有人为因素，每种因素对不同

类型草原退化沙化过程中的作用和权重不能简单第一概而论。事实上，只有通过对我国草地资源的本底情况进行重新普查和实证研究后得出的基本资料才能够准确反映当前的实际情况同时笔者认为，从国家产权制度安排层面看，目前的草场承包经营制度是草原生态环境恶化的重要原因。

产权制度对资源配置具有根本的影响，它是资源配置的决定性因素。合理的产权制度就是明确界定资源的所有权和使用权，以及在资源使用中获益、受益、受损的边界和补偿原则，并规定产权交易的原则以及保护产权所有者利益等。清晰的产权能给所有者带来可预期的收益，充分调动资源所有者和经营者保护和合理利用资源的积极性，可以克服经营使用中的短期行为，鼓励长期投资和促进可持续发展。产权关系不清晰，尤其是草原资源产权不明确造成草原资源的滥用。正是基于这样的认识，草场承包经营制成为我国草场产权制度的改革措施，并在一定的历史阶段发挥了重要的作用。但是，这些年的实践证明，对草场采取与农耕地不加区别的承包经营的产权制度的合理性受到质疑，也遭到了严峻的考验和挑战。草场承包以后，虽然在一定程度上解决了草原保护利用中的“公地悲剧”，但是又产生了新的问题。如草场被细分为若干个独立的王国，牧民户均草场面积缩小，超载过牧、掠夺式利用草原资源有时成为牧民不得已的选择。加之由于草原权属不清，责权利不明造成对草原的滥用、过度放牧，草原超载、滥捕滥挖、随意开垦草原等滥用生态资源，甚至破坏生态资源的行为频发。

（二）草原管理法律制度的低效率性是草原生态环境退化的助推手

草原资源的有效保护和利用不仅立足于有效的产权制度设计，还应当依赖于科学、有效率的草原管理治理法律制度的构建。中国在处理人、畜、草三者关系，草原的经济效益、生态效益的关系方面制定了诸多草原管理治理政策。为了遏制草原继续退化的趋势，改善和维护草原生态平衡，实现草地资源的可持续利用，实行了禁牧、休牧、轮牧政策。不可否认，禁休轮牧政策对保护、恢复和改善草原生态和科学利用、促进社会和经济可持续发展起到了重要的作用。但是当前草原管理治理制度设计存在价值趋向偏离自然规律、低效率、管理缺失等问题。其主要原因是：首先，由于未在理论上理清草原退化的诸多原因之间的关系，导致一些决策过于简单化。如“围封转移”、“退牧还草”等生态工程的理论基础是假设过牧导致了草原的退化，而没有充分考虑其他生物因子（如鼠害和蝗灾）以及生态环境因子（如气候变化特别是气温和降水的变化等）的影响。所以简单地认为“减牧禁牧”就能自然地恢复草原，其效果也是可想而知的。[1] 再如，2010 年内蒙古克什克腾旗政府出台了一项保护草原的新政策，要求牧民对马和山羊全年禁牧，要求牧民处理自家马匹。这一政策可能产生适得其反的效果，让蒙古铁蹄马这种象征古老文化的稀有品种走向灭绝。其次，草原管理治理决策的制定，未能充分尊重草原生态规律，没有从法律上确认牧民的管理主体地位。20 世纪 80 年代以后，超载过牧被认为是草原生态环境退化的主要原因，牧民群体受到普遍谴责。草原管理治理决策将关注点放在改变牧民的放牧方式上，如草畜平衡、舍饲圈养、划定禁牧区、实施生态移民搬迁等措施的实施。本是草原的主人——牧民群体完全从草原生态环境保护中被分离出去了，这一世代生活在草原上的最具发言权的群体在决策的制定上被剥夺了话语权。这种把五畜和草原对立起来的决策带来的直接效应是牧民保护草原生态环境的积极性

[1] 汪诗平：“天然草原持续利用理论和实践的困惑——兼论中国草业发展战略”，载《草地学报》2006 年第 2 期。

严重受到抑制，把牧民从草原管理的主体变成被管理的对象，事实上弱化了草原管理治理效果。

二、“公地悲剧”与“私地悲剧”的困惑

美国环保主义者加勒特·哈丁在《生活在极限之内——生态学、经济和人口禁忌》一书中，提出了“公地悲剧”理论。依据该理论假设只要牧民的草场权利明晰，就可以避免草牧场被过度利用和遏制日益严重的草原生态环境退化进程。一般认为，解决“公地悲剧”有两种途径：一是可以通过政府管制，二是把共有资源变成私人物品。我国为了解决草原“公地悲剧”问题，从20世纪90年代开始实行了草牧场承包到户的政策，在一定程度上限制了畜群规模的无序扩张的趋势。但是正如上文所述，草场承包经营的产权制度安排未能达到制度设计所预期的目的。超载过牧、草原生态环境继续退化，尤其是在现有产权制度安排下，牧民并没有成为维护自身长远利益的理性“经济人”和行动者，反而被短期利益所左右。如牧民允许非法采矿者在自己草场上随意采矿，草场权利人变为侵害自己权利的侵权者。这里暂且将这种现象称为“私地悲剧”。至此，草原保护利用似乎进入了“公地悲剧”与“私地悲剧”的困境。

困境带来了困惑。如何求解这一困惑？理清导致“公地悲剧”与“私地悲剧”的困境的原因是求解答案的前提。中国社会科学院社会学研究所王晓毅研究员认为：“当集体和集体利益被忽视和弱化，只剩下国家与村民直接博弈的时候，政策就失去了群众基础，所有的制度和政策都成为农民社会之外强加给他们的，他们本身则不再关注这些事务。”“国家试图通过承包激发村民家庭的积极性，但是可以看到，草场无法被清晰地划分给村民，村民必须集体使用这些草场；在这种情况下，村民发展经济的积极

性被调动起来，却不能采取集体行动来解决他们所面临的环境问题。在这个时候，我们看到，草场成为没有管理主体的‘公地’，村民可以任意使用，却没有人给予保护。”〔1〕

三、合理、明晰、稳定的草原产权制度设计是有效保护和可持续利用草原的制度保障

（一）放弃现行草场承包经营的产权制度，选择公共所有权和公共使用权均明晰的草原产权制度模式

1. 草牧场退化沙化的重要原因。正如上文所述，现行草场承包经营权的产权制度安排不能满足千百年以来被实践证明行之有效的生产方式——轮牧的起码规模化——利用条件，破坏了草原五畜与草原生态系统的互补、协调机制，造成对草牧场的强度、重复利用，成为草牧场退化沙化的重要原因。

2. 通过对现行草场承包经营权的改造仍然不能彻底解决现实问题。原因在于通过对草场承包经营权的物权性质的改造尤其是流转制度的完善仍然不能有效解决草畜牧业的特殊运作需求。

3. 公共产权不一定必然导致“公地悲剧”。公共产权是否必然导致“公地悲剧”，应当类型化分析，即具体分析何种情况下会出现损人损己的恶果，何种条件下出现利他利己的积极效果。

公共产权是指人的共同体对财产或对稀缺资源享有公共所有权、公共使用权、公共收益权等。所有权包括占有、使用、收益和处分权能，而使用、收益、处分是所有权的实现形式。只享有公共所有权，不享有公共使用权或者公共收益权，是名义上的公

---

〔1〕 王晓毅：“政策下的管理缺失——一个半农半牧区草场管理的案例研究”，载王晓毅：《环境压力下的草原社区——内蒙古六个嘎查村的调查》，社会科学文献出版社2009年版，第140页。

共产权，是残缺的公共产权。具体到草原产权制度模式为，草原所有权仍然归牧民集体所有（全体牧民共有），在此基础上该集体牧民对草原享有共有使用权。但是为了避免发生“公地悲剧”的损人损己的恶果，要求不仅公共所有权明晰，还需进一步明晰公共使用权。

（二）草原共有使用权的具体制度设想

1. 以苏木或嘎查为单位的集体组织的成员是草原共有使用权的主体。集体组织的牧民共同使用草原。草原共有使用权是指集体组织成员未经分割地，共同使用国家或集体所有的草原。草原共有使用权实质上是一种准共有，是用益物权的准共有。集体经济组织的成员是准共有人。但是为了防止对公共草原的掠夺性经营，应该参照承包经营制每户应分得的草场面积，在账面上确定每户应占有的草牧场“标准亩数”，相应的草牧场“标准亩数”对应一个科学的载畜量，从而确定每户牧民在共有草原上饲养牲畜的头数。牧民可以依法有偿转让其草原共有使用权，所转让的使用权不是以占有一定范围的草场为标准，而是以使用共有草原的放牧量为标准。

2. 采取草原共有使用权制度的优点体现在以下几个方面。①有利于规模利用草原，避免零碎分割草原，实现草原资源的合理配置。牧民大面积的共同使用草原，能够避免承包经营一小块草原，重复过度利用草原的不利状态，有助于按照季节及牲畜种类划区轮牧，为草原提供生养休憩的机会，恢复和改善草原植被。②共同使用草原，按比例确定牧民的载畜量，有利于按草原的承载能力有效地控制牲畜头数，也有利于管理和保护草原。③草原共有使用权是用益物权性质的物权。由于用益物权具有优先于所有权的效力，这对草原使用权人对抗所有人和第三人侵害草原的行为具有积极意义。有利于草原使用权人阻止破坏草原的行为，可以成为破坏草原环境纠纷的诉讼主体，行使草原环境权。④有利于减少草牧场纠纷，维持社会的安定与发展。近年来，逐年递增的草场纠纷多数是因所承包的草场界限不清所致。牧民不分界限地共同使用草原，将会有效避免该类纠纷，有助于社会的稳定。⑤行为方式上更接近于传统游牧规则，易于牧民接受，对传承和保留传统游牧文化有积极的意义。

对俄罗斯知识产权法的比较研究

赫　然*　曲　博**　蔡露露***

在全球化的社会背景下，实现东北亚区域经济一体化，既是一种历史发展的必然趋势，也是东北亚各国政府的愿景。这客观地要求对东北亚六国的法律特别是知识产权法进行研究，因为经济的一体化，离不开法律的规范与引导。俄罗斯作为东北亚区域内一个举足轻重的国家，由于受历史文化和本国政治、经济制度的影响，其知识产权制度独具特色。因此，在对俄的国家战略实施中，深入研究俄罗斯知识产权法尤为重要。

一、俄罗斯知识产权制度的发展背景分析

俄罗斯是一个历史悠久的国家，其知识产权法律制度发展的历时也源远流长。俄罗斯知识产权法律制度发展一般经历了俄罗斯帝国时期、苏维埃俄罗斯时期、俄罗斯联邦时期三个历史时期。由于各时期所处的社会形态不同，其知识产权法也有很大的差异，

---

* 赫然：长春理工大学法学院教授，长春理工大学东北亚比较法研究所所长，法学博士。

** 曲　博：长春理工大学法学院副教授。

*** 蔡露露：长春理工大学宪法行政法方向研究生。

但纵观俄罗斯知识产权发展历程，却始终贯穿着俄罗斯人的知识产权法律意识，使得俄罗斯知识产权法律制度独具特色。早在1828年，俄罗斯帝国的第一部著作权法就已诞生。到了1905年，知识产权已被纳入“物权”保护的范畴下。1911年3月20日俄罗斯帝国颁布了最后一部著作权法，即《著作权条例》〔1〕。俄罗斯帝国时期知识产权法的一个突出特点是，将知识产权视为所有权的一种加以保护，这与国际上一般将知识产权视为一种特殊的权利范畴的观点有很大不同。俄罗斯帝国时期对于知识产权这一认识，一直深深影响着俄罗斯的知识产权法律制度。

在苏维埃时期，由苏维埃人民委员会及加盟共和国人民委员会颁布的命令及决议来调整知识产权的法律关系。从总体上考量，苏维埃时期知识产权立法规范无论在保护水平还是范围上都不及1911年俄罗斯帝国著作权法。例如，该时期的知识产权立法中没有提到表演者与摄影者的邻接权，而当时表演者、摄影者和广播组织权利保护罗马公约已生效，立法在这方面的缺位意味着任何表演、摄影都被视为公共财产而且可以自由使用。但该时期具有重大影响的是1964年的苏俄民法典，该民法典是世界上第一个规定知识产权制度的民法典。该民法典分八部分，其中将著作权、发现权、发明权单列为三编，力求将知识产权制度纳入民法典的调整范围，从而确立了无形财产权与有形财产权并重的地位。这对今天的俄罗斯知识产权法的民法典化提供了重要的法律文化基础。

俄罗斯联邦时期，知识产权立法方面取很大成就，1991年年底苏联解体应当是俄罗斯遇到的重大变革，随之在1992～1993年间，有总数超过100部的知识产权法律法规诞生，并且其内容与

〔1〕 Беляцкин С А Новое авторское право в его основных принципах СПб: Право 1912 С142－143.

《保护工业产权巴黎公约》、《保护文学艺术作品伯尔尼公约》十分一致。这个阶段体现的是单行知识产权法与民法典并行的知识产权保护方式。自1994年，俄罗斯开始了知识产权民法典化的进程，历经草案的起草、法典化具体模式的争论、草案的公布三个阶段。至2006年，历经12载，俄罗斯完成了知识产权的完全法典化，成为世界上唯一知识产权法律制度完全民法典化的国家。现行《俄罗斯联邦民法典》（以下简称俄罗斯民法典）于2006年12月16日颁布，于2008年1月1日开始实行，同时，废止和终止俄罗斯以前所有知识产权的单行法律。

按照法的创制轨迹，一国法律的终极方式正是法典化。法典化一般而言可分为两个阶段，第一个阶段是特别法本身法典化，如1992年的《法国知识产权法典》；第二个阶段是一般法法典化，在此就是知识产权法律成为一国民法典的一个相对独立的组成部分。虽然早在1942年的《意大利民法典》中就有关于知识产权的规定，但是，所涉及的知识产权内容太少，并且，尚未构成民法典相对独立的组成部分，如在该法典中，只是在劳动编中有关于作品及发明的权利的规定。1994年《蒙古民法典》、1995年《越南民法典》虽然专设知识产权编，但是，具内容并未涵盖现代知识产权的全部内容。俄罗斯的知识产权法律不仅成为其民法典的一个相对独立的组成部分，而且涵盖当今公认的所有现代知识产权。就此而言，俄罗斯知识产权立法显然是走在世界各国前列的。

二、俄罗斯知识产权法的比较分析

（一）俄罗斯知识产权法的结构体系

《俄罗斯民法典》第七编“智力活动成果和个别化手段的权利”确立了俄罗斯民法典知识产权法体系，该体系采用总、分则结构。知识产权编是作为民法典的一部分，属于法典分则的内容。

法典总则的规定在一般情况下也适用于知识产权关系的调整，如有关法律行为、代理、时效等规定。知识产权编共有九章（第六十九章至第七十七章），其中第六十九章即为“一般规定”，为全编通则性规定。“一般规定”除对知识产权范围的确定和对有关概念的界定之外，主要规定了智力权利的产生、处分、效力、权利保护、争议的解决和侵权责任等。这些规定有些属于适用于整个知识产权编的共同性规则，有的适用于多数知识产权法律关系，有些则应属于分则性规定但又不宜在其他各章中规定的内容。属于共同性规则或多数知识产权关系适用的规则，“一般规定”也只是一些原则性规定，具体细化的规则还是规定在各相关章节之中。在分则各章没有特别规定时，适用“总则”的“一般规定”。另外，内容较多的第七十一章“邻接权”、第七十二章“专利法”、第七十三章“育种成果的权利”也在第一节作出“一般规定”，作为本章的共通性规则。总之，这种总、分则的结构模式层层渗透在整个俄罗斯民法典的知识产权法部分。

（二）俄罗斯知识产权法的概念界定

《俄罗斯民法典》知识产权编第六十九章“一般规定”共30个条文（第1225～1254条）。与整个知识产权编共327条相比，在条文数量上也相对比较适中合理。该章对知识产权客体的范围、概念术语含义的明确和统一、“分则”各章共同适用的规则、几种客体共同适用的规则以及不宜在其他各章规定的内容作了规定。

《俄罗斯民法典》没有直接对知识产权进行明确定义，而是按照通常做法，以列举各种知识产权客体的方式确定其范围。但对知识产权和专属权这两个概念进行了区分。在《俄罗斯民法典》第七编中，专属权不再等同于知识产权，而只是知识产权中的财产权（《俄罗斯民法典》第1226条），不包括其中的人身非财产权利。专属权可以根据权利人的意愿转让给他人或许可他人使用。值得注意的是，《俄罗斯民法典》知识产权编并未使用“知识产权”或“智力权利”概念，而是使用了“智力活动成果和个别化手段的权利”。根据《俄罗斯法典》规定，法律承认智力活动成果和与之相当的个别化手段的智力权利，包括作为财产权的专属权，而在《俄罗斯民法典规定》的情况下还包括人身非财产权和其他权利（《俄罗斯民法典》第1226条）。其他权利主要指追续权以及浏览权等。

（三）俄罗斯知识产权保护客体的国际化

依照俄民法典第1225条规定，受法律保护的智力活动成果和个别化手段包括“科学、文学和艺术作品，电子计算机程序，数据库，表演，音像制品，无线和有线的广播、电视节目，发明，实用新型，外观设计，育种成果，集成电路布图设计，生产秘密，商业名称，商标和服务标记，商品原产地名称，商业标识”。[1]《俄罗斯民法典》对知识产权客体范围采用二分法，将其划分为“创造性成果权利”和“识别性标记权利”两大类。其中前12项为创造性成果权利，即关于“智力活动成果”的权利；后4项为识别性标记权利，即关于“个别化手段”的权利。

俄罗斯知识产权法保护的客体要么为《成立世界知识产权组织公约》保护的客体，要么为《与贸易有关的知识产权协议》保护的客体，要么同为二者的保护客体，与国际知识产权保护的接轨程度可见一斑。

俄罗斯于1993年踏上了加入WTO的历程，一个新的法律现象出现了，即当年制定的那些知识产权法律几乎都有所修改，如2002年《俄罗斯联邦“集成电路布图设计法律保护法”修改

---

〔1〕《俄罗斯联邦民法典》（全译本），黄道秀译，北京大学出版社2007年版，第427页。

与补充法》、2003 年《俄罗斯联邦“专利法”修改与补充法》、2004 年《俄罗斯联邦“著作权与邻接权法”修改法》等，这不能不认为是为了迎合 WTO 的 TRIPs 协议，因 WTO 成员国内法应当与 WTO 规则接轨是对拟加入者的最基本要求。

以现行的《俄罗斯民法典（第四部分）》第七编智力活动成果和个别化手段的权利所涉及的诸多权利对象为例，说明俄罗斯知识产权法律与具有主导地位的国际公约、国际惯例的接轨，见下表。

	《俄罗斯民法典（第四部分）》	《成立世界知识产权组织公约》	《与贸易有关的知识产权协议》
1	科学、文学和艺术作品，电子计算机程序，数据库	文学、艺术和科学作品	著作权
2	演出	表演艺术家的演出	相关权利（邻接权）
3	音像制品	录音制品	
4	无线和有线的广播、电视节目	广播节目	
5	发明、实用新型、育种成果	在人类一切活动领域内的发明	专利权
6	外观设计	工业品外观设计	工业品外观设计权
7	生产秘密	禁止不正当竞争（商业秘密，商品特有名称、包装、装潢）	对未公开信息的保护权
8	商业标识		
9	商业名称	商号名称	
10	商标和服务标志	商标、服务标记	商标权
11	商品产地名称	标记	地理标记权

续表

	《俄罗斯民法典（第四部分）》	《成立世界知识产权组织公约》	《与贸易有关的知识产权协议》
12	集成电路布局设计		集成电路布图设计权
13		科学发现	

注：《与贸易有关的知识产权协议》通过列举它所保护的权利表明它所保护的对象。

《成立世界知识产权组织公约》所保护的科学发现未列入俄罗斯知识产权法保护的对象，是因为就科学发现享有的权利是一种人身权，如发现者身份权、荣誉权，缺乏知识产权的财产权属性，故仅有该项权利未列入俄罗斯知识产权法客体保护范围。

由此，我们比较一下中俄两国知识产权法律所保护的客体。简而言之，两国知识产权法所保护的客体具有高度一致性，不同之处仅在于，一是，在“相关权利”即邻接权方面，我国著作权法所保护的邻接权与保护邻接权的国际公约《罗马公约》相比多出一种，即图书期刊出版者权，这是我国著作权法的一大特色。由于图书期刊的版式装帧设计在文化市场的繁荣上发挥重要作用，具体表现如精美的出版物即使尚不知其内容如何也会令人爱不释手，这些都出自出版者之手，法律不应视而不见。当然，毕竟《罗马公约》都没有规定这一权利，所以我国著作权法在确认该项权利的同时，规定10年这一较短的权利期限，而其他三种邻接权的期限则与《罗马公约》相同，即50年。而《俄罗斯民法典（第四部分）》规定的邻接权与保护邻接权的国际公约《罗马公约》相比多出另外两种，数据库制作者权和尘封作品发表者权。第二个不同是俄罗斯知识产权法保护的育种成果包括动物、植物两方面，而我国法律仅保护植物新品种。

由于相比其他民事法律制度史，知识产权法律制度具有产生晚发展快的特点，当各国知识产权法律尚未来得及形成自己的鲜明特色时，知识产权统一实体法律便相继诞生，如《保护工业产权巴黎公约》、《保护文学艺术作品伯尔尼公约》等，并且它们都是《成立世界知识产权组织公约》、《与贸易有关的知识产权协议》的创制基础，因此在各国其他民事法律制度中发生的法律冲突并未在知识产权法律制度中同样地发生。因此，上所述的高度一致并非仅出现在知识产权法律所保护的客体上，也并非仅出现在中俄两国知识产权法律中。

（四）首次创举——统一技术权制度的设立

在俄罗斯知识产权立法法典化的过程中，第77章中的统一技术权完全是一个创举，它与第69～76章有着根本性的差别。“作为统一技术权客体的统一技术是指以客体形式体现的，其中融合了发明、实用新型、工业设计、计算机软件或其他依照《俄罗斯民法典》第七章的规定应当受到法律保护的智力活动成果，并且能够在民事或者军事领域中的特定实践活动中作为技术基础的科学技术活动成果（统一技术）。”〔1〕

统一技术作为复合客体具有不可比拟的创举性和特殊性，是因为它意味着对由不同知识产权制度如著作权法、专利法、个别化手段等法所调整的其他知识权客体整体的使用，并且应被视为科技活动的成果，而非单纯的特定知识产权客体的总和。另外，并不是所有的统一技术权都能够获得法律的保护，只有全部或者部分由国家统一拨款研发的统一技术才会受到法律保护，且必须具有客观的表现形式。

〔1〕张建文：《俄罗斯知识产权立法法典化研究》，知识产权出版社2011年版，第327页。

统一技术权是《俄罗斯民法典》（第四部分）中最特殊的一章，它明显区别于以前各章。在以前的俄罗斯民事立法和知识产权的立法中均没有类似的规定，该章的目的是为了防止无目的性开支和窃取为科学研究和研制开发对国家防务和国民经济具有重要意义的新技术而拨付的预算资金，激励将这些技术应用于实践，并引入经济流转。可以说，统一技术权制度是俄罗斯在民法典框架内实现知识产权立法完全法典化的创举。

（五）俄罗斯知识产权行政确认、管理、保护机关的统一化

知识产权行政机关从事知识产权的确认、管理和保护。由于知识产权法律所保护的客体的复杂性，在管理方式上世界各国对知识产权的确认、管理和保护采取由一个机关统一管理或者由不同的行政机关分管两种方式。俄罗斯是由统一的管理机关进行知识产权的确认、管理和保护，例如，1992 年成立的俄罗斯专利商标委员会的职能是对发明、实用新型、工业设计、商标、服务标记、原产地名称实行批准、注册和权利维护的联邦执行机构，同时也对计算机程序、数据库、集成电路布图设计进行注册。1999 年 4 月，俄罗斯专利商标署（1996 年更为此名）又被授权开展版权和相关权利（邻接权）方面的国际合作及与其他公共组织的交往。2004 年再次更名为俄罗斯联邦知识产权专利商标局则更能体现其综合职能。在我国为了适应知识产权的复杂性，多样性，管理模式则采用设立相应的行政机关分别管理。例如，版权与邻接权由版权局主管；专利权、工业品外观设计权、集成电路布图设计权由专利局主管；商标权、制止不正当竞争权分别由商标局、公平交易局管理；地理标记权由国家质量监督检验检疫总局主管；草本植物新品种权由农业部主管；木本植物新品种权由林业部主管。虽然我国这种由多部门分管的模式可以强化管理的专业化程度，但是这种多头

管理模式也不可避免地会出现管理范围的交叉和空白，在具体操作中，会出现大家都管或者大家都不管的现象，导致资源浪费和效率低下等问题。目前世界范围内的许多国家都提出了自己的国家知识产权战略。统一的国家知识产权战略和政策，有赖于统一的国家机关组织实施，在俄罗斯，就像它的知识产权法律统一于民法典中一样，各种知识产权的管理统一于俄罗斯联邦知识产权专利商标局。我国在国家知识产权战略实施的过程中，俄罗斯知识产权行政确认、管理、保护机关的统一化模式具有一定的借鉴意义。

三、俄罗斯知识产权制度的发展趋势

随着俄罗斯政治、经济的发展以及国际上大国地位的确立，俄罗斯越来越重视知识产权制度的建设，在应对本国智力潜能的流失与引用国内外各项人才，建立知识产权专门法庭和军事知识产权保护方面将采取一系列的措施。

（一）建立“斯科尔科沃”新型科技园，加强知识创新

2011 年，俄罗斯总统梅德韦杰夫签署法令并计划实施建成一个可与美国的硅谷相媲美的“斯科尔科沃”新型科技园，常驻这里的企业将享受宽松的签证和进口规定，还有税收优惠。同时，在斯科尔科沃的各项创新技术和项目的引领下，俄罗斯的知识产权法作为一个服务工具，与强大和先进的科技园相适应，为科技园内的创新科技成果建立专门的针对性知识产权保护，这有利于俄罗斯各项技术和知识成果的保护，也是俄罗斯在知识产权保护方面的一个新的尝试。为完善创新中心知识产权保护体系，在斯科尔科沃科技园内建立一个在俄罗斯总裁法院体系下的一个专门的知识产权法庭也是政府发展方向之一，以此大力推动俄罗斯的经济发展。

（二）建立知识产权专门法庭

2011年12月16日，世界贸易组织正式批准俄罗斯加入世贸组织。俄罗斯成为WTO的正式成员，这必将对俄罗斯知识产权制度产生深远的影响。长久以来困扰俄罗斯加入世界贸易组织的一个问题就是侵犯知识产权问题，由于知识产权保护体系处于建设完善中和俄罗斯公民的知识产权保护意识薄弱，俄罗斯的盗版市场比较猖獗，而真正需要保护的专利、技术、项目等受到严重冲击。虽然现在无法看出俄罗斯政府在知识产权保护战略上的调整，但我们预测俄罗斯在对知识产权保护上会加强政府的监督与主导的作用。只有在完备的知识产权制度下，科学和技术的发明者的权益才能受到最大限度的保护。因此俄罗斯政府将建立专门的知识产权法庭来解决知识产权纠纷（从"斯科尔科沃"新型科技园的实施方案中我们可以推断出此点），这不仅是对俄罗斯国内知识产权进行保护的需要，而且会对国际间相互进行知识产权转让起到保护俄罗斯一方利益的作用。知识产权专门法庭可以筛选国内外高级专业法官、检察官及学术界、经济领域的专业人士，建立特别的知识产权审查制度，来提高知识产权的保护力度，进而提高知识产权在俄罗斯的地位，从而提升国家和公民对知识产权的重视程度，逐渐提高知识产权保护意识。

（三）建立军事知识产权制度

俄罗斯一直以来就是军事大国，目前以俄制武器为基础，加工生产的高端军事产品占领了1/3的军火市场。最明显的例子就是卡拉什尼科夫冲锋枪，一些国家从20世纪50年代就开始向非洲国家大批出口该产品的仿制品。除此以外，俄制防空导弹等都有众多仿制品。这种局面无疑给俄罗斯造成巨大的经济损失，因此俄罗斯意识到应通过法律形式来保护俄罗斯的军事知识产权，进而避免其经济利益的损失。例如在2003年，当时的俄罗斯总统普京就提出必须通过法律保护本国的军事知识产权，要求在保护军事知识产权方面形成统一的战略，军事产品交易应在合理的范围内，并要求对本国军事技术产品的出口规定作出调整。俄罗斯不断地在保护军事知识产权方面采取了举措，这些举措都意味着俄罗斯未来军事知识产权制度建立的趋势。在对我国的政策中，俄罗斯已与中国日前签署了一份有关军事技术合作领域保护知识产权的协定，此协定的签订限制中国复制俄罗斯的武器装备设计，这一知识产权协定即是俄罗斯通过法律的形式限制别国对俄罗斯知识产权的侵犯来保护其自身利益的体现。

另外，俄罗斯联邦政府已向国家杜马递交了一份针对军事技术合作法的修正草案，其主要目的是加强对俄罗斯出口武器和军事技术装备的知识产权保护。俄罗斯已经意识到通过合法的法律形式来限制其他国家对俄罗斯特有的军事知识产权的侵犯，在今后的发展中，俄罗斯政府将不断扩大签署类似协议的国家范围，进而在全球范围内最大限度地保护其军事方面的知识产权与军事技术。

四、中俄国际贸易中我国知识产权对策分析

2010年2月，俄罗斯远东发展战略出炉，其中强调优先与中国合作。据悉，“远东和贝加尔地区2025年前社会经济发展战略”单独用了整整一个章节的篇幅，对俄罗斯同中国和蒙古的合作进行规划，并优先考虑与中国的合作。无独有偶，2009年9月23日，中俄元首正式批准《中国东北地区同俄罗斯远东及东西伯利亚地区合作规划纲要（2009～2018）》，它包括中俄两国边境地区205个主要合作方案。而普京总理2009年10月访

华期间表示，双方将全力落实“合作规划纲要”。由此可见，中俄之间的贸易很可能会进入一个新的阶段。在中俄未来的诸多贸易、经济交往与合作中，针对知识产权作为一项重要的服务工具应如何保护我国经济方面的权益这个问题，笔者将针对中俄现有的知识产权现况，提出如下对策。

第一，充分履行 TRIPs 协议以促进贸易、保护各自知识产权。TRIPs 协议作为知识产权保护的国际标准，是当今国际上保护知识产权最权威的法律文件，因此在国际贸易中，首要的任务，必然是充分落实和履行 TRIPs 协议。俄罗斯成为世界贸易组织成员方以后，WTO 的所有国际规则都将在俄罗斯开始具有法律效力。中国与俄罗斯同为 WTO 的成员国，双方就都应遵守并充分履行 WTO 中关于国际贸易 TRIPs 协议，只有用 TRIPs 协议来规范双方的商贸交易、才能促进双方的交流合作，以取得双赢的效果。

第二，建立中俄知识产权仲裁机构。中俄双方作为世界大国，在经济、军事、政治等各个方面均走在世界前列，并有着举足轻重的国际地位。虽然双方在相互贸易中，都获取了巨大的利益，但随着各种贸易往来的增多，各种矛盾和纠纷也层出不穷，过去在军事领域，双方经常会因中方是否仿制俄国武器的问题而引起分歧和矛盾。因此，建议在现存有关中俄双方军事技术合作领域保护知识产权协定的基础上，建立一个具有中立性的仲裁机构，用第三方介入的方式，更加公平、公正地处理双方在军事知识产权方面的纠纷及矛盾。

第三，在我国建立一个对知识产权管理的统一机构。前文已述，俄罗斯在知识产权上采用由知识产权行政确认、管理、保护的统一机关对知识产权进行综合性的统一管理，而我国采用的则是由不同的行政机关分管的模式，这样既不利于各部门之间的协调，也不利于在国际交往中应对知识产权问题时采取统一的战略方针。因此，有必要在我国建立一个对知识产权的统一管理机构，以便在与各国进行知识产权方面的交流合作中更多的应对及平衡双方权益。

第四，加强对俄罗斯民法典的研究。俄罗斯不但对知识产权的保护有近200年的历史，且在2006年就已完成了知识产权的完全法典化。而我国还尚未有统一的民法典，对知识产权的保护也仅仅停留在单行法阶段，显然，俄国在这方面是领先于我国的。因此，有必要加强对俄罗斯民法典的研究，以便我国对俄罗斯的知识产权战略及时做出相应调整。

论行政复议中的效率问题
——兼论中日法文化的比较

李　畅*　王铮辉**

一、问题的导入

（一）行政复议的效率问题

据新华网2010年12月19日报道：国务院法制办副主任郜风涛在2010年的全国行政复议年度工作会议上坦言，当前我国行政复议工作还存在五方面问题，其中一方面是“不积极受理案件、审理机制不够公开透明、维持率偏高、调解和解尺度不均衡、行政复议决定履行缺乏刚性约束、行政复议效率不高等问题还比较突出”。〔1〕

通过上述报道我们不禁要问，“效率”问题在我国的行政复议中究竟是如何体现的？而“效率”的法理依据又是什么？现行《中华人民共和国行政复议法》（以下简称《行政复议法》）第4条规定：“行政复议机关履行行政复议职责，应当遵循合

* 李畅：长春理工大学东北亚比较法研究所副所长，法学博士。

** 王铮辉：长春理工大学法学院硕士研究生。

〔1〕 陈菲：“国务院要求各地提升行政复议办案质量和效率。”新华网2010年12月19日报道。

法、公正、公开、及时、便民的原则，坚持有错必纠，保障法律法规的正确实施。”在总则里明确提到了的“及时”以及“便民”原则，可以理解为“效率”在我国《行政复议法》中的体现。而“效率”的法理依据则可以从行政复议的基本概念着手加以理解。

行政复议的基本原则是指由《行政复议法》所确立和体现的，反映行政复议的基本特点，贯穿于行政复议的全过程，并对行政复议起到规范和指导作用的基本行为准则。这其中包括：合法原则、公证原则、公开原则、及时原则和便民原则。“合法原则是行政复议机关履行行政复议职责必须遵循的首要原则，公正原则是合法原则的延伸和必要补充，公开原则是我国民主原则在行政复议活动中的贯彻和体现，及时原则是行政管理活动特殊性的要求，便民原则体现了我国法律的性质和特点深入理解。”〔1〕对原则的理解有助于我们进一步理解行政复议法。

但是在这里对于“及时”原则的理解，笔者认为应该还有不同的理解，正如那句知名的英国法谚——“迟来的正义不是正义”（justice delayer is justice denied）所说的那样，“及时”原则体现的是一种“效率”的观念，而效率则同公正一样重要。

（二）我国行政复议的现状

《行政复议法》自1999年10月1日实施至今已经经历了12个年头，而中华人民共和国国务院更是于2007年5月29日公布了《中华人民共和国行政复议法实施条例》并于同年8月1日起实施，该条例的颁布进一步落实完善了我国的行政复议法在

〔1〕 李元本：“《行政复议法》基本原则略论”，载《遵义师范高等专科学校学报》2000年第2期。

实施过程中的应用问题，所以我们可以将2007年作为我国行政复议制度的一个分水岭。在这里，我们仅以吉林省政务公开网上搜集到的年度简报作为参考数据，来分析行政复议实施的现状。

根据下表和图1所显示的数据中的受理行政复议申请数，我们不难看出自2007年至2011年间，行政复议法的认知度在全省呈上升趋势，增长将近三倍，可见公民对于行政复议的认知和需求是在逐年增高的。而符合立案条件的案件数量虽然不稳定，可是同样也呈上升趋势。在这样的一个现状之下，我们不禁要问，如果行政复议的效率不能得到提高，长此以往地发展下去的话，行政复议将会演变成什么样子呢？当然，笔者并不是一味地强调效率的重要，因为相对于效率而言公正也同样的重要，只是面对越来越多的复议请求，如果没有足够的效率，那么公正又将如何实现呢？

吉林省政务大厅年度运行报告	受理行政复议申请	符合立案条件
2007年度	114件	34件
2008年度	121件	25件
2009年度	296件	81件
2010年度	281件	62件
2011年度	344件	46件

资料来源：根据吉林省政府政务公开网提供的年度工作简报整理。

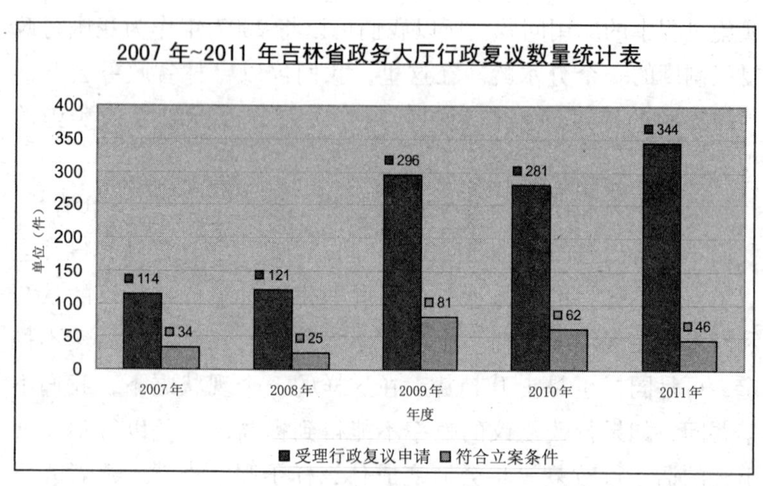

图 1

二、中日法文化和行政法原则的比较

法律是文化的载体，各种法律制度都是其特定文化内涵的表象。所谓“法律文化，是在一定社会物质生活条件决定作用的基础上，国家政权所创制的法律规范、法律制度，以及人们关于法律现象的态度、价值、信念、心理、感情、习惯及理论学说的复合有机体”。〔1〕法的发展离不开文化的进步，更离不开社会的发展，所以，如果想要探寻“效率”的重要性，还需将其代入法文化的范畴之中予以研究。“以古为镜，可以知兴替；以人为镜，可以明得失”，而法律文化亦是如此。在这里，我们可以借助我们的邻国日本作以比较研究。

〔1〕 张文显：《法理学》，高等教育出版社、北京大学出版社 2007 年版，第 391 页。

（一）历史角度的法文化分析

1. 日本法的发展简史。日本法的发展史，是一部引进、消化和融合外来法文化的历史，也可以称为一部法律继受的历史。古代、中世、近世这三个时期的日本封建法，深受中国隋唐法律的影响。而明治维新以后，日本近代法体系是在学习和借鉴欧美法律的基础上建立起来的。主要学习和吸收大陆法系的法律制度，先以法国法为样板，后又模仿德国法，建立了近代六法体系。现代特别是二战以后，日本吸收英美法程序法的原则和制度、而保留了大陆法实体法的很多内容。因此，日本法制史贯穿了吸收外来法的主旋律，日本对先进的法律表现出一种主动性和积极性，当这种内在需求遇到外在刺激时就转化为一种行动。〔1〕经过现代化改革的日本法制也保留了日本传统的本土法。因此，英美法、大陆法、日本本土有效的法律制度，三种法制因素融合、并存，构成了日本当代多元化法制的基本特点，即“多种法律主体并存、互相混合、重叠，同时每个主体都保持着自己对特定范围的人、事和空间的管辖权。”〔2〕

正是基于这种多元法律的特点，日本的法律文化也呈现出了一种多元性特点，但其吸收外来法律文化是否真的做到了完全消化呢？比如本文的主题行政复议法，以及行政复议法中的效率问题，到底日本法是对其完全消化了，还是拿来主义呢？

2. 中国法的发展简史。中华法系与中国法同时出现、同步发展。中国法律产生于原始社会的部落联盟时代，其起源可以上溯到史前。但真正能够详细叙述的法律史则是从西周时代开始的。从西周法律的总体精神“礼”到战国以及秦朝以后确立的集权政体和成文法，从汉武帝的独尊儒术，到《唐律疏议》，

〔1〕王文：《外国法制史》，南海出版社2001年版，第214页。

〔2〕王文：《外国法制史》，南海出版社2001年版，第215页。

再从明朝的重典治吏、遵唐制，到清朝的典章制度。中国经历了几千年的封建法律时期，中国的法文化在这个漫长的时期里呈现出完整的独立性，其法文化的发展脉络逐渐趋于中庸，以至于儒家思想在法文化中根深蒂固。以下的结构示意图（图2）〔1〕可以更好地让我们加深对中华传统法文化的理解。

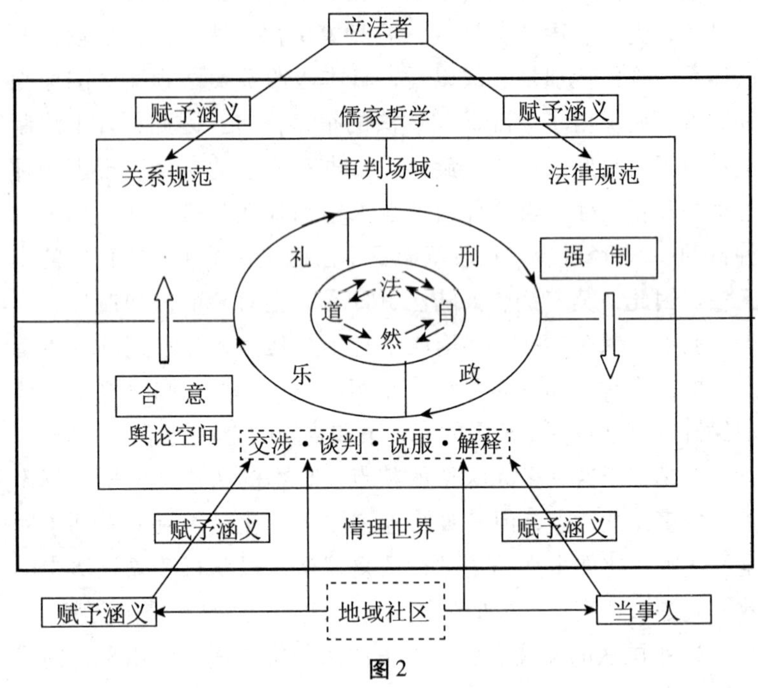

图2

清末民初，外来文化的融入对中华法系开始产生作用，我国法文化开始受到英美法系等西方思想的影响。新中国建立之初我国的法文化倾向于苏联模式，而后由于经济建设需要又重

〔1〕 张守东："中国法制史课程参考资料"，载 http://wenku.baidu.com/view/1dc4f4f47c1cfad6195fa72b.html

归大陆法系，可以说我国现在的法文化也是一个兼容并蓄的发展史。

3. 法史的简单比较。通过前面对于中日法史的简述，很容易就会发现中日两国的法文化有着极为相似的地方，那就是在近现代，中日两国的法文化都对其他法系有所吸收。可是尽管如此，两国的法文化在本质上依然有着巨大的区别，日本法的继受性决定了其对于其他法的吸收、本土化能力更强。而在我国，作为中华法系的诞生国度，中国古来法文化遗留下的内在的文化特质相对顽固，再加上我国当前发展的是有中国特色的社会主义法律体系，这也从根本上造成了两国法文化之间的差异。不过，比较研究本身就是去同存异的一个过程，只有存在差异，才能有所发现。当然基于不同社会形态以及历史发展背景等原因，贸然地去对我们前面谈到的行政复议法进行比较的话，可能会有一种“越界”的嫌疑，不过仅是单纯地去考虑“效率”问题的时候，应该还是可以从中有所收获的。

（二）行政法基本原则比较

1. 中国行政法发展史简述。现代意义的行政法在中国产生于民国初期。新中国行政法产生于建国后，我国在法治建设上的跌宕起伏大体经历了以下四个阶段：行政法的初创阶段、行政法的倒退与破坏阶段、行政法的恢复阶段、行政法的迅速发展阶段。

新时期以来，我国的行政法发展迅速，1989 年颁布的《行政诉讼法》确立了司法权对行政权的制约机制，使公民的合法权利得到切实可及的保障，而同时也大大促进了行政机关依法行政的素质和水平。1999 年 10 月 1 日实施的《中华人民共和国行政复议法》更是将我国行政法再次发展到了一个新的高度。

2. 中日行政法基本原则的简单对比。我国行政法最基本的原则是合法行政原则，合法行政原则是所有行政活动必须遵循的首要原则，其他原则都可以被理解为这一原则的扩展与延伸，与这一原则相比，其他原则都处于从属、补充的地位。合法行政原则的含义主要包括法律保留与法律优先两个方面。

日本对于行政法基本原则的表述，以二战为界前后有很大区别。而近年来，日本学者将之归纳为两项原则：法律优先原则和法律保留原则。法律优先原则适用于各种行政活动，即不问行政活动的类型和对国民的作用，法律优先原则都一律适用。法律保留原则即是“行政活动必须有法律根据（即法律的授权）”的原则，它是指行政权的活动必须基于法律根据，公行政只要没有国会制定的形式意义的法律根据，就不能活动。〔1〕

通过上面的简述，不难看出，中日两国在行政法的基本原则上是有共通点的，都坚持了法律保留和法律优先的原则。在这里对于行政基本原则的比较是为了可以确认两国行政复议的可比性，因为作为行政复议法所依附的行政法，其基本原则同时也决定了《行政复议法》的基本原则。

三、行政复议效率

在我国的行政复议法中，效率体现在规定的“期限”，例如《行政复议法》第31条规定：“行政复议机关应当自受理申请之日起六十日内作出行政复议决定；但是法律规定的行政复议期限少于六十日的除外。情况复杂，不能在规定期限内作出行政复议决定的，经行政复议机关的负责人批准，可以适当延长，并告知申请人和被申请人；但是延长期限最多不超过三十日。”在这里，我们首先理解这里提到的期限是一个效率的概念，可

〔1〕 杨希：“中外行政法基本原则比较”，载《文学与艺术》2011年第1期。

是这里却有一个问题，就是在实际操作过程中，这里所说“三十日”和“六十日”在实际复议的过程中究竟是不是充裕呢？而复议办理人员又是否能够在这充裕的时间里抓紧办理提高效率呢？这里所谓的“三十日”和“六十日”的制定依据又是什么呢？法理依据何在呢？

（一）中日行政复议制度比较

1. 中国行政复议制度。《行政复议法》于1999年4月29日公布。采用一级复议制度，复议范围采用概括式和列举式并举的折中式。在这里我们仅列举与期限有关的法条。

审查请求期间：公民、法人或者其他组织认为具体行政行为侵犯其合法权益的，可以自知道该具体行政行为之日起六十日内提出行政复议申请；但是法律规定的申请期限超过六十日的除外。（《行政复议法》第9条第1款）

受理审查期限：行政复议机关收到行政复议申请后，应当在五日内进行审查，对不符合本法规定的行政复议申请，决定不予受理，并书面告知申请人；对符合本法规定，但是不属于本机关受理的行政复议申请，应当告知申请人向有关行政复议机关提出。（《行政复议法》第17条第1款）

除前款规定外，行政复议申请自行政复议机关负责法制工作的机构收到之日起即为受理。（《行政复议法》第17条第2款）

处理期限：行政复议机关应当自受理申请之日起六十日内作出行政复议决定；但是法律规定的行政复议期限少于六十日的除外。情况复杂，不能在规定期限内作出行政复议决定的，经行政复议机关的负责人批准，可以适当延长，并告知申请人和被申请人；但是延长期限最多不超过三十日。（《行政复议法》第31条第1款）

2. 日本行政复议制度。日本的《行政不服审查法》于1962年9月15日公布。采用多级复议制度，复议范围采用概括式和列举式并举的折中式。在这里我们仅拿出其审查请求期间有关的部分作以比较。

审查请求期间：

一、审查请求，必须自得知已作出决定之日的次日起60天以内提起（如果对该处分已提起异议申请，则自得知对该异议申请已作出决定之日的次日起30天以内提起）。但因天灾或有其他不得已的理由而未能提起审查请求时，不在此限。

二、欠款但书情形下的审查请求，必须在该款所列理由终止之日的次日起1周内提起。

三、审查请求，自作出处分（如果已对该处分提起异议申请则为对异议申请作出决定）之日起的次日起经过1年，即不得提起。但有正当理由的除外。

四、通过邮寄提出审查请求书时，邮寄需用日数不计入审查请求期间。（日本《行政不服审查法》第14条）

处分厅如果误将长于法定期间的期间指示为审查请求期间时，在其指示的期间内提起的审查请求，应视为在法定审查期间内提起的。

异议申请应自得知已做出处分之日的次日起的60天内提起。（日本《行政不服审查法》第45条）

受理审查期限：无

处理期限：无

3. 归纳与比较。申请期限涉及相对人行政复议权的享有与行使，又涉及行政权行使而导致的社会秩序稳定性的需要。所以，申请人必须在法定期限内提出申请，否则，申请人的申请权将不受法律保护，申请人不会实现预定的法律效果。中国行政复议申请期限的最短时期为 60 日，而在日本，申请的第一期限也是 60 日，但由于日本为多级复议，所以其第二次期限为长达 1 年。

而在受理审查期限以及处理期限两项上，日本行政不服审查法并未作出详细规定，其不作规定的理由又是什么呢？是否处理期限本就不应该那么长呢？

（二）行政复议的效率

提高行政复议的效率，是指以最小的行政复议成本解决行政争议，简化行政复议程序，大大减少行政相对人的人财物的投入。行政复议效率的提高是通过行政机关以高速有效的方式排除不明确的事实或法律状态，使行政秩序归于稳定，又可以避免发生相对人因行政机关由于解决行政纠纷处理期限过长而造成的不必要损失，有效减免行政机关与行政相对人之间矛盾产生的机会。简单来说就是，程序最简化；不同内容的复议区别化；行政复议的经济成本、时间成本、人力物力成本最低化；行政复议的调解作用发挥到最大化。充分有效地利用有限的资源和尽可能少的时间来解决行政争议，让复议成为公民对公维权的第一选择、最优选择、最信任的选择。

四、结论

正如本文一开始就提到的“迟来的正义不是正义”（justice delayer is justice denied）。法谚反映了正义的时效问题，也就是说正义本身具有时效的内涵。迟来的正义没有实际的意义，对于渴求正义的人们来说实际上是不正义的东西。

当然这句法谚不一定能够作为支撑“效率”的法理依据，可是当把这句法谚和生活中活生生的例子相结合以后，也许会有不同的效果。举例来说，如果提起一次行政复议就需要消耗一个人60天的时间，假设他在1年之内需要提起6次行政复议的话，那么他这一年除了行政复议以外就什么都不用干了。

法的存在是为了维护社会公正，为了达到这个目的，作为便民性倾向最强的行政复议制度，在其复议结果上则必须是公正的，而且程序性也必须是公正的。在程序公正的问题上，一个重要问题是必须及时做出复议决定并将这个决定告知行政相对人。过迟做出决定，或者过迟告知行政相对人都会产生不公正的结果，因此也是非正义的。

法乃公器，自身应当体现出公信力。然而在现实当中，各种各样的案件由于程序上的人为因素或者法律本身设计上的缺陷，导致公民的维权成本大大地增加，又使得法律的公信力大大地降低。

虽然公正和效率都是行政复议制度追求的目标，但它们之间的关系是错综复杂的，不可简单地视为一体。公正是复议的最终和最高目标；效率是通过复议实现公正的最佳状态。在保证公正的前提下，效率是复议的内在追求之一。如果失去公正，效率也就没有了意义。从这个角度上说，公正是第一位的，同样我们不会认为仅仅追求正义而不顾效率会真正实现法治。可见，没有效率的正义必定是延误或虚幻的正义。

中蒙刑法体系比较探究

任继鸿*

一、新中国刑法体系的发展脉络

当代中国刑法体系发端于20世纪50年代初期。从1951年2月20日中央人民政府委员会通过了《中华人民共和国惩治反革命条例》，以及其后1952年4月21日公布施行的《中华人民共和国惩治贪污条例》，到后来全国人大常委会1956年11月16日颁布施行的《关于宽大处理和安置城市残余反革命分子的决定》和《关于对反革命分子的管制一律由人民法院判决的决定》等一系列刑事法律。总体而论中华人民共和国建国初期的刑事立法相对简单直白，缺乏完整的体系。1979年7月1日第五届全国人大二次会议通过了新中国成立后的第一部刑法典。尽管该部刑法典条文数量不多并且大多很简短，是一部粗放型的刑法典，但是它第一次系统地规定了犯罪、刑罚的基本原则和各类具体犯罪罪名及其法定刑，是一部体系相对完善、结构较为合理的刑法典，标志着当代中国刑法体系的初步形成。随后，

* 任继鸿：长春理工大学法学院，副教授，法学博士。

中国刑法体系得到了进一步的补充与完善。自1981年至1997年新刑法典通过前，全国人大常委会先后通过了25部单行刑法，并在107个非刑事法律中设置了附属刑法规范。中国刑法的体系得到了进一步充实，形成了刑法典、单行刑法、附属刑法相互补充、相互配合的体系格局。然而这一时期的刑事立法也存在一系列的缺陷，如刑法的内容不完备、罪刑关系不协调、刑法规范过于粗略、刑事立法缺乏总体规划、立法解释极为欠缺等。1997年通过的新刑法典是中国刑法发展历程中具有划时代意义的重大事件。不仅对中国1979年刑法典进行了全面修订和补充，而且进一步完善了中国刑法体系结构，尤其是结合中国社会发展的客观需要，全面吸收了25部单行刑法和107个非刑事法律的刑法规范，进一步充实了中国刑法体系的内容，是一部具有里程碑意义的刑法典。随后中国刑法进入了精益求精、纵深发展的阶段，刑法体系得到了进一步充实和完备。综观今天的中国刑法已经形成了刑法典、单行刑法和八个刑法修正案的主体格局。

二、新中国刑法体系特色

（一）体系完备统一

经过数十年的发展，当代中国刑法体系已经较为完备，这主要体现在两个方面。一是刑法的结构完备。刑法典的总则、分则和附则相互配合，相得益彰。章节设置合理，比例协调，形成了结构合理的刑法体系；刑法体系的内容完备，其中在刑法总则方面，无论是刑法的任务、基本原则、效力范围等刑法本身的规定，还是具体的刑法制度都相当完备。二是在刑法分则方面，中国充分考虑了中国经济社会发展的需要和国内外刑法立法经验，具体犯罪的设置总体上十分合理完备。我国1979

年刑法典由于历史的局限等原因，在体系和内容上尚不完备。在1979年刑法典颁行后的十多年间，为及时适应社会发展和惩治犯罪的需要，国家立法机关陆续颁布了25部单行刑法，并在百余部非刑事法律中设置了众多的附属刑法条款，这造成了刑法体系不统一和紊乱。1997年修订通过的我国现行刑法典，把原来散在于刑法典之外的全部单行刑法和附属刑法规范经整合均纳入了刑法典，并将新增设的犯罪类型和罪种也一概纳入刑法典，从而实现了刑法典体系上的完整性和统一性，为刑法典的权威性和刑事法治的统一性奠定了基础，达到了刑法体系的相对统一。主要表现为刑法典之外不存在可以独立成体系的刑法规范，从而实现了刑法的统一性。1997年以后的刑法修改主要采取的是刑法修正案的方式，更进一步有效地保证了刑法的统一完备。

（二）内容完整科学

首先，从总则来看，第一章刑法的任务、基本原则和适用范围，是指导和适用于整部刑法的整体性规范；第二章犯罪，规定的是犯罪概念、犯罪构成、犯罪特殊形态等犯罪总则性质的内容；第三章规定刑罚的种类，第四章是刑罚的原则与制度，这两章属于刑罚总则性质的内容；第五章其他规定是关于若干名词术语的界定及刑法典总则与其他刑法规范的关系问题等内容。这就在刑法典总则部分形成了从刑法通则到犯罪总则，再到刑罚总则的具有严密逻辑性的结构。其次，从分则来看，在分则体系上体现了我国公民个人利益与国家利益、社会利益相一致的社会主义观念理论，根据犯罪所侵犯客体的不同和社会危害性有大小，我国刑法典对犯罪进行了分类排列，把409种犯罪从第一章危害国家安全罪至第十章军人违反职责罪的十大类罪，每类犯罪各包括罪名数量不等而同类客体相同的若干种具体犯罪罪名。主要体现在增设了刑法典分则第七章的危害国防利益罪、第八章的贪污贿赂罪和第十章的军人违反职责罪，从而在章的层次上使刑法体系更为完备。在刑法典分则的第三章“破坏社会主义市场经济秩序罪”和第六章“妨害社会管理秩序罪”增设了节，其中第三章下设八节，第六章下设九节。进一步充实了刑法体系中章的结构，使得刑法体系的内容更为完备。可见，刑法体系具有犯罪分类标准统一而科学、犯罪类型排列合理而清晰的特点

（三）结构严密完整

这主要体现在总则与分则结构安排上相互配合相得益彰。中国现行刑法体系援用了现代大陆法系刑法的基本框架，采取了总分式的立法体例。其中，总则规定的是有关刑法、犯罪和刑罚的基本原理、原则，而分则规定的是具体犯罪及其法定刑。这样，总则规范与分则规定相互配合、相互作用，共同形成了严密的结构体系。总则的各章节之间逻辑贯通结构严密。一方面，总则五章遵循了由刑法基本原理到犯罪基本原理再到刑罚基本原理的逻辑顺序；另一方面，总则各章内的各节之间在排列上也遵循了严格的逻辑顺序，如第二章“犯罪”内的各节就基本上按照的是从犯罪的一般条件再到犯罪的特殊形态的顺序，第三章“刑罚”内的各节按照的是主刑、附加刑的排列顺序，第四章“刑罚的具体运用”内的各节则是按照从量刑到行刑再到刑罚消灭的顺序排列，逻辑严谨，结构科学，体系严密。分则各章节之间设置科学。一方面分则根据犯罪侵害的同类客体的不同，将各种具体犯罪分为十大类，并且又根据其侵害直接客体的不同，将犯罪再分为若干小类；同时分则根据犯罪危害性质和危害程度的轻重对各类犯罪进行了科学有序的排列。

（四）创新刑法理念

刑法观念是刑法立法的先导，当下中国刑法立法已经从早

期的工具主义观念发展成为更加注重人权保障的现代刑事法治理念。罪刑法定、刑法面前人人平等、罪责刑相适应等基本原则不仅是重要的司法理念，也是中国刑法立法进一步发展、完善的向导。这种刑事立法观念的创新促进了中国刑法体系的现代化发展趋势。

（五）刑事立法民主

刑法立法的民主性既是全国人民代表大会制的基本要求，也是充分发挥社会各阶层、各群体力量的体现，有利于提高刑法立法的科学性和社会效果。当前，中国刑法立法都十分注重广泛征求包括有关机关、专家学者、社会公众在内的各方面的意见，不少意见得到了立法部门的重视、研究和采纳，充分体现了中国刑法立法的民主性。

（六）立法技术科学

中国刑法立法技术从20世纪50年代初期的中央人民政府委员会立法到人大立法，从法规到刑法典、单行刑法、附属刑法再到刑法修正案，经历了一个漫长的演变过程。从总体上看当代中国刑法立法技术已经日益科学，一方面修正案已经成为中国刑法修改的主要方式，有利于较好地保证中国刑法体系的完整性、系统性，也有利于促进刑法体系的科学发展；另一方面刑法立法注重调查研究和经验总结与借鉴，立法的灵活性也不断增强，保证了刑法内容的科学。

总之，当代中国的刑法体系严密结构合理、内容科学完备，立法技术科学，能够满足中国社会经济发展的总体需要。

三、独具特色的中国刑法修正案

自从1997年第八届全国人大第五次会议在全面修订刑法后，全国人大常委会面对社会主义市场经济发展过程中惩治腐败犯罪的迫切需要，陆续出台了一个《决定》和七个《刑法修正案》。尤其是近年来随着经济社会发展的复杂客观现实，刑法理念发生了重大突破，刑事犯罪也出现一些新情况和新问题，亟需对刑法有关规定做出现实修改和实时补充。在此背景下《刑法修正案（八）》应运而生。《刑法修正案（八）》的出台是我国刑事立法体系进程中的一个重大事件，必将对我国的刑事司法制度和司法实践产生重大而深远的影响。

（一）宽严相济刑事政策重塑刑罚理念

《关于深化司法体制改革和工作机制改革的意见》明确规定，要进一步落实宽严相济的刑事政策。《刑法修正案（八）》切实贯彻落实该意见的具体要求，将宽严相济刑事政策全面贯穿于刑法修改的相关条文之中。在宽严相济刑事政策的导向下，社会各界对刑罚的功能有了更加清醒的认识和更加深入的思考。

首先，《刑法修正案（八）》继续贯彻中央“减少死刑，严格控制和慎重死刑”的政策，体现了对死刑的理性对待。《刑法修正案（八）》取消了近年来较少适用或基本未适用的盗窃罪、传授犯罪方法罪等13个经济性非暴力犯罪的死刑，占全部死刑罪名总数的19%，得到了国际社会的积极肯定。可见，取消此类犯罪的死刑，并不影响社会稳定的大局，更不会给社会治安和稳定和谐造成影响。

其次，《刑法修正案（八）》体现了宽严相济刑事政策区别对待原则的具体要求。一方面，《刑法修正案（八）》完善了对黑社会性质组织等犯罪打击的法律规定，加大了对严重危害社会治安犯罪的打击力度，扩大了特殊累犯的范围，对黑社会性质组织犯罪的犯罪分子，适用特殊累犯的规定，强调了刑法“严厉”的一面。另一方面，《刑法修正案（八）》完善了对未成年人和老年人犯罪从宽处理的规定，对未成年人犯罪不作为累犯处理，强调缓刑的适用，对轻刑犯免除其前科报告义务；对于已满七十五周岁的老年人犯罪，不适用死刑，体现人道主义和刑法文明，体现了宽严相济形势政策“宽待”。同时，进一步明确了缓刑适用条件，便于司法机关实践操作。

另外，《刑法修正案（八）》进一步落实坦白从宽的刑事政策，对虽不具有自首情节，但能够如实供述自己罪行的犯罪分子，也可以从轻处罚。

（二）和谐社会治国理念体现民生为本

中央《关于构建社会主义和谐社会若干重大问题的决定》出台后，和谐社会理念深入人心。《刑法修正案（八）》充分体现了和谐社会的治国理念，在依法打击犯罪、维护社会秩序的同时，高度关注民生，高度重视保障公民的合法权益。《刑法修正案（八）》关注了对社会秩序的维护。对于危害社会严重、人民群众反响强烈的违法行为，此前由行政管理手段或者民事手段予以规制，此次《刑法修正案（八）》将之纳入刑法规制的范围，具体包括醉酒驾车、飙车等以危险的方法危害公共安全的犯罪，以及不支付劳动报酬的犯罪、非法买卖人体器官的犯罪等，并加大对此类行为的处罚力度。另外，《刑法修正案（八）》加大了对社会弱势群体的保护。鉴于以前的刑法规定在保护劳动者等群体的合法权益方面存在不足之处，《刑法修正案（八）》力争完善相关的规定。例如，完善了强迫劳动罪的犯罪构成，提高了该罪的法定刑，将为强迫劳动的个人或者单位招募、运送人员的行为规定为犯罪；同时规定了为组织卖淫的人招募、运送人员的，按照协助组织卖淫罪追究刑事责任。此外，《刑法修正案（八）》还加强了刑法对人民群众生命健康的保护。为应对当前社会各界高度关注的药品安全、环境污染等问题，《刑法修正案（八）》修改了生产、销售假药罪，重大环境污染事故罪等罪的法律规定，调整了犯罪构成要件，降低了入罪门槛，增强了刑法规范的可操作性。通过此前出台多个刑法修正案，立法者的刑事立法经验更加丰富，立法技术不断优化。《刑法修正案（八）》的出台，使得刑罚结构更加合理化，条文规定更加科学化，刑事法网更加严密化，整个刑法体系进一步得到完善。

在司法实践中，死刑的适用还存在“死刑偏重、生刑偏轻”的问题，给死刑政策在司法实践中的贯彻落实带来了较大的阻力。为妥善解决该问题，《刑法修正案（八）》在适当减少死刑罪名的基础上，调整了死刑与无期徒刑、有期徒刑之间的结构关系，限制对被判处死刑缓期执行犯罪分子的减刑，将原有的“十五年以上二十年以下有期徒刑”修改为“二十年有期徒刑”。同时对累犯以及因故意杀人等严重暴力犯罪被判处死刑缓期执行的犯罪分子，在减为无期徒刑或者二十年有期徒刑后，可以依法决定不得再减刑。

另外《刑法修正案（八）》进一步明确了黑社会性质组织犯罪的特征，增加规定了财产刑，一并完善了敲诈勒索罪和寻衅滋事罪的规定，提高了法定刑并增加了罚金刑，从而依法有力地打击黑社会性质组织犯罪及关联犯罪行为。

此外，《刑法修正案（八）》的修改过程还体现出我国的刑事立法方式日趋民主化、科学化，立法机关鼓励社会各界积极为《刑法修正案（八）》献策献计。立法机关也更加重视听取并积极采纳社会各界尤其是有关专家提出的合理修改意见。《刑法修正案（八）》也是刑法不断适应社会情势的变化，持续修改完善过程中的一个阶段性成果，对其功能应有合理的预期。相信在司法实践中定能充分发挥打击犯罪，平抑社会矛盾的作用。

四、蒙古国刑法的发展历程

1942 年 1 月 17 日，经蒙古人民共和国小呼拉尔第二十五次会议批准，颁布了蒙古人民共和国第四部刑法典。这部刑法典共 17 章 225 条。其中总则 6 章共 54 条，分则 11 章共 171 条。此部刑法典分则部分第一章从第 55 条到第 69 条共 15 个条款规定了反革命罪。该分则第 55 条第一次明确规定了反革命罪的概念，即："目的在于颠覆、破坏或削弱劳动人民的政权和根据蒙古人民共和国宪法所选出的人民革命政府的权力，或者是目的在于破坏或削弱蒙古人民共和国的对外安全和国防能力以及基本的政治的、经济的、民族的成果的一切行为，都认为是反革命行为。""由于全体劳动人民利益的国际一致性，上述行为指向任何其他劳动人民国家的时候，都认为是反革命行为。"〔1〕

1961 年 1 月 31 日，蒙古人民共和国大人民呼拉尔批准了第五部刑法典。从 1942 年到 1961 年第五部刑法典颁布的九年中，蒙古人民共和国对 1942 年刑法典曾作多次修改。例如，1943 年 8 月 2 日对 1942 年刑法典第 125 条、第 128 条、第 173 条进行了修改，加重了对危害国家和公共财产及个人财产犯罪的刑罚。1951 年 2 月 27 日颁布了《和平保护法》，规定了"进行战争鼓动罪"。1953 年 8 月 5 日对 1942 年刑法典中适用死刑的条款作了修改，大大减少了死刑的适用。只有对叛国罪、间谍罪、倾覆车船和破坏罪，才能适用死刑。〔2〕第五部刑法典总则和分则共 221 条，其中总则共 44 条，分则共 177 条。总则分为 5 章：第一章通则，第二章犯罪，第三章刑罚，第四章刑罚的适用和

---

〔1〕《蒙古人民共和国刑法典》，法律出版社 1956 年版，第 18 页。

〔2〕［英］巴特勒：《蒙古人民共和国刑法典》，陈新亮译，西南政法学院编印 1985 年版。

刑罚的免除，第五章医疗性和教育性的强制方法。这部刑法典分则共 11 章。分则第一章将第四部刑法典分则第一章的反革命罪更名为国事罪。国事罪分为特别危险的国事罪和其他国事罪。特别危险的国事罪包括：叛国行为（第 45 条），间谍活动（第 46 条），恐怖行为（第 47 条），破坏行为（第 48 条），煽动和宣传反对蒙古人民共和国（第 49 条），鼓动战争（第 50 条），为实施特别危险的国事罪而进行组织活动以及参加反对国家的组织（第 51 条），实施反对其他劳动人民国家的特别危险的国事罪（第 52 条）。其他国事罪包括：破坏民族和种族平等（第 53 条），泄露国家机密（第 54 条），遗失国家机密文件（第 55 条），走私（第 56 条），聚众骚乱（第 57 条），逃避现役兵役的定期征集（第 58 条），逃避动员征集（第 59 条），逃避履行战时责任（第 60 条），非法越境（第 61 条），违反国际航空规则（第 62 条）。分则第二章为侵犯社会主义所有制的犯罪，第三章为侵犯个人生命、健康、自由和人格罪，第四章为侵犯公民政治权利和劳动权利罪，第五章为侵犯个人财产罪，第六章为破坏社会主义经济罪，第七章为渎职罪，第八章为妨害审判罪，第九章为妨害管理秩序罪，第十章为危害公共安全、公共秩序和人民健康罪，第十一章为军职罪。

1991 年 11 月 21 日，“蒙古人民共和国”改名为“蒙古国”后，制定了第一部《蒙古国刑法典》。现行《蒙古国刑法典》是对第一部蒙古刑法典的修订。2004 年 5 月 14 日，蒙古国大呼拉尔主席斯·特木尔奥其尔在乌兰巴托市签署公布了蒙古国第一个《刑法修正案》。该修正案共 3 条，其中第 1 条规定：“《蒙古国刑法典》第 492 条中‘工具’前面增加‘运输或者其他’、第 145 条‘造成较大损失’后面增加‘盗窃较多牲畜’。”修正案第 2 条规定：“《蒙古国刑法典》第 71 条修改为‘初次实施本法分则第145条（盗窃他人财产）规定以外其他轻罪的人如果自愿与被害人和解、全部赔偿所造成损失或者消除所造成损害的，可以免除其刑事责任'。"修正案第3条规定："本法自《惩治和预防盗窃牲畜犯罪法》生效之日起实行。"[1]

五、现行蒙古国刑法的时代特色

（一）体现以人为本的时代精神

在历史长河缓慢发展进程中，刑罚的严厉性残酷性渐趋缓和，人道主义色彩日趋浓重。人道主义，以人为本与宽容、柔和、人性、谦抑等相联系、相融通，与野蛮、残酷、恐怖、折磨等相对立、相抗衡，表现出治国者在规定和运用刑罚时对犯罪以及罪犯的一种宽容态度。刑罚人道主义的核心内容是将罪犯作为伦理主体对待，而不是作为物体处理。其中心思想是犯罪人是人，必须将其作为人看待，而不是作为物或者手段对待，此为刑罚人道主义的核心价值。[2]刑罚人道主义是刑法的重要原则之一，在刑法的产生、执行、消灭过程中起着重要的作用，同时对犯罪论的许多问题也有决定性的影响，西方许多法治国家已把人道主义作为刑法的基本原则之一。也体现在现行《蒙古国刑法典》第7条第1款之规定："对犯罪人适用刑罚和其他刑事强制措施不得以残忍和令人痛苦的处遇或者贬损他们的名誉和尊严为目的。"这是当今社会以人为本思想的体现。

（二）规定过限行为的立法原则

实行犯的过限行为是指："在共同犯罪过程中，实行犯故意或过失地实施了超出共同故意范围的犯罪行为。从不同的角度

---

〔1〕宗那生：《蒙古国法典选编》（第1辑），内蒙古大学出版社2006年版，第382页。

〔2〕李伟杰："浅议刑罚人道主义"，载《检察实践》2005年第17期。

按照不同的标准将实行犯的过限行为分为重合性过限行为和非重合性过限行为；量的过限行为和质的过限行为；组织犯的过限行为、实行犯的过限行为；教唆犯的过限行为和帮助犯的过限行为；故意的过限行为和过失的过限行为。对实行犯的过限行为，应由实行犯独立承担刑事责任，但其他共犯对实行犯的过限行为未超出共同故意范围的行为应共同承担刑事责任。”〔1〕对实行犯的过限行为，现行《蒙古国刑法典》明确规定了处罚原则。该法典第38条第1款规定：“由实行犯实施的其他共犯并不知情的犯罪行为，即与其他共犯没有通谋的犯罪行为，称为实行犯的过限行为。其他共犯对实行犯的过限行为所构成的犯罪不负刑事责任。”规定实行过限原则是刑罚个别化原则的具体要求，也符合当代共同犯罪理论的基本诉求。

（三）明确连累犯的处罚原则

所谓连累犯是指：“行为人事前与他人没有通谋，在他人犯罪以后，明知他人的犯罪情况，而行为人故意以各种形式予以帮助，使其逃脱法律的追究的，依法应受处罚的行为”。〔2〕连累犯的犯罪行为曾经被纳入共同犯罪的范畴，而现在各国刑法与刑法理论一般都认为它是单独犯罪。但由于这种连累犯又与共同犯罪有一定的交叉牵连关系，在认定共同犯罪的同时，一定要把它和共同犯罪加以区别。《中华人民共和国刑法》中没有明确规定连累犯的概念，但在分则分别规定了包庇、纵容黑社会性质组织罪，窝藏、包庇罪，窝藏、转移、收购、销售赃物罪等连累犯。而现行《蒙古国刑法典》在总则部分采用列举式分别明确规定了连累犯。现行《蒙古国刑法典》第39条规定：

---

〔1〕梁剑、叶良芳：“实行犯过限行为研究”，载《中共中央党校学报》2004年第1期。

〔2〕陈兴良：《共同犯罪论》，中国社会科学出版社2002年版。

“隐匿或者不告发犯罪的，是连累犯，隐匿或者知情不举本法典分则明文规定的犯罪的，应当负刑事责任。”这些规定为追究连累犯的刑事责任提供了处罚依据。

（四）规定合理风险不构成犯罪的情形

所谓合理风险行为是指虽然侵害了人的生命财产等法益的危险的行为，但是为了维系社会生活，要允许在一定范围内风险的存在，视它为不违法的行为。也称为“被允许的危险”。对于“被允许的危险”理论行为无价值论认为，即使某种行为具有危险，但如果依据国家、社会的伦理规范来看，被认为是相当的，就应当被法律所允许，认定为适法行为；而结果无价值论则认为，“被允许的危险”是指行为本身具有实质的危险性，但由于与救济其他法益有关，为了救济其他法益，因而有被允许的场合和情形。[1]无论是行为无价值论还是结果无价值论，都认为“被允许的危险”行为不是违法的行为。

蒙古国现行刑法典总则中规定了合理的风险行为，并对合理的风险行为进行了界定。该法典第43条规定：“为了达到有益于社会的目的而采取的对合法权益产生危害的合理风险行为，不构成犯罪；如果不采取有风险的作为（包括不作为），当时的目的就不能实现，并且采取这种风险的人使用了足够的阻止这种危害发生的防护措施的，这样的风险是合理风险。但是在对众多人或自然界有潜在危害的情况下采取的风险行为，不认为是合理风险。”这些规定为科学研究和经济建设提供了符合客观实际的法律依据，十分具有操作性，同时也很好地发挥了刑法的保障功能。

---

〔1〕 赵秉志：《外国刑法原理》（大陆法系），中国人民大学出版社2000年版，第121页。

(五) 规定不适用死刑的情形

现行《蒙古国现法典》第53条第4款规定:“60周岁以上的人和犯罪时未满16周岁的人不得适用死刑。”这是限制对老年人和未成年人犯罪适用死刑的规定。《中华人民共和国刑法》规定:“犯罪的时候不满18周岁的人和审判的时候怀孕的妇女,不适用死刑。”但是我国刑法并没有规定60周岁以上的人犯罪不适用死刑,而且在现实生活中确有60岁老人因杀人被判死刑的个案。现行《蒙古国刑法典》规定60周岁以上的犯罪人不得适用死刑,可以说是科学和文明的表现,也是刑罚人道主义的要求。

(六) 刑罚行刑社会化程度较高

行刑社会化程度是指在执行刑罚过程中,放宽罪犯自由、拓宽罪犯与社会联系、促使罪犯掌握生活技能与相关社会认知、塑造罪犯符合社会正常生活的信念和人格,最终促成罪犯回归社会的情形。行刑社会化强调刑罚执行与社会紧密联系,与全封闭监狱中执行刑罚大不相同。虽然行刑社会化思想产生时间不长,但由于它反映了刑罚效益思想,符合行刑人道主义、行刑个别化等原则,因此,行刑社会化已成为当今世界各国刑罚执行的重要发展趋势,并且引领刑法现代化发展的总体方向。[1]

现行《蒙古国刑法典》的行刑社会化程度比较高,主要体现在:将强制劳动规定为主刑。根据《蒙古国刑法典》第46条的规定,强制劳动是五个主刑之一。在《蒙古国刑法典》分则227个条文中,有50个条款适用了强制劳动这一刑种,约占分则中条款的22%,可见其适用率之高。缓刑的条件比较宽,《蒙古国刑法典》第61条规定,根据首次犯轻罪者的个性特征、所

[1] 谢望原:“对我国行刑社会化的思考”,载《法学评论》2000年第1期。

犯罪行的社会危害性及其程度，如果犯罪人已经赔偿损失或者已经补救了其犯罪所造成的损害，法院认为无须判处徒刑在监狱执行的，可以附条件地判处刑罚并决定五年以下的考验期。如果附条件地判处刑罚的缓刑犯在缓刑考验期内不再犯新罪并且有悔过自新的表现，原判刑罚不应再执行，这是缓刑的一般规定。《蒙古国刑法典》第63条对怀孕妇女、抚养3周岁以下儿童的母亲或单亲父亲适用缓刑的条件更为宽松和人道，《蒙古国刑法典》第63条明确规定：怀孕妇女、抚养3周岁以下儿童的母亲或单亲父亲首次犯轻罪，判处监禁、徒刑或2年以下强制劳动的，法院可以判处缓刑。

（七）设立了前科消灭制度

《蒙古国刑法典》第78条的规定，下列人员应当认定为没有前科的人：在假释考验期内未犯新罪的人、非监管刑服刑完毕的人、被判处轻罪并在服刑完毕后5年内未犯新罪的人、被判处重罪并在服刑完毕后8年内未犯新罪的人、被判处极重罪或者累犯在服刑完毕后10年内未犯新罪的人。同时明确规定：应当认定根据本法规定免除刑罚的人为无前科的人。被判处徒刑的人在服刑完毕后以模范行为证明自己改过自新的，法院可以认定其无前科。在现行《蒙古国刑法典》分则中采用独特的“注”的方式，《蒙古国刑法典》中多处有关于免除刑罚的规定。如第269条中的“注”对行贿者规定：“主动向主管当局交代行贿行为的，应当免除刑事责任。”《蒙古国刑法典》第78条规定：“被免除刑罚的人被认为是无前科的人。”据此规定犯过罪的人一旦被认定为无前科，也就是说没有犯罪记录，自然就有利于改造和就业，生活来源就有保障。使犯过罪的人看到了希望，自然有利于改造，重归社会，重新做人。

（八）刑事和解制度体现在刑法修正案中

《蒙古国刑法修正案》共3条，其中第2条规定：“《蒙古国刑法典》第 71 条修改为：‘初次实施本法分则第 1451 条规定（盗窃犯罪）以外其他轻罪的人，如果自愿与被害人和解、全部赔偿所造成损失或者消除所造成损害的前提下，可以免除其刑事责任。’”通说认为：刑事和解是指犯罪发生后，在司法机关的调解下，由被害人和加害人直接协商、解决刑事纠纷。对于双方的和解协议，由司法机关予以审查认可作为对加害人刑事处分的客观事实依据。刑事和解体现了恢复性司法的理念，其目的在于通过弥补被害人所受到的损害，促使加害人悔过自新、重归社会，从而恢复原有的社会关系和秩序，促进社会的和谐稳定，保证国家的长治久安，是符合人类发展潮流的、科学进步的司法理念。

虽然蒙古国是大陆法系国家，但是《蒙古国刑法修正案》所规定的刑事和解制度，不仅在实体上与西方国家的刑事和解制度相同，而且在宗旨上与我国目前倡导并积极贯彻的宽严相济刑事政策的要求相同。我国刑事和解的概念和范围不同于西方国家，然而与《蒙古国刑法修正案》规定的刑事和解制度相类似。我国《刑事诉讼法》第 172 条规定，人民法院对自诉案件可以进行调解，当事人在宣告判决前可以自行和解或者撤回自诉。可见，蒙古国刑事和解的对象是从实体上加以界定的，只对部分轻罪犯才能适用刑事和解；而我国的刑事和解制度是从程序上加以界定的，仅限于刑事自诉案件。同时我国还规定对这种刑事和解的自诉案件可以进行调解。在我国司法实践中，为减少社会矛盾，加强了对刑事自诉案件的刑事调解和刑事和解工作，在双方协商中恢复和实现和谐的社会关系。

随着时代的发展我们可以探索对于未成年人犯罪及轻微犯罪的公诉案件也可以进行刑事调解和刑事和解，不过首先要完善刑事立法才可以依法进行。《蒙古国刑法修正案》中先进的刑法理念，对于我国贯彻宽严相济刑事政策和构建和谐社会，都有着十分重要的启示和参考价值。

综上，中国和蒙古国刑法体系不尽相同，但是“他山之石可以攻玉”，我们要借鉴蒙古国刑法中有益之成分为我所用。在和谐社会的构建中，在对严重危及社会的有组织犯罪、恐怖主义犯罪、暴力犯罪、公职人员犯罪等严重犯罪进行严厉打击的同时，对那些危害不大的犯罪、情节轻微的犯罪、偶发犯罪、无被害人犯罪等，应实行宽严相济的刑事政策。要注意人权的保护和刑罚资源的节约利用，认真落实宽严相济的刑事政策。

让我们更加准确地把握时代发展的脉搏，与时俱进，学习他国之长，借鉴先进国家成熟的法治理念，法律精神，比较学习，充实自我，完善提高，为中国特色法律体系的构建添砖加瓦，为实现国家的长治久安和社会的和谐发展奋斗终生！

中国能源法律制度现状评述
——以比较法为研究视角

刘　宇*

一、中国能源立法的历史沿革及现状

能源法的历史是从能源生产法开始的。能源生产法律制度始终都是促进能源开发、生产的重要工具，能源生产是整个能源产业链利润最为丰厚的一个环节，因此，能源生产法长期以来一直被一些庞大的足以影响国家立法的利益集团所偏好。改革开放初期，尽管中国能源消费和供应与世界能源市场的关联度不大，两次石油危机对我国影响甚微。但是当时电力的持续短缺，以及国内其他能源供应的不足时有显现，推动中国开始启动能源立法工作。但是，由于国家能源委员会的撤销，《能源法》、《石油法》、《电力法》以及由原国家计委牵头组织的《节约能源法》的起草工作也因体制、机构等原因而陷入停滞。

20 世纪 70 年代的石油危机使饱受能源短缺打击的西方国家改变了能源战略，这些国家无一例外地选择了“能源安全、立法先行”。战略石油储备法律制度的纷纷确立使西方国家能源法

* 刘宇：长春理工大学法学院，法学博士。

的重心开始从生产法向供给法过度的标志。20 世纪 90 年代可持续发展接连取得突破性进展。《21 世纪公约》的签署使得可持续发展的内涵从理论转化为行动。1997 年《京都议定书》的签订使 1992 年《联合国气候变化框架公约》具备了可操作性，这促使能源消费国开始认真审视本国的能源利用政策和法律，世界上主要的能源消费国开始纷纷制定节约能源法、能源效率标识制度等能源利用法。20 世纪 90 年代，中国特色的社会主义市场经济体制和运行机制的逐步建立，市场配置资源的作用增强。在九十年代中期，中国经济立法进程明显加快，《电力法》、《煤炭法》和《节约能源法》分别在 1995 年、1996 年和 1997 年出台。

21 世纪初，随着中国经济持续高速发展，粗放式的经济增长和我国能源资源紧缺之间的矛盾日益突出，其后环境形势日益严峻，使得促进能源与经济、环境的发展，成为能源立法的重要目标。为了实现这一目标，2005 年中国出台了《可再生能源法》，2007 年全国人大常委会又对《节约能源法》进行了修改。2005 年国务院做出研究和起草《能源法》的决策，《能源法》作为能源领域的基础性法律，对于全面推进中国能源领域的法制建设，开拓能源法的理论研究将产生重大而深远的影响。

现阶段中国能源立法中存在的主要问题：第一，能源的法律体系还不完善，《能源法》等基础性法律缺位；第二，中国能源立法相对比较抽象，操作性差；第三，中国能源配套立法的工作相对滞后，不能满足能源发展的需求，影响了法律法规实施效果。

二、能源法的变革趋势

能源法经历了三个阶段的历史变迁——能源生产法、能源供给法和能源利用法。虽然当今能源法在形式上具有“绿色化”

的痕迹，但其财产法的实质并没有改变，仍然以短期的能源供应为目的，能源可持续性发展行动纲领的制定促使能源法在理念和制度上进行彻底的变革，理念上要强调代内、代际以及种际之间的公平，制度上要实现限制化石能源消费制度的创新以及能源法律制度和环境法律制度的有机融合。〔1〕

（一）能源法调节模式的有限市场化

由于能源对经济安全至关重要，各国历来对能源产业实行集中的政府介入，对作为网络型产业的电力和燃气行业尤其如此。因此，能源产业往往具有垄断性。这在法律上主要有两种表现：其一是能源企业的行政化，即能源企业在实际上承担政府机构的职责并行使了政府权力；其二，对私有能源企业的严格管制。自20世纪70年代末以来，鉴于国有能源公司的业绩低下和过度的补贴负担，世界上许多国家的能源法调节模式发生了转变，即从国家垄断和所有的历史模式或者具有特许权垄断与严格规制的私人所有模式，向自由化能源市场的转换，目的是激励竞争从而产生效率，增强私人部门所有权与投资。尽管具体方式互不相同，能源市场化通常包括两方面：其一，能源部门在所有模式上多元化，例如，能源产业更多地由私人营利性企业运营；其二，放松了对能源部门的政府监管，包括更少的价格控制与进出口限制，促进能源产品商品化。〔2〕长期以来，我国能源领域一直属于自然垄断行业，由国家投资与经营，能源产品的价格由政府决定，所以不存在市场也不存在竞争。由于不存在市场，在能源领域也不存在政府对市场监管的需要。但是，随着我国市场化的不断扩大，电力领域已经在2002年进

〔1〕陈兴华："可持续发展与能源变革"，载《华东理工大学学报》2009年第2期。

〔2〕马俊驹、龚向前："论能源法的变革"，载《中国法学》2007年第3期。

行体制改革，目前，电力工业实现了政企分开、厂网分开，建立了监管机构。我国能源领域的市场化改革已经开始，在此背景下，《能源法》的起草就必须考虑建立一个适应市场体制的能源监管制度。我国《能源法》（征求意见稿）第87条规定，国家按照有利于反映能源市场供求关系、资源稀缺程度、环境损害成本的原则，建立市场调节与政府调控相结合、以市场调节为主导的能源价格形成机制。

（二）气候变化与能源法的生态化

各国能源法缺乏对如何能够更好地对能源开发过程承担经济或生态责任作出明确规定。例如，对能源开发利用过程中产生的经济“外部性”，如包括酸雨在内的空气污染、水电大坝导致的生态环境损失以及设置高密度电网的环境安全挑战，大多数国家只是被动地采取措施进行补偿，这是能源成为环境恶化尤其是气候恶化的根源。而能源开发利用造成环境污染又与法律制度安排不合理有关，环境保护并未成为能源开发利用的有机组成部分，其结果是能源开发利用继续造成环境污染，而环境保护也只能是防治污染结果，而不是防治污染原因，不能从根本上解决能源开发利用造成的环境污染。因此，我们要设法控制环境恶化与气候变化，就应将能源法的生态化变革作为关键的策略。

（三）能源法的人本化趋势

纵览各国能源立法，往往通过公众参与、公共服务义务、弱者保护、企业社会责任等权利导向的机制来推进能源法的人本化。

1. 公众参与。新的国家与国内法律正在将这一新的理念注入能源开发利用的活动中，越来越多的国家在能源法中确立了公众参与的义务。例如《日本能源政策基本法》第14条规定：

“国家应在致力于对能源相关信息积极公开的同时，考虑到不以营利为目的的团体的活动和作用。”

2. 公共服务义务。市场自由化使能源成为商品，但并未终结能源作为公共服务的功能。根据《世界人权宣言》第25条和《经济社会和文化权利国际公约》第11条，公民具有享受适当生活水准权，包括持久地取得“烹调、取暖、照明能源、卫生设备”等获得食物、住房、服务与基础设施的权利。许多国家将获得能源作为一项基本人权，确立让小型或者贫困消费者获得能源服务的法律权利。

3. 职工保护。能源的开发利用与大量职工的血汗分不开。随着人权运动的兴起，各国纷纷调整了能源矿业法律制度，将职业安全与健康保护作为重要内容，值得一提的是，许多国家的能源矿业法对职业安全与卫生的促进，从单纯的作业安全或职业卫生保护，发展到为职工提供健全的社会保障，包括退休保险、医疗保险、失业保险，矿工津贴等。

4. 企业社会责任。能源、材料、信息是人类社会发展的三大重要资源，它们的不平等分配是加剧贫富差距与社会不公的根源，而能源企业都享有不同程度的自然垄断地位。因此，除追求经济利益外，它们应在法律上负有为消费者提供“清洁、可靠与负担得起的能源产品的普遍义务”，这是能源企业的基本社会责任之一。

中国面临的主要问题和挑战：第一，消费需求不断增长，资源约束日益加剧；第二，结构矛盾比较突出，可持续发展面临挑战；第三，国际市场剧烈波动，安全隐患不断增加；第四，能源效率有待提高，节能降耗任务艰巨；第五，科技水平相对落后，自主创新任重道远；第六，体制约束依然严重，各项改革有待深化；第七，农村能源问题突出，滞后面貌有待改观。

为了解决上述问题，必须认清能源法在世界范围内的变革趋势，并在此基础上确立我国能源立法的改革方向。然而，中国尚未形成一致的指导思想，在整个能源法律体系中，并没有统一的生态化的指导思想，多数法规仍单纯着眼于能源的供应与利用，一些重要的生态化法律制度尚未确立，而且中国已经开始的能源法变革仅仅发生于立法领域，能源法是否具有生态化的特征，还必须依赖于执法、司法和法律监督。

三、中国能源立法的基本原则

对于中国能源立法的基本原则应该包括哪些内容，学者们看法不一。有的学者认为能源法的基本原则主要有四项：能源安全原则、能源可持续发展利用原则、能源效率原则、能源与环保协调原则。〔1〕有的学者认为能源立法的基本原则应该坚持能源可持续利用原则、节能高效综合利用原则、能源开发利用与环境保护相结合原则、能源多元化、优化能源结构和国际合作原则。〔2〕有的学者认为能源立法的基本原则决定能源法的基本价值取向，体现我国能源法的立法宗旨，即三个层级的目标——初级目标：实现我国能源结构的优化调整，提高效率，处理好能源供需矛盾和能源产业的良好发展；中级目标：建立清洁、安全、高校的能源持续性供给体系，保护环境，建立能源、经济、环境可持续发展的和谐社会；终极目标：实现公平，保证后代人拥有继续使用能源的选择权和种际间能源利用的公平性。因此，我国能源立法的基本原则至少包括：可持续发展

〔1〕谭柏平、黄振中："论我国能源法的四项基本原则"，载《中外能源》2010年第8期。

〔2〕莫神星："低碳经济理念下能源法的基本原则"，载《中外能源》2009年第5期。

原则、开发与节约并举原则和统筹规划原则。

有的学者认为从能源法律制度变迁的规律来看，保证能源安全的制度往往是能源法的原发性制度，能源消费国和能源生产国都希望获得“供应安全”，但其含义却不相同，对于前者，供应安全是以合理的价格得到能源供应的可靠渠道，对于后者而言，供应安全是通过市场和消费者的充足渠道，确认未来投资的正当合理性并保护国家收入。保证能源效率的制度则是能源法发展趋于理性的制度，中国能源利用效率低的现状不容忽视。根据《2007 中国能源发展报告》，中国能源系统的总效率为 9%，不到发达国家的 1/2。环境保护制度则是能源法律在能源开发利用与环境保护的因果关系有了进一步的揭示后才作出安排的。虽然能源法律在各国名称不一，规范角度不同，但是，凡能源法律都有能源安全、能源效率与环境保护的功能，这也正是能源法律形成制度结构的基本保障。能源法律要实现其法律价值就必须作出相应的制度安排，然而三个制度目标应有所区别：能源安全是能源法律的基础安排；能源效率是能源法律的重点安排；环境保护是辅助安排。[1] 有的学者主张，在低碳经济的理念下，能源立法应遵循以下原则：能源安全原则、节能高效综合利用原则、能源开发与环境保护相结合原则。能源立法的任务就在于，如何促使能源发展与生态环境保护成为相互促进而不是冲突的目标，而这一任务需要通过《能源法》与生态环境保护相关法律的衔接和融合来完成。

笔者认为，能源法的基本原则，是指那些能够体现科学发展观和资源节约、环境友好型社会理念的，能够充分反映能源法律规范所调整社会关系的各个环节客观要求的，并对所有的

---

〔1〕 肖兴国：“论能源法律制度结构的功能与成因”，载《中州学刊》2008 年第 4 期。

能源社会关系和能源法律法规都具有普遍指导意义的一般准则，它具有高度的概括性和抽象性，也具有相对稳定性和前瞻性。上述观点都将能源安全作为我国能源法的第一原则，对此，笔者不能赞同。能源安全原则固然重要，但现今该原则已经包含在可持续能源的基本思想之中。而可持续能源应当成为能源法的基本指导思想，应贯穿于能源法律规范的全部。作为总体性概念，可持续能源思想蕴含经济、社会和环境三重维度。经济关注能源安全，社会关注能源公平，环境关注能源清洁，能源法应试图实现三者的平衡。[1]《能源法征求意见稿》第5条明确规定了："能源与生态环境协调发展的原则，即国家积极优化能源结构，鼓励发展新能源和可再生能源，支持清洁、低碳能源开发利用，推进能源替代，促进能源清洁利用，有效应对气候变化，促进能源开发利用与生态环境保护协调发展。"基于以上论述，笔者认为我国能源法的基本原则首先应该是注重能源生态化层面的能源清洁和能源效率原则；其次是注重社会层面的能源公平原则；最后是经济层面的能源市场化原则。

四、中国能源基本法问题

（一）《能源法》的立法背景

中国正面临复杂的能源形势与安全问题，具体表现如下。第一，能源需求持续增长对能源供给形成很大压力。中国已经成为石油以及其他能源的进口国，对石油的需求大幅度增长，预计到2020年，石油进口将达到每年2亿吨，石油的对外依存度也将达到50%。第二，资源相对短缺制约了能源产业发展。第三，以煤为主的能源结构不利于环境保护。第四，能源技术

〔1〕 王欢欢："中国能源法的变革"，载《法制经纬》2009年第2期。

相对落后影响了能源供给能力的提高。第五，国际能源市场变化对中国能源供应的影响较大。目前中国能源立法并不完善。尽管中国已经在煤炭、电力、可再生能源、能源节约等能源领域制订了《矿产资源法》、《煤炭法》、《电力法》、《节约能源法》、《可再生能源法》等多部法律，但这些法律有的是针对资源的、有的是针对行业的、有的是针对产品的，这些专门性立法还不能满足中国应付复杂的能源形势，中国需要制定一部综合性的《能源法》，以应对能源供应、维护能源安全、提高能源效率、环境保护等问题。[1]

能源法的起草要追溯到2005年，中国法学会能源法研究会受国家能源局委托，在北京召开了两次课题开题会，随后国务院总理温家宝批示起草《能源法》，直至2006年，《能源法》起草组成立。起草组由时任国家发改委主任、国家能源办主任马凯担任组长，共有15家单位参与制定。2008年《能源法草案》终于成型，并正式提交国务院法制办，但到2009年法案却一直没有出台的消息，不过这并不影响人们对能源法的关注。因为这一年哥本哈根气候变化大会召开，全世界都把目光盯在了作为碳排放大户的中国，中国承诺：到2020年单位国内生产总值二氧化碳排放比2005年要下降40%～50%；非化石能源占一次能源消费的比重达到15%。2010年能源法提交国务院常务会议审议，但至今尚未出台。

（二）《能源法》的制定面临的主要问题

1.《能源法》的立法模式。我国应当制定一部什么样的《能源法》？采取什么样的立法模式？这是我们首先要解决的问题。

---

〔1〕 李艳芳：“论中国能源法的制定”，载《法学家》2008年第2期。

纵观世界各国，能源法的立法模式有很大不同。第一种模式是美国“法典式”立法模式。2005 年的《能源政策法》集美国能源立法之大成，长达 1720 多页，共有“能源效率”、“可再生能源”、“石油与天然气”、“煤炭”、“核能问题”“水力发电”、“能源部的管理”、“气候变化”等十八章，其内容广泛具体，几乎涵盖了美国能源领域的方方面面。第二种模式是“通则式”立法模式。韩国《能源基本法》、蒙古《能源基本法》等都采用这种模式。如蒙古《能源基本法》规定了在能源事项上具有管辖权的各国家机关的权限、能源活动许可证、能源价格、能源监管机构、争议的解决和处罚等一套基本规则。第三种模式是“政策式”立法模式。只规定能源战略和规划思想、目标、基本的政策手段与程序等，作为国家能源战略和能源政策的法律基础，典型的如日本的《能源政策基本法》。

中国的《能源法》采用何种模式？国内学者对此意见不一。有的学者认为我国应采取综合性立法，主要对涉及能源安全、能源效率、能源管理、能源环境保护等全局性问题加以规范，同时也对其他单行能源法不予调整的问题加以规范，所发挥的是宏观管埋和对单行立法之间加以协调的作用。有的学者认为将《能源法》植入目前能源立法的复杂关系中的模式：一是嵌入式，即尊重现有法律框架和法律制度，另辟空间，创立新的本体框架和制度；二是融入式，重新整合现有的法律框架和制度。

笔者认为能源法主要涉及能源领域的全局性、综合性、战略性的重大问题，涉及能源领域的基础性规则，虽然我国存在一些能源单行法，但是这些单行法过于抽象，相互矛盾而且缺少可操作性，很难实现能源法与单行法的衔接，因此，笔者认为应采用美国立法模式，在能源基本法的基础上，重新整合全部能源立法。

2. 能源法的框架。对于能源法的基本框架有四种观点：一是综合制度方案，以综合制度贯穿法案；二是综合制度结合能源流程方案，以综合制度和解决重点问题为主，结合能源开发利用主要流程安排章节；三是总则分则方案，以综合制度为总则，以节约能源和能源品种单独设章；四是能源流程方案，以能源开发利用的化解设立章节。经过反复论证，初步确定以综合制度结合能源流程方案为推荐方案。

从我国能源法“征求意见稿”的内容来看，实际上采用了第二种观点，笔者认为这种方案存在以下问题。第一，与其他立法交叉重叠。按流程或者按照环节的立法思路其实就是现行《矿产资源法》、《煤炭法》、《电力法》、《可再生能源法》等按行业或者按领域立法的思路，只是不同的法律因规范对象不同而在视角上有所不同，《能源法》是一项综合性法律，如果采用各专门性法律的立法思路，就必然在内容上与各专门性法律相重合。第二，重点不够突出。由于“征求意见稿”采用了能源流程设计方案，因而用三章的篇幅来规定能源开发与加工转换等内容，这样不仅与其他专门性能源立法重叠，而且还冲淡了《能源法》应当突出的重点内容。《能源法》的重点应包括：监督管理体制、宏观调控、市场监管、能源环境保护问题，以及能源战略、能源储备、能源的国际合作等问题。第三，“征求意见稿”在监督管理体制上采用政监合一的模式，这不能反映能源领域的市场化改革趋势。第四，“征求意见稿”关于能源主管部门对能源矿产资源的“前置审批”规定也不符合国家“减少和规范行政审批，减少政府对微观经济运行的干预”的精神。

笔者认为《能源法》的制定存在四个依赖路径：国家、政府、市场、技术。第一，能源战略与规划是国家意志的理性和行动。隶属于国家发展战略的能源战略是一国能源问题解决的基本理论与思路。中国迄今为止没有法律意义上的国家能源战略，能源规划也因法律效力得不到保证而没有实效，中国能源对策体系的科学性与稳定性有待《能源法》解决。第二，能源管理是政府组织能源开发利用的要求。政府能源管理制度在任何一部能源法律的制度安排中都居于中心地位，然而中国能源主管部门实际上已经空位，作为决定一国经济发展动力源的基础性产业——能源产业市场化改革的过程中竟然出现严重的政府权力真空。中国有待构建统一的能源管理部门和制度，形成有效的治理、强有力的管理与监管制度。第三，市场供给是能源效率之源。中国能源长期处于计划经济之中，即使在向市场经济渐进的今天这种状况依然没有发生实质性的改变，一些领域竞争不充分，如行政垄断和自然垄断所促成的寡头垄断与一些领域无规则无秩序的盲目竞争并存。第四，能源技术开发与技术创新联动是技术功能的源泉。技术开发与技术创新必须联动，技术与市场必须结合，无论是能源基础技术开发，还是应用技术开发，无论是政府能源技术开发，还是企业开发的资本投资，都必须承认基础科学、应用研究与开发和工业创新之间存在深刻的相互影响。中国能源技术落后，与能源技术开发与技术创新制度联动不足有直接的关系，对此《能源法》必须作出安排。基于以上论述，笔者认为《能源法》的基本框架应该以国家能源战略和政府能源监管为总则，以各种类能源市场制度和技术开发为分则的基本框架。

五、中国能源法律制度的配套制度问题

作为能源基本法的《能源法》的协调作用主要表现在两个方面：其一，作为单行能源法的指导原则与制度依据，协调单

行能源法的制度设计和安排；其二，作为单行能源法的元制度，协调单行能源法的功能。通过其协调功能的发挥，形成了基本能源法与单行能源法以及其他相关法律制度之间的规则群。

（一）《能源法》与《节约能源法》的衔接

节能是建设资源节约型和环境保护型社会对能源立法提出的现实要求。尽管《节约能源法》的调整范围涉及社会各个领域，但其必须在《能源法》的协调下发挥其制度绩效。《意见稿》从能源基础性法律角度，设立“能源节约”专章，将能源节约提升到“经济社会发展的优先目标”的战略高度，规定了通过“推进产业升级和经济结构优化”和“改善能源消费结构”促进节能等内容，使能源法中的节能法律制度较《节约能源法》更具有全局性和根本性。

（二）《能源法》与《可再生能源法》的衔接

为保证可持续能源法的施行，中国将陆续出台12个可再生能源的配套法规。分别是：《水电适用可再生能源法的规定》、《可再生能源资源调查和技术规范》、《可再生能源发展的总量目标》、《可再生能源开发利用规划》、《可再生能源产业发展指导目录》、《可再生能源发电上网指导政策》、《可再生能源发电费用分摊办法》、《可再生能源发展专项资金》、《农村地区可再生能源财政支持政策》、《财政贴息和税收政策》、《太阳能利用系统与建筑结合规范》、《可再生能源电力并网及有关技术标准》。

（三）能源法与环境法的整合

首先，基本的环境法原则必须适用于能源法，如能源的再利用、避免浪费、有效的环境影响评估和公众参与。环境法的核心理念，即可持续发展原则，对于引导以有利于气候保护的方式开发利用能源十分重要。其次，环境法作为国际国内层面增长最快的法律领域，在控制污染和提高环境质量方面取得了较大的成功，能源法在应对气候变化上可从中吸取经验。环境法的发展表明，适当的法律制度能够促进清洁的能源和交通体系。例如，控制空气污染的立法确立了卫生标准，制订了具体可行的步骤遏制废气排放，促进了企业努力转向使用清洁燃料和能源效率技术。

六、中国能源法体系化问题

（一）能源法律体系的概念

所谓能源法律体系，是指调整能源合理开发、加工转换、储运、供应、贸易、利用及其规制，保证能源安全、有效、持续供应的法律规范和法律制度组成的完整、统一、协调、有内在逻辑构成的系统。

（二）中外能源法律体系的比较研究

美国能源法律体系的特点：第一，从法律性质上看，美国能源法既有基本法，也有单行法；第二，美国能源法律体系不是单一的体系，涉及联邦法律和州法律；第三，以判例为表现形式的普通法是其能源法的主体，但是美国的制定法也十分发达；第四，美国能源法数量极为庞大，涉及能源领域的各个方面，几乎可以说每年都有关于能源的法案出现。美国能源法的特点，就是事无巨细，法律具体而又庞杂。日本能源法律体系的特点：第一，具备能源基本法；第二，具备完备的能源单行法律；第三，能源立法领域某项单行法律颁布后，即有相配套的实施细则等附属法规出台；第四，能源法律修改频繁。我国能源法律体系主要由以下几部分组成：第一，宪法中关于能源开发、利用的法律规范；第二，能源单行法；第三，其他法律中关于能源方面的规定；第四，能源方面的行政法规。

我国能源立法尚未形成能源法体系，存在的问题有：第一，能源法律体系结构不完整，首先是能源基本法的缺失，其次，子体系也不完整，在我国一些重要的能源领域没有能源单行法；第二，立法理念和立法技术较为落后，例如，不管是《电力法》中的电业权制度、电力供给制度，还是《矿产资源法》中的矿产资源勘查登记制度，都是为了突出资源属性和经济属性而创立的制度，而抛弃了能源的公共物品属性；第三，现有单行法的可操作性差。〔1〕

（三）构建和完善能源法律体系对我国的意义

解决我国的能源问题，虽然可以通过经济的、行政的和法律的多种手段来调整，但长期以来，我国过分倚重对能源的政策调整，忽视用法律进行调整，而政策调整具有易变性和不稳定性，缺乏强制力的保障，得不到很好的落实。虽然我国目前已有《煤炭法》、《电力法》、《节约能源法》和《可再生能源法》等法律法规，但是大都跟不上时代发展的需要。而且我国一直缺少一部全面体现能源战略和政策导向的基本法律，难以解决能源利用效率、安全保障、保护环境等综合性问题。作为一个经济大国，我们还缺少能源安全和应急的规定，这严重影响到我国社会的可持续发展。

我国能源法律体系的结构应该包括以能源基本法为统领，以《能源矿业法》、《能源公共事业法》、《能源利用法》、《能源替代法》、《能源安全法》等法律为主干的六大领域。我国正在起草的《能源法》作为我国能源基本法，既要能为能源法律体系提纲挈领，又要能为单行法律未涉及的问题填补空白；它要能为能源立法、司法解释、能源诉讼案件审理提供基本依据，还应起到协调能源法律体系与其他法律间的关系的作用。

---

〔1〕李涛："我国能源法律体系现状分析"，载《中国矿业》2010年第3期。

如何处理能源基本法律、单行能源法及其他法律的关系成为我国立法者不可回避的问题。能源法律制度结构较其他法律制度结构更为复杂，除了煤、油、电、核、可再生能源开发利用及其环境保护和节能规范各有专门的法律规定外，能源问题涉及政治、经济、军事、外交等诸多领域，能源问题解决的多变性与复杂性也直接或间接决定或影响能源法律制度结构的形成。此外，能源法律制度结构还涉及国内法与国际法的衔接，特别是其他法律相关制度经常直接规范着能源开发利用，与能源法律形成交叉、竞合甚至冲突。能源法律制度结构在世界范围内没有形成一个范式已经成为各国法律制度建设的难题。〔1〕

笔者认为我国应最终形成：能源基本法——能源单行法——能源配套法规——地方能源立法为基本内容的能源法体系。

七、中国能源法律制度的实现问题

能源法在法律革命中成为主角的重要原因是形式革命，即制度设计中融入了绩效指标。与传统的法律主要是定性规则的制度设计相反，以美国《2005 年能源政策法》等能源法律为代表，能源法的制度设计从定性规则阶段进入了量化规则阶段。

绩效指标入法直接使法律制度成为可度量的尺度，使法律绩效的考核与评估成为现实，它一方面增加了法律制度的刚性，另一方面增加了法律制度的适应性，使法律规范和制度设计有了确定的结构和指针，法律实施也有了技术与程序根据。中国将能源立法的目的表述为："为了规范能源利用和管理行为，构建稳定、经济、清洁、可持续的能源供应及服务体系，提高能

---

〔1〕 肖兴国："论能源法律制度结构的功能与成因"，载《中州学刊》2008 年第 4 期。

源效率，保障能源安全，推动资源节约型和环境友好型社会建设，促进能源与经济社会的协调发展。”为了实现这一立法目的，绩效指标应该包括六类：能源效率指标、GDP 能源强度指标、可再生能源开发利用总量、国家石油储备目标、能源经费绩效指标、二氧化硫排放量指标。这六类指标分别代表了能源安全、能源效率、发展清洁能源、推动技术创新、环境保护等基本方面，表明能源法绩效指标是一个负责的系统，可以为能源法基本制度设计与安排提供基础性技术规范。

同时，能源法的实施是涉及政府、市场与社会的复杂系统工程，除了政府和社会的观念意识、能源管理体制、政府执法能力、技术水平和市场发育状况等基础条件外，其关键点是政府监督管理职责的落实。为此，应当强化对政府以及相关主管部门履行能源监管职责的法律制约与问责，加强公众参与，从原来基本上由政府配置资源的传统能源发展模式转向由市场、政府、社会分工协作、共同作用的新模式。

宪法监督模式比较分析

王文晶[*]　汪晓锐[**]　刘懿瑶[***]

宪法是我国的根本法，是治国安邦的总章程，因而宪法监督工作就显得至关重要。现行的《中华人民共和国宪法》以及《中华人民共和国立法法》、《中华人民共和国全国人民代表大会组织法》、《中华人民共和国各级人民代表大会常务委员会监督法》都对宪法监督的相关问题作出了规定，这就形成了我国现行的宪法监督制度体系。然而，这一监督体系在其可操作性、具体性及其合理性方面还存在诸多问题，学者对宪法监督模式的探讨也从来都没停止过，借鉴别国的先进经验无疑是我们探索我国宪法监督模式的一个重要途径。

对于我国的宪法监督制度，我们在开始学习国际上的先进经验之前，一定先让我们自己冷静下来，思考清楚这样两方面内容：一是，弄明白我们正面临着什么样的国内环境，包括我们现存的宪法监督体制的现实情况，我们国家的基本的政治体制、经济制度、文化传统、社会现实等等；二是，了解国际上

---

* 王文晶：长春理工大学法学院副教授，社会学博士。

** 汪晓锐：长春理工大学法学院硕士研究生。

*** 刘懿瑶：长春理工大学法学院硕士研究生。

关于宪法监督方面的先进制度与成功经验，也即我国面临的国际环境。在此，笔者通过剖析国外典型国家的宪法监督模式的成与败，分析可供我国借鉴的精华，剔除糟粕，提出完善我国宪法监督模式的可能性选择。

现今世界，最典型的宪法监督模式按照宪法监督的主体进行划分，主要有如下四种。

一、以美国为代表的宪法监督模式：司法机关监督宪法

司法机关监督宪法的基本程序：普通法院在审理具体案例时，针对作为该案审理依据的法律、法规及行政命令等规范性文件，当事人及法院均有权对其合宪性提出质疑。法院经过审查，若认为违宪，有权在判决中拒绝适用。美国是第一个制定完整的成文宪法的国家，但宪法中并未提及宪法监督的问题，直至美国1803年的“马伯里诉麦迪逊”案的发生，这一案例开创了司法机关进行违宪审查的先河，使得美国成为第一个开创违宪审查制度的国家。“马伯里诉麦迪逊”案的影响范围，不仅仅是美国，而且世界其他各个国家都具有相当大的影响，很多国家效仿美国，采用司法审查违宪立法的制度。据统计，全世界已有近60个国家采用了这个制度。当然，绝大多数采用这种宪法监督制度的国家都结合本国的国情作出了相应的调整。美国司法机关监督宪法的宪法监督模式的产生有其独特的政治历史背景。美国是判例法国家，联邦最高法院以本国“宪法至上”和“公民基本权利保障”等宪法理论为基础，国家的政治哲学基础是三权分立，这样的法律和政治环境以及大法官马歇尔的坚持研究的精神使得“马伯里诉麦迪逊”案具有跨时代的世界性历史性意义。对于宪法监督制度的发展而言，马歇尔是一位伟大的历史性人物，“马伯里诉麦迪逊”的判例更是一个具有里

程碑意义的伟大实践，马歇尔创立的经验也已成为成文宪法国家完善宪法监督制度的宝贵财富。虽然美国在宪法监督模式的构建方面先行一步，具有宝贵的经验，但完美的制度终究是不存在的，美国的司法机关监督宪法的制度模式有其利弊。

1. 司法机关进行违宪审查的宪法监督模式有其独特的优势。一方面，司法机关进行审查保障了宪法监督主体的专门性和独立性，司法机关进行审查就为宪法监督提供了专门性的监督机关，美国三权分立的政治体制也保证了司法机关进行宪法监督时具有的完全的独立性，专门性和独立性的宪法监督机关就保障了宪法监督具有可操作性和有效性，这是由立法机关进行宪法监督的国家无可比拟的优越之处。[1]另一方面，司法机关进行宪法监督在某种程度上更能保证宪法监督结果的公正性，司法机关没有军事权力，因而没有强制力量，司法机关也没有财权，因而也不能支配社会的财富，所以司法机关不能采取任何主动性的行动。因而，司法机关进行宪法监督得出的结论是相对公正的。

2. 司法机关进行违宪审查的宪法监督模式亦有其不可避免的弊端。首先，司法机关进行违宪审查即把监督宪法的权力给予了普通法院，而受普通法院的地位和性质所限制，它只能通过具体的案件而不能抽象地对法律、法规及行政命令等规范性法律文件的合宪性进行审查。同时，在具体的案件中，只能拒绝适用，而无权撤销违宪的法律、法规以及行政命令等规范性文件。因而，司法审查是一种事后审查，或者说是一种“附带性”的审查，在监督宪法方面缺乏积极性和主动性。其次，司法机关进行宪法监督，那么司法机关进行宪法监督的结果由谁

[1] 张千帆：《宪法经典判例导读》，高等教育出版社 1999 年版，第 57 页。

做最终的评判呢，司法机关的行为由谁来判断是否是正确的决定呢？美国宾夕法尼亚州最高法院的大法官吉布森在1825年审理埃金诉劳布案时提出了对马歇尔判例的不同意见。吉布森认为，宣布国会立法无效的权力不应该交由司法机关掌握。吉布森给出的解释是，在美国，司法机关只是一个审判机关，宪法给予司法机关的职能也只有审判，并没给予司法机关诸如宣布过会立法无效、纠正立法机关错误、抑或是修改立法等权力，因此司法机关并非一个可以进行宪法监督的特殊部门，给予它宣布过会立法无效的权力是不合宪法规定的。笔者认为，吉布森的解释是具有合理性和合法性的，从这一解释看，马歇尔作出的判例当然也就有违宪的嫌疑。

美国的司法机关监督宪法的监督模式虽有瑕疵，但终究瑕不掩瑜，给世界上许多国家提供了宪法监督的参考模式，并不断推进了司法机关的监督模式的发展。那么美国的宪法监督模式是否可以直接为我们国家所用呢？笔者认为，回答是否定的。美国是立法机关、司法机关、行政机关三权分立的政治体制，马歇尔的判例之所以能够为美国完善宪法监督制度做出巨大贡献，也是源于马歇尔的判词是符合美国的政治体制的。而我国是人民代表大会制度的政治体制，全国人民代表大会是最高国家权力机关，是宪法规定的有权进行宪法监督的主体机关。如果将监督宪法的权力完全给予司法机关，那么就违背了宪法的规定和国家的政治体制的原则。因此，美国的司法审查的监督模式并不适应我国的国内环境，但是其监督模式所具有的优势应该为我们所借鉴。

二、以法国为代表的宪法监督模式：宪法委员会

1958年11月7日法国通过的专门的《宪法委员会设置法》，

标志着以宪法委员会为审查宪法机关的宪法监督模式的最终形成，自此法国也成为宪法委员会的宪法监督模式的开创国家。宪法委员会既具有宪法法院的司法机构的性质，又是一个充当总统法律顾问和咨询性的政治机关。在性质上，法国现行宪法第56条的规定，充分显示了法国宪法委员会是一个政治性和协调性极强的机构。在程序上，1958年法国宪法第61条的规定明确了宪法委员会审核立法合宪性的两个程序：第一，各个组织法在公布前，议会两院的规章在施行前，都必须提交宪法委员会，宪法委员会应就其是否符合宪法作出裁决；第二，各个法律在公布前，可以由共和国总统、总理、国民议会议长、参议院议长、六十名国民议会议员或者六十名参议院议员提交宪法委员会。在任务上，1958年宪法同时也规定了法国的宪法委员会的首要任务是“宪法委员会监督共和国总统选举。宪法委员会审查申诉，并且公布投票结果”，接着它又规定，“在发生争议的情形下，宪法委员会就国民议会议员和参议员选举的合法性作出裁决”。这些关于选举的活动都是政治性很强的活动，也充分显示出法国的宪法委员会的职权主要是政治性的职权。为了研究法国的宪法监督模式对我国的可借鉴的价值，笔者对其利弊进行了分析。

1. 宪法委员会模式的优势。首先，宪法委员会的成立使得法国的宪法监督有了专门的机关，具有了专门性，反映了违宪审查机构专门性的趋势和要求。其次，宪法委员会承担的职能主要是政治性的职能，体现出了政治性和司法性相结合的特点，这显然对维持国家的政治稳定、避免政治危机有益处，也是美国的司法审查所不具有的优势。

2. 宪法委员会模式的弊端。第一，从宪法委员会的组成上看，其成员大多具有政治性，宪法委员会本身也不具有完全的法律机关的性质。而且在实践中，宪法委员会的活动是非公开的，在需要裁决宪法争议时，宪法委员会的成员召开秘密会议，秘密会议结束后，宪法委员会只将其讨论结果予以公开，而对于会议讨论的内容与程序，以及得出结果的理由都是不予公示的。宪法是一个国家的根本大法，保障的是人民努力奋斗的成果，是人民的基本权利，宪法监督作为宪法制度体系的一个重要方面应该是公开透明的，民众对其应有监督权。[1]因而在对违宪行为进行秘密裁判时，其结果可能会让人难以信服。这是与美国的违宪审查完全不同的，美国通过司法机关进行审查，作出审查结论时与其他法律案件一样程序公开，允许当事人及其律师出庭举证、申诉理由，举行法庭辩论，最后法院公布审判结果和判词。第二，通过1958年法国宪法的第61条规定可以看出宪法委员会的监督只是一种事前监督，一旦法律颁布实施，即使违宪也不能进行审查，因此，宪法委员会的监督模式有一定的时间局限。第三，法国的宪法委员会对宪法进行的监督主要是政治上的监督，宪法委员会虽然掌握着“对某一事项是属于立法事项还是属于命令事项”的裁决权，但却没有针对违反宪法的条例或者命令宣布无效的权力。从实践经验上看，政府的条例和命令显然也可能违反宪法的规定，也可能侵害公民的权利和自由，但是此时的宪法委员会却不能发挥其作用。因此，宪法委员会在监督的范围上有其局限性。

法国的宪法委员会的宪法监督模式的产生，首先是基于宪法之上的理论依据，其次其形成过程又同法国自身的资本主义政治经济发展进程紧密相连。因此，法国的监督模式不可能为其他国家完全照搬或效仿。但是，基于我国的政治经济传统，

---

〔1〕 林来梵：“规范宪法的条件和宪法规范的变动”，载《中国法学》1999年第2期。

法国的宪法委员会的宪法监督形式却可以为我国的宪法监督体系的完善提供很大的借鉴价值。此点笔者将在最后详细进行阐释，在此不再赘述。

三、以奥地利为代表的宪法监督模式：宪法法院监督宪法

自1920年奥地利首先设立了宪法法院开始，这种宪法监督的模式就为许多国家所效仿，如德国、意大利等许多欧洲国家也都建立了宪法法院，继而许多亚、非、拉国家也采用了宪法法院的宪法监督模式。奥地利1975年后的宪法明确规定，立法机关所立的法律是否合宪的审查权并不属于法院，而属于宪法法院。但普通法院在宪法监督过程中起到的是一个桥梁的作用，这种桥梁作用主要体现在普通法院在审理案件时，一旦发现某项立法与宪法相抵触，就立即终止诉讼，先将争议呈请宪法法院进行裁决。奥地利在宪法条文中规定了违宪审查的制度，这在具有成文宪法的国家里是第一次。

笔者认为在宪法监督制度中，奥地利的宪法法院的人员组成，是更加值得我们探讨和借鉴的。总的说来，宪法法院的人员构成包括两个部分：正式成员和替补成员。其中，正式成员12人，替补成员6人。所有人员由三个机关提名：联邦政府、国民议会和联邦议院。其中，联邦政府有权提名的包括院长（1人）、副院长（1人）、正式成员（6人）、替补成员（3人），而国民议会和联邦议院有权提名的是正式成员（3人）和替补成员（1人）。这些正式成员和替补成员必须在法官、行政官、法学教授、政治学教授中产生，同时，必须精通宪法和政治。无论是正式成员、还是替补成员都必须同时具备两个条件：第一，有法学或政治学学历；第二，担任法学或政治学专业职务不少于10年。无论是法律地位还是组成成员的要求都充分证明

了，宪法法院与普通法院一样是一个专业性很强的机构，须有与其职能相关的专业人士构成。奥地利宪法明确规定了“任何政党的雇员或其他工作人员均不得被任命为宪法法院成员。”这就使得宪法法院具备了与宪法委员会相比更加突出的优势——宪法法院并非政治性的机构，具有充分的独立性。笔者对宪法法院的利弊进行了如下分析，以寻求可为我国所用的部分。

1. 宪法法院的宪法监督模式的优势。从奥地利的宪法规定中即可看出宪法法院制度兼具了美国的司法审查和法国的宪法委员会的优越性。首先，宪法法院具有专门性和独立性，与法国式的宪法委员会不同，宪法的规定已经明确了宪法法院不是政治性的机构，是司法机构，因而具有独立性，同时，宪法法院是专设的特别法院，专门处理宪法争端、政治争端。[1]简言之，宪法法院是裁决政治问题的司法机关。其次，宪法法院具有专业化的特点。通过上述论述不难看出，宪法法院的组成人员具有较强的法律素质和政治素质，宪法法院组成人员的专业化的选择使得宪法法院更加科学。

2. 宪法法院的宪法监督模式的弊端。一方面，宪法法院地位特殊，具有独立性，本身的组成人员和可利用的资源有限，但权限范围却很广泛，因此引发了许多问题和矛盾，正如，可能会出现案件堆积如山，宪法法院力不从心。另一方面，宪法法院极强的独立性容易脱离或者干扰司法实践。

宪法法院的模式在监督宪法方面有其独特的优势，对我国宪法监督模式的完善最具吸引力，可以成为中国违宪审查的发展方向。但是，与面对美国的司法机关监督宪法的宪法监督模式一样，它也让我们面临着极大的困难，要效仿此种制度，需

---

〔1〕 秦前红等：《比较宪法学》，武汉大学出版社2007年版，第22页。

要我们突破现有体制，如此一来，对于中国的现有制度而言，不是一种“改革”，而是一种“革命”，是要给中国的体制彻底换血的，这种变化对于目前的中国而言仍是一种难以实现的理想。

四、以英国和前苏联为代表的宪法监督模式：立法机关的违宪审查

立法机关的违宪审查模式，是指国家将宪法监督的权力给予了国家立法机关或权力机关，由立法机关和权力机关保障宪法正常实施的制度，这种制度的理论基础是“议会至上”和“国家一切权力属于人民”原则。按照此种理论进行分析，议会是由人民选举的代表组成，代表着人民的利益，议会是国家最高的权力机关和立法机关，不仅行使立法权，而且还负责法律的执行。[1]与我国相同，行政机关、司法机关都是由权力机关产生的，并对其负责。这种体制是与以美国为代表的三权分立的西方国家政治体制具有很大区别的。因此，在这样的国家里，司法机关绝无权力对权力机关制定的法律有所质疑，在这样的国家里，建立一个脱离权力机关之外的专门的宪法监督机构，去审查权力机关的立法是否合宪本身就是违宪的行为。笔者对立法机关进行违宪审查的宪法监督模式进行了如下的分析。

1. 立法机关监督宪法的优势。立法机关监督宪法的监督模式的优势主要体现在如下三方面：第一，这种监督模式只要产生并应用于“议行合一”的国家里，立法机关都是国家的最高权力机关和立法机关，这样就使立法机关监督宪法具有了其他监督模式所不具备的绝对的监督的权威性；第二，立法机关负责宪法的监督工作有利于保证宪法监督工作的高效性，国家法

〔1〕 吕秦峰：“究竟什么是宪法”，载《法商研究》1999年第6期。

律产生于立法机关，谈及对法律的认知度和熟知度，任何机构和部门都无法与立法机关本身相比拟，同时也保证了立法机关在监督宪法时内部的协调性；第三，立法机关进行审查，有利于统一贯彻人民的意志，有利于集思广益，吸纳人民大众的意见和建议，进而保障违宪审查的公正性和准确性。

2. 立法机关监督宪法的弊端。首先，法律由立法机关制定，而立法机关又负责监督宪法的实施工作，无法解决“自己不能做自己案件法官”的自然公正难题，这也不可避免地让人们产生这样的逻辑结论：立法机关制定法律，前提是保证自己所制定的法律符合宪法规定，否则立法机关也不会通过；一旦法律通过，立法机关就不会再去怀疑它的合宪性，这样一来，其宪法监督的结果就难以取信于人。其次，立法机关又作为权力机关，其事务繁多，常常是自顾不暇，难以完成监督宪法的工作重任。再次，立法机关审查终究是立法机关的结果，不具有司法强制力，因而产生的效力有限。最后，立法机关作为非常设性的机构，并不是经常开会，即使开会，会期都比较短，不能保证对宪法监督的工作的持续性。立法监督监督宪法的实践也表明，立法机关监督宪法的监督模式大多流于形式，实效不大。

从世界各国的宪法监督制度的现状来看，已经很少有由立法机关或权力机关负责违宪审查的国家了，在宪法监督的实践过程中，立法机关也较少地能够进行有效的宪法监督工作。我国是社会主义国家，政治体制与前苏联有诸多的相近之处，立法机关是国家的最高权力机关和立法机关。我国的宪法已将监督宪法的权力交给国家的权力机关，但是现今我国的宪法监督工作的问题层出不穷，亟待解决。

以上四种宪法监督模式是现今世界上存在的主要宪法监督

模式，从理论和实践上分析，四种模式各有利弊。从整体上看，美国式的司法审查的监督模式是建立在美国三权分立的政治体制的基础之上的，美国法院的权力也是至高的，其他国家很少能够完全效仿，即使被许多国家学习并参考，绝大多数国家也都进行了适当的修改。法国式的宪法委员会的宪法监督模式政治色彩浓厚，是在用政治手段解决司法问题，不利于日常生活中的违宪问题的解决。以奥地利和德国为代表的宪法法院监督模式，则兼具了政治性和司法性，更能够满足宪法监督的工作需要。以英国和前苏联为代表的立法机关负责监督宪法的监督模式则具有“华而不实”的嫌疑，以“议会至上”或“主权在民”为理论基础是绝对正确的选择，然而在实践上却很少得到正确的贯彻和执行，常常流于形式，名存实亡。

综合分析我国的政治体制、经济体制、文化体制、历史传统以及现存宪法监督制度的实际状况，笔者认为，建立双轨制的宪法监督制度是完善我国的宪法监督体制的可能性选择。所谓双轨制，是指在我国的全国人民代表大会之下设宪法监督委员会，由宪法监督委员会和人民法院两者共同承担监督宪法职责的一种宪法监督体制。针对双轨制宪法监督下的监督主体、监督程序、监督内容，笔者作如下分析。①宪法监督委员会的来源。宪法监督是一项持续性、专业性的工作。结合国际上典型国家的宪法监督的成功模式分析，正如法国的宪法委员会、德国的宪法法院，宪法监督工作必须由专门性的机构负责，且这个机构不应该兼有其他职能。然而，我国现行宪法第 62 条第一款和第二款明确规定了全国人民代表大会行使修改宪法和监督宪法的实施的职权；第 67 条第一款也明确规定了全国人民代表大会常务委员会行使解释宪法，监督宪法的实施的职权，这就明确了我国的宪法监督的主体为全国人民代表大会及其常务委员会。[1]然而，全国人大及其常委会的开会方式以及会期就直接决定了自身不能满足宪法监督工作的持续性和专门性，同时，如果我们学习德国建立一个具有独立性和专门性的宪法法院来监督宪法的实施，那么我们的行为将涉嫌违宪，本身就是不合法的。因此，笔者提出在全国人民代表大会之下设置宪法监督委员会。在全国人民代表大会之下设置宪法监督委员会具有充分的法律依据，我国现行的《宪法》第70条和《全国人民代表大会组织法》第35条都明确规定全国人民代表大会有建立专门委员会的权力。因此，我们在全国人民代表大会常务委员会之下设立一个专门的部门——宪法监督委员会来承担监督宪法的工作任务既是合乎宪法规定，又是适应宪法实施需要、完善宪法监督模式的最佳选择。②宪法监督委员会的人员组成。笔者认为，在宪法监督委员会的组成人员上，我们可以借鉴奥地利的宪法法院的组成人员的结构，我国的宪法监督委员会的组成人员全部由全国人大任命，具体应由全国人大提名的人员、全国人大常委会提名的人员以及法学专家三部分组成。同时，除正式的组成人员外还应有一定数量的替补人员。鉴于宪法监督是一项政治性、技术性很强的工作，对代表素质有极高的要求，我们可以借鉴奥地利宪法法院的人员构成要求：首先，具有法学或政治学学历；其次，具有担任法学或政治学专业职务的不少于10年的经验。笔者设计这样的人员组成结构的目的如下：一是，为了保证全国人民代表大会及其常委会的立法机关的至高地位，使宪法监督委员会接受全国人大及其常委会的监督和领导，使宪法监督委员会的存在具有合宪性；二是，保证宪法监督委员会的整体素质专业化。2003年的孙志刚事件是众

---

〔1〕邓戈青：“坚持宪法至上是实施依法治国的关键”，载《科学社会主义》1999年第1期。

所周知的，引起该事件发生的每一个缘由、该事件发生后经历的每一个阶段以及事件处理结束后产生的每一个具有深远意义的影响，都是值得我们深思和铭记的。我们都应该还记得孙志刚事件能够在中国的宪法监督史上留下浓重的一笔的关键——一封“关于审查《城市流浪乞讨人员收容遣送办法》的建议书”被送交至全国人民代表大会常务委员会。这封建议书的提出者是毕业于北京大学的俞江、滕彪、许志永三位法学博士，他们依照《立法法》的第90条赋予公民提出宪法监督建议的权利的规定，向全国人大常委会提出对孙志刚案件涉及的有关法规进行违宪审查的建议。由此才引发了国人对我国当前的宪法监督工作的漏洞和弊端进行了深刻反思。足见，只有专业的知识才能对专业的内容有更清晰的认知，也才能因不满现状而滋生改革的心理动机，只有委员会的组成人员具备充分的政治学和法学的专业知识才能保证宪法监督委员会的监督工作走向正规化、规范化、专门化的科学之路，也才能使审查结果更具公正性、公平性和科学性。

侵权责任构成要件研究中的“假象问题”
——兼谈比较法方法论

郑 路*

一、问题意识

比较法或者说比较法研究的方法，在法学研究领域的作用，似乎是不需要多加强调的。无论是翻开一篇法学论文，注脚中的罗列外文资料，还是法学专业毕业论文中已经成为定例的对引用外国文献的要求，似乎都生动地反映着比较法研究的繁荣景象。但是如果我们翻开某些公认的比较法领域著名学者的著作，往往却发现，他们都在对比较法研究的前景感到忧虑，至少我们可以看到他们都在进行着一项似乎不必要的工作，即证明比较法的存在意义。这种落差是很耐人寻味的。

这种现象背后，应该存在深层次的法学理论研究方法论的问题，以及我国法学理论研究的历史及社会文化层面的原因，但这很显然已经超出了我的研究领域以及学术能力。在这里我只想把论述的焦点集中在一个“浅层次”的问题之上。亦即，当我们津津有味地围绕某个问题展开“比较法研究”的时候，

* 郑路：长春理工大学法学院讲师。

是否真正掌握了外国法中相似制度的核心内容，是否真正了解外国法中该制度出现的理论背景和社会及历史背景，是否真正了解之所以展开比较研究的目的之所在，甚至更为重要的是，是否我们进行的比较法研究是真正必要的——我们可以简单地把该问题称为比较法领域中的“假象问题”。[1]

我想这个问题应该是会让人感到不快的。但是，毋庸置疑的是，作为一个意图主要以比较法研究方法作为自己学术研究起点的人，否定比较法，绝非我的目的，上述问题的提出，是为了更加明确比较法研究的目的和作用，为了更好地为学术研究而服务。如果这样，那么上述问题则是进行比较法研究时难以回避的障碍。

在法学研究的任何一个领域都可能会有这个问题存在，但由于民法理论悠远的历史滋养了许多精深的学说，一端连着罗马帝国和希腊城邦的哲学，而另一端又与人们的日常生活息息相关，因而这个问题显得特别明显。比如德国、日本和中国的民法，几乎不需要什么考证，我们就可以看到它们血脉中相似的基因。但也几乎不需要什么分析，我们就可以想象，马克思笔下的普鲁士王国，与等级森严的日本社会，与社会主义式的中国，它们为民法所提供的土壤将是如何的不同。

因此，在我们对民法问题进行所谓“比较研究”的时候，上述比较法领域中的“假象问题”往往会比较突出地显现出来（当然也完全可能是因为笔者兴趣所在）。本文则将主要围绕侵权行为的构成要件问题（在《侵权责任法》出台后则常常被人称为侵权责任构成要件，下文也遵循惯例），简要讨论一下表现比较突出，而又几乎没有学者提及的几个“假象问题”。

〔1〕［日］平井宜雄：《损害赔偿法的理论》，东京大学出版社 1972 年版。

二、“相当因果关系”的理论

所谓“相当因果关系”的理论，作为我国借鉴德国传统民法理论中的一个概念，已经成为我国侵权责任法领域中为数不多的“通说”之一，在我国的侵权责任构成要件中占据着重要的地位。但事实上，或许正是因为它的“通说”地位，让我们忽略了两个基本的问题，其一，“相当因果关系”的理论究竟产生于什么样的理论背景，亦即它究竟为解决什么问题而存在，有什么样的理论意义；其二，“相当因果关系”的概念究竟是什么含义，换言之，在我国通行的关于“相当因果关系”的学说与德国的该学说究竟是否是一个概念。以上这两个问题，实际上是一个问题的不同阶段，而答案则需要我们在对德国民法理论所进行的分析中找寻。

（一）“相当因果关系”的理论背景

根据德国民法第一草案的立法理由书〔1〕，德国损害赔偿法的基本原则是建立在对债权人的“全部利益的给付义务”基础上的，这种立法意图被认为是出于在确定损害赔偿的范围层面，尽量排斥法官本身的价值判断和自由裁量的目的。因而这一原则要求在确定被害人的损害赔偿的范围之时，不对侵权行为人本身的责任原因进行考量〔2〕，亦即在确定债权人（在侵权领域则是被侵权人）所受到的损失中哪些是应当由债务人所承担的这一环节上——从这一层面来讲，已经与我国的构成要件层面的因果关系有所区别——不对债务人的过错的程度、损

〔1〕［日］山田晟、来栖三郎：《关于损害赔偿的范围及方法的日德民法比较研究》，有斐阁1957年版，第128页以下。

〔2〕 Steindorff：Abstrakte-und konkrete Schadensberechnung，AcP 158，SS. 431～449（1960）. 转引自平井宜雄前引文，第27页。

害的预见可能性等问题进行考虑〔1〕。损害赔偿范围的确定，仅仅依靠因果关系这一客观的因素，从而脱离了对法官的主观裁量的依赖，以及对债务人的主观恶性的惩罚性倾向。〔2〕而基于这样的出发点对因果关系的应用，则必然要求它不能是物理意义上的、一般意义上的“因果”关系，而是特殊的、“从法律角度加以限制”的因果关系〔3〕(从这一角度来讲，实际上与所谓完全客观的因果关系这一出发点是相悖的)，即所谓的“相当因果关系”。

但是，这一概念在司法实践中的作用，却并没有达到德国民法理论对它的期待。如在实际案例中，被侵权人 22 年前的一次车祸导致的骨折，在 22 年后被侵权人意外跌倒后，依然可以以其作为理由请求赔偿，所谓的“相当性”因素并没有发挥其作用。因为一般情况下，损害的发生与加害人的行为二者之间的因果关系经常是难以否定的〔4〕，而对于这种极其抽象意义上的“相当性”的问题，在具体的个别事件中，脱离开当事人主观的要素而意图否定其存在几乎是不可能的。

基于司法实践中出现的这种现象，以卡梅尔（v. Caemmerer）为首的一些学者开始质疑“相当因果关系”这一概念的有用性。其核心内容可以要约如下：作为相当因果关系理论基础的完全赔偿主义，已经逐渐不再适应社会、经济的基本构造的变化，而以其为前提建立起的“相当因果关系”的概念，不过是限制“责任成立的界限”的一个工具而已。因此也并不一定要以相当

〔1〕［日］平井宜雄前引文，第 32 页。

〔2〕［日］北川善太郎：“损害赔偿论的历史变迁”，载京都《法学论丛》73 卷 1 号。

〔3〕［日］平井宜雄前引文，第 44 页。

〔4〕 RG 1922. 10. 13；RGZ 105，264. 参见［日］平井宜雄前引文，第 53，第 56 页。

因果关系的概念来排斥其他可以达到相似功能的要素存在。而“相当因果关系”这一概念的导入，事实上并没有发挥限制完全赔偿主义的功能，基本上是一个失效的因素，其根本原因在于，“相当因果关系”这一概念本身与具体的债务发生的范围之间，并没有什么联系。〔1〕而实际的司法实践中，损害赔偿的范围的确定，往往是基于责任原因的范围而划定出来的，也就是说是与侵权行为的违法性或者过错的要素相关联的。

另外，在深受德国民法理论影响的日本，也从20世纪70年代开始对“相当因果关系”理论的必要性进行反思，并将思考赔偿范围的确定这一理论问题的核心，从因果关系转移到了预见可能性等因素之上。

（二）我国的“相当因果关系”理论

关于我国侵权责任中的因果关系理论发展，实际上探讨并不是很多，而在目前的民法理论学说中，所谓的“相当因果关系”理论占据了近似通说的地位。〔2〕当然，也有学者指出了相当因果关系的一些问题，提出了修正及补充的意见。探讨侵权责任的构成要件究竟如何，并不是本文的主要目的，因此。接下来将仅仅主要围绕我国民法理论中的“相当因果关系”的理论背景和其实质意义展开讨论。

我国侵权行为法的研究，自改革开放后就开始以德国民法理论为主要参考对象——当然，更多的可能是经过日本和台湾地区学说发展后的理论——这已经是一个不需考证的事实。相当因果关系理论可以说是其中一个重要的成果。如我国在介绍“相当因果关系”的概念究竟是什么含义，以及其判断模式之

---

〔1〕［日］平井宜雄前引文，第60页。

〔2〕杨立新：《侵权行为法专论》，高等教育出版社2005年版，第105页。张新宝：《侵权责任法原理》，中国人民大学出版社2005年版，第60页。

际，经常引用我国台湾学者史尚宽的论述。〔1〕

那么，我国的“相当因果关系”究竟是如何判断的，又在司法实践中发挥什么样的作用，在学术角度讨论是很难看清的，我们不妨就以支持该理论的杨立新教授所举出的两个实际案例来简单考察一下。〔2〕

案例一：被告人 Y 违章作业，令原告 X 等人站在其驾驶的拖拉机上，以增大拖拉机牵引力，而原告在拖拉机未停稳时便从拖拉机上跳下，被拖拉机碾压受伤。

案例二：被告人 Y 违章作业，令原告 X 等人在未系安全带的情况下，站在欲拆除的房梁上施工，后因房梁断裂，X 摔伤。

在这样的两个很相似的案例中，前者法院判决 Y 的行为不构成侵权行为，而后者则相反，Y 应当承担侵权责任。杨立新教授认为案例一中 Y 的行为与 X 的受伤这一损害结果之间没有相当因果关系，而案例二中则具有相当因果关系。

而这样的结论，如果仅仅从加害人的行为与损害结果之间的因果关系进行考察，那么其思考过程是很难理解的。亦即同样的违章作业行为，几乎是同样的违章作业行为导致的结果，那么其因果关系的区别究竟在什么地方呢？其实，如果我们把目光从因果关系稍稍离开片刻，其中的区别也是非常明显的：案例一中，除了被告人的行为之外，还有被害人自身的原因在其中。也就是说，同样性质的行为，导致了同样的后果，但由于加害人自身的原因——过错掺杂其中，而认定结果上发生了变化。但是这种因素的增加，是否在事实层面上对加害人的行为与被害人的损害之间的“因果关系”进行了改变呢？答案很

〔1〕 杨立新前引文，第 106 页。

〔2〕 王利明：《中国民法案例与学理研究——侵权行为篇、亲属继承篇》，法律出版社 1998 年版，第 46 页以下。

显然是否定的。那么这种因素的出现究竟改变了什么，或者说法院的认定以及大部分学者会认为这两个案例认定应当有所不同，究竟是出于什么样的原因，其实问题的实质很显然是出于在主观过错层面的考虑，即案例一中被害人 X 的主观过错与其损害之间的关系。

如果这个例子还不是十分清晰的话，杨立新教授在其著作中常常提及的一个简单的例子可能更有助于思考。〔1〕杨教授认为，一个被害人因受到他人伤害被送至医院后，如果医院失火，致使被害人烧死，那么“依一般情况”，这属于意外，加害行为与被害人死亡之间不具“相当因果关系”，而如果被害人患破伤风死亡，那么“依一般情况，能致死亡，故其伤害行为与死亡结果之间为有因果关系”。

这里的“一般情况”也就是说因果关系中的相当性要素的判断就十分让人费解了。如果说是一般人认为破伤风可致人死亡，那么焚烧一个人，毫无疑问也是可以致人死亡的。如果说是客观世界中失火与破伤风这二者发生的概率问题，那么虽然没有实际的数字比对，我也很难相信破伤风发生的概率一定就比失火发生的概率更高。那么问题的实质究竟在于何处？我想应该是（前提是这一判断结果是正确的话）因为前者中被害人的死亡是由于造成失火的人而引起的——即便是所谓的“天火”，加害人的过错也与被害人因火灾而死亡之间无关，换句话说，我们判断加害人行为构成侵权行为，并苛以责任，并不是因为他的行为“烧死了”被害人，“所以杨立新教授认为加害人的行为与被害人死亡之间不存在因果关系”。而后者中被害人受伤后罹患破伤风，不过是其病情（即损害）发展的一个正常的

〔1〕 杨立新前引文，第106页。

阶段而已。

因此，从以上的论述中，我们至少可以得出以下结论：其一，我国的侵权责任构成要件的判断中，因果关系的认定并不是脱离过错而存在的；其二，与前者相联系，我国的侵权责任的成立范围至少在很大程度上是借助于过错的认定而划定的。

那么这样的现象在我国发生，其背景究竟是怎么样的呢？我想这与我国的侵权责任法整体理论构成是相关的。我国的侵权责任并不如同德国民法一样坚持完全赔偿主义，而正因为如此，我国的侵权责任范围的划定，很大程度上并不是单纯依靠因果关系而确定——请注意这里说的是责任范围的划定而不是责任成立与否的问题。因此，在我国实质上并不需要一个区分责任成立与责任范围划定相分别的“因果关系”理论。在司法实践中，仅仅在事实层面上确定行为与结果之间存在“事实层面上的个别因果关系”即可，而进一步的内容可以交由过错等其他要件进一步确定。当然，这种讨论实际上已经涉及对要件机能的确定问题，在本文中不再做更深一步的讨论，但至少可以看到，我国的因果关系理论与德国的相当因果关系理论在理论背景以及确认内容方面是有着很大差别的。

（三）小结

从以上的分析可以看到，我国侵权责任法理论中所使用的“相当因果关系”的概念，与德国民法中的这一概念的差异是非常明显的。二者无论是产生的理论背景或者说理论环境，还是这一概念本身的内涵，以及这一概念的作用和在侵权责任法中的地位，都是全然不同的。当然，这并不能直接否定我们使用这一概念，更不能说我们目前使用的“相当因果关系”的概念是错误的——从民法理论的发展来看，在某种意义上说，中国民法理论对这一概念的定位似乎是更加正确的——但这两个概念的混淆使用，毫无疑问会引起人们在对其进行比较研究时的一些不便和困惑。因此，我们在进行比较法研究时，首先必须要十分明确的是，这种“差异”的存在，如果说的更加浅白一些，就是我们所讲的“相当因果关系”理论已经与德国民法中的因果关系理论有了很大的差别。其次，基于这种差别的存在，我们在对侵权责任构成要件中的因果关系进行分析的时候，尤其是借鉴德国民法理论中针对相关问题的见解之时，就必须要十分小心进行论证，要留意其理论背后所隐藏的理论脉络及真实意图。

三、“违法性”要件的困惑

对“违法性”要件的存废问题的争论，一直以来都是我国侵权行为法学中的一个重要问题。所谓“三要件说”与“四要件说”的争论焦点，概括而言就在于：是将“违法性”作为我国侵权责任构成要件中的一个独立的要件，还是将其纳入到“过错”要件之中，以过错要件——当然，对于这个吸纳了过错和违法性两方面内容的要件，将其称为违法性似乎也并无不可——概括行为人的主观的可非难性与客观的违法性。

关于违法性要件地位的认识问题由来已久，其中包含的内容实际上是非常复杂的。例如，违法性概念本身的含义；违法性的确认标准问题以及违法性的标准与过错的标准发生重合问题；侵权责任构成要件的判断模式本身的构造问题；乃至侵权责任法的目的论等问题，都与违法性要件地位的问题紧密相连。在本文中，不可能对这些理论问题逐一进行探讨，如同上文对因果关系的讨论一样，笔者将主要把焦点放在与比较法相关的一个问题之上，即我国民法学界在探讨这个问题时，常常借鉴日本不法行为（即我国的《侵权责任法》）法学中关于“违法性”要件的议论而展开讨论，那么日本不法行为法中的“违法性”要件究竟从何而来，它的理论背景究竟与我国有何不同，是否可以为我国《侵权责任法》中相关问题的讨论提供借鉴。

（一）日本不法行为法中“违法性”要件的演变

1. 在日本民法中，并没有明文规定违法性要件的存在，违法性的概念进入日本民法理论，实际上是缘于司法实践中的一个错误。在2004年日本民法修正之前，作为侵权行为构成要件的一般性条款的709条中，可以解读出“权利侵害”、“因果关系”以及“故意或过失”这三个要件。而从民法立法理由书中可以看到，当时的立法者对于“权利侵害”要件中的“权利”的外延的划定是十分宽泛的——甚至包括了侵害债权的情形。但是，民法施行后不久，日本的大审院在一个案例中错误的将不法行为法的保护对象限制在了狭义的“权利”之上，将“利益”剔除在外。为了纠正这种过于狭隘的解释立场，日本学者引入了德国民法的“违法性”概念，采纳了“权利侵害要件只是违法性的徵表”的基本立场，据此以违法性要件替代了权利侵害要件的地位。〔1〕

尽管这种被称为“从权利侵害到违法性”的民法理论演化很好地解决了侵权行为法保护范围过窄的问题，但是也将实体法中不存在的所谓“违法性”概念带入到了日本民法理论之中，因此日本民法迫切需要给其划定一个判断标准，而正是由此展开了近一个世纪的日本违法性理论的风雨历程。

2. 而在违法性要件取代了权利侵害要件而进入日本侵权行为法构成要件之后，虽然侵权行为法的保护范围实质上得到了扩大，但是却给侵权行为法构成要件整体的平衡带来了破坏。

〔1〕［日］末川博：《权利侵害论》，日本评论社1949年版，第301页。

即原有的权利侵害要件是代表着加害行为给被害方所带来的结果方面的要素，与代表着加害方要素的过错要件共同达成了侵权行为构成要件内部的暂时平衡。而违法性要件虽然是以代替（准确地说应该是“包含着”）权利侵害要件身份而出现的，但由于“违法性”的概念根本上是出于对行为方式的否定性评价，因而对其成立与否的判断本身，即不仅仅是事实层面上的“认识”，而是含有基于某种判断模式的价值判断。因此，对于违法性的判断基准的确定，就成为其后日本民法理论发展的一个重要的工作。

而所谓的“相关关系理论”就是在这种学术背景下出台的。在“从权利侵害到违法性”的命题被提出之后，早期的日本民法理论是以德国民法为蓝本，设置了一个以“权利侵害——违反保护性法规——破坏公序良俗”为内容的三种违法性判断标准。在此基础之上，以我妻荣、加藤一郎两教授为代表的“相关关系理论”随即被提出，该理论认为对违法性的确定不仅应当从静态的“权利被侵害”，或是“这种行为违反了我们社会中公认的善良风俗”等方面进行考察，而且应当以侵害行为的性质、方式与被侵害权益的种类、性质相比较进行考察。这样一来，违法性的确定基准就变成了一个动态的判断模式，而这个判断模式本身就包含着某种法律性价值判断在内。

虽然“相关关系理论”的提出，在理论上扩大了侵权行为法的保护范围，使得在上述三种违法性判断标准之外的某些权益也有可能被涵盖进来，但是该理论的出现也进一步加深了侵权行为构成要件内部的失衡，使得违法性与过错之间的矛盾进一步激化。尤其在过错要件的“客观化”倾向出现后，二者之间的冲突直接导致了各种侵权行为要件论层面上的争论的出现。

3. 如果说早期日本民法中围绕违法性理论的问题主要集中

在要件论理论层面，是各种学说针对其理论完整性以及学说内部体系的思考，那么到了20世纪70年代，所谓“公害”问题及各种“生活妨害”问题的出现，则令违法性理论在司法实践中遭遇了前所未有的挑战和批评，也为其开启了新的可能性。

由于在“公害”或“生活妨害”的问题中，加害方的行为往往带有某种特殊的公益性，或是其侵害行为的恶性程度并不高，而在这种情况下，如果采取“相关关系理论”提供的违法性判断模式，则被侵害方的权利或利益往往无法在“利益衡量”中胜出，成了近现代工业发展和违法性相关关系理论合力下的牺牲品。〔1〕

针对这种现象，许多日本学者指出了违法性相关关系判断模式的问题，以及违法性要件存在本身导致的与过错要件的冲突造成了对私人权利救济不力的现象等等诸多问题，废除违法性要件或者至少是抛弃“相关关系理论”的呼声空前高涨，一时间违法性概念甚至成了对大企业、大工业发展进行讨伐的社会活动的靶子。〔2〕

但是在另一方面，出于对工业企业活动进行限制，或者是对垄断行为等商业不正当竞争现象进行遏制的需要，以及排除生活妨害行为的需要，日本的侵权行为理论开始寻找除损害赔偿之外的新的救济途径，“差止请求权”在这时开始登上了历史舞台。这种请求权原意是指物权请求权等绝对权请求权，后来其适用范围扩展到了非物权领域后开始使用在日语中具有“停止”或“阻止”意义的“差止请求权”的概念。虽然有很多学者依然意图使其适用限定在绝对权领域，因而出现了一些利用

〔1〕 大阪辩护士会环境权研究会：《环境权》，日本评论社1973年版，第139页以下。

〔2〕［日］蓧塚昭次：《论争民法学》（1），成文堂1974年版，第152页。

人格权或环境权等权利概念作为其理论基础的学说，但是很明显的无论是人格权还是环境权，其性质认定是一项非常艰巨的作业，即便是依靠政策性规定强行将其定性为绝对权，也很难以想象它们会具有和物权完全相同的效力，在司法实践中依然会出现其内涵和外延难以确定的实际问题。在这种背景下，反而是违法性"相关关系理论"以其特有的"模糊性"以及利益衡量的不确定性，进入到了差止请求权的基础理论领域，日本学者开始探讨以其作为"差止请求权"的一般性基础理论的可能性，为这一相对古老的理论带来的新的活力。

（二）日本侵权行为法中违法性概念的三种机能

因此，违法性要件在日本民法中的出现，是为了解决侵权行为的保护对象范围的问题，以取代权利侵害要件而存在的。这一问题是日本民法理论所特有的问题，因而针对这一问题的相关论述并不能直接为我国民法理论所用。尤其由于违法性要件出现后，在客观上成为导致侵权行为构成要件内部发生混乱的直接原因，因此，以日本民法中存在违法性要件为理由，直接论证我国民法对违法性要件的取舍问题，实际上是没有意义的。

而在违法性要件被导入到日本侵权行为构成要件之后，采纳了德国民法式判断标准的违法性要件，与随后发生了"客观化"演变的过错要件之间，在要件论层面发生的冲突，对我国民法理论的发展是有着比较重要的借鉴意义的。但比较耐人寻味的是，正是在日本民法理论的争论中诸多观点的碰撞，为我们提供了各种理论发展的可能性，使我们可以比较清晰地看到过于武断地舍弃违法性要件并没有为解决问题提供出完美的解决方案——在某种程度来说，甚至使问题进一步变得更加复杂化了。由于这一问题涉及侵权责任的构成要件的实质问题，本文也只能仅停留在指出问题所在，而不对问题进行实质探讨。

进而，在所谓“差止请求权”问题进入日本民法学者视野后，作为其基础理论而展开的违法性学说，则是在另一个层面进行的讨论。这种理论演变与日本民法实体法中这一概念的缺失是相关的，从这种理论背景来讲，似乎也与我国目前的实体法基础颇为不同。但是日本民法理论在统一“差止请求权”的一般性理论基础方面做出的尝试，足以引起对我国民法体系中散乱的物权请求权、侵权责任中的停止请求权等相似制度的反思，为我们考察“违法性”概念之时提供了一个新视角。

（三）中国侵权责任中违法性的含义

从上文中我们可以看到，在日本民法理论中，所谓“违法性”的概念，实际上是在三个不同的层次被分别论述，虽然它们使用着相同或类似的名称，并且彼此之间具有不可割裂的紧密联系，但实质上是违法性理论在不同历史阶段，因民法理论的不同发展要求而分别对应着不同的理论问题。

与此相对的，在我国侵权责任法领域对于违法性要件存废问题的思考，基本是限制在侵权行为构成要件层面上的讨论。并且，由于我国侵权责任理论并没有类似德国民法的“违法性——有责性”的双重构造体系，违法性要件实质上被混合到与过错要件相同的层面进行考察，因此违法性与过错这两个要件的冲突问题也显得尤为突出。另外，虽然我国对于违法性的判断也在很大程度上借鉴了德国民法的“权利——法规——公序良俗”的三重构造，但是由于缺乏上述德国民法理论中双重构造的支持，这一违法性判断模式与过错的判断模式本身就存在着重复，而且违法性的判断并不能脱离过错而单独存在，因此对于“违法性判断”这一思考过程本身的存在意义的认识就发生了模糊。我国的“违法行为”的要件，在很大程度上仅仅是作为连接侵害行为与结果之间的“因果关系”的一端而存在，是一个相比之下非常苍白和单薄的概念。在我国民法理论中，有学者提出以“加害行为”的概念置换“违法行为”的观点[1]，实际上正是这种现象的佐证或者说突出的表现之一。

因此，我们对待日本所谓“违法性”的问题的争论，不能简单地引用各个学说的立场，必须要对其观点所对应的理论问题有所了解，并且辨析各学说的观点对其所意图解决的问题所持的立场，方能使我们在对日本民法的相关理论进行比较研究时言之有物。

四、结语

以上的论述，不过是笔者在对我国的侵权责任构成要件进行分析时，时常遇到的几个“假象问题”，而即便是仅在侵权责任法领域内，这几个问题也不过是沧海一粟，相信还隐藏着更多的问题。这些问题的存在，或许往往并不是我们进行研究时的主要焦点，但却常常会成为我们在对其进行比较法研究时的重要障碍。简而言之，对任何一个法学理论进行比较研究时，不仅仅关注它说了什么，还要关注它为什么这样说，或许是我们唯一可行的途径。

---

〔1〕张新宝前引文，第50页。

比较法视角下中韩地方警务运作模式研究

李　勇*

“警务”作为“警察事务”的简称，主要指的是国家专门机关在开展预防以及打击危害国家、社会、公共安全犯罪行为的一切事务。笔者浅谈一下中韩两国地方警务运作模式的特点及其比较。

一、韩国地方警务运作模式

韩国地方警务运作模式较之我国，在警队建设现代化、信息化特点之外还有以下几个特点。

（一）中央地区队为地方警务运作基本单位

以韩国庆尚南道昌原市为例，该市中央地区队为警务运作的基本单位。“昌原市是庆尚南道的中心城市（相当于中国的省会城市）。地区队是把以前几个派出合在一起的大派出所，主要职能侧重于预防犯罪。中央地区队辖区面积约57平方公里，常住人口5万多人，日均流动人口10万多人，辖内娱乐场所、金融单位、公司企业众多，属昌原市的繁华区域，发案率也相对

* 李勇：龙井市公安局，法学硕士。

较高。中央地区队共有48名警察，但日常除1名地区队长和2名内勤人员外，其余45名警察都必须以三班倒、每班15人、每3人一辆112巡逻车的方式上街巡逻。在地区队办公楼里除队长有专门的办公室外，其余警察都没有自己的办公室、办公桌。地区队办公室只有5台电脑，但每辆巡逻车上都配备移动电脑，方便一线警员工作使用。中央地区队内设有舒适的宿舍、更衣室和健身房，供全队警察在工作时间以外使用。据了解由于韩国实行垂直型的警察管理体制，其设施均由中央统一拨款建成。在地区队大堂墙上，地区队的基本情况包括警力、装备、主要防范对象、发案现状、近期工作计划都一一公开。比如其中就介绍了岁末年初加强民生治安活动的三项措施：每小时一次巡逻金融机构；强化金银铺、便利店、加油站、大型打折超市等涉及大额金钱交易场所的防范措施，进行警察访问活动，加强周边地区巡逻；预防公寓、空屋入室盗窃案，发放宣传资料及举行宣传活动等加强防范。尤其值得一提的是，大堂右侧的询（讯）问室其中一面墙装的是透明玻璃，其目的就在于防止发生刑讯逼供行为。中央地区队的外观与公安部目前对派出所的统一外观要求十分相仿。”〔1〕韩国行政区划以及在韩国国家对警察所要求的社会职能产生了这种垂直集中管理，有效地配置了警力。

（二）科技力量大量参与地方警务运作

依靠科技力量加强警察队伍的作战能力也是当今警察这种特殊群体发展的一种趋势。“韩国是一个拥有机动车辆比率较高的国家，政府十分重视交通管理，在人力、物力方面的投入力度很大，交通管理呈现高科技化和人性化。在庆南交通信息中

---

〔1〕王国琦：“韩国地方警务运作模式”，载《人民公安》2007年第12期。

心，城市的所有路口都安装了电子探头，所有探头与信息中心的电脑系统联网并将交通情况及时传送到信息中心。借助路面探头和电脑系统，中心能够在第一时间掌握事故发生的地点，从而指挥离事发地最近的交警赶赴现场，出警时间一般不超过3分钟。”[1]本国的科技优势增强了警察对社会的管理职能。

（三）处置冲突体现“人权警察”理念

人文关怀是韩国地方警务运作模式的又一亮点。在庆南警察厅大楼访问时，恰遇一名上访妇女在楼梯口吵闹，有3个警察正围着耐心做工作。据庆南警方介绍，群众进入大楼甚至厅长办公室吵闹的情况时有发生，但对他们只能劝解、疏导，一般不能采取强制措施强行带离。为了改善警民关系，近年来，韩国警方提出了“人权警察”的理念，对群众上访或群体性事件越来越倾向于采取怀柔政策。比如实施了无催泪瓦斯政策，要求防暴警察在处理群体性事件时尽量不使用催泪瓦斯，以避免警方和示威者之间的暴力冲突。又比如组建女警防暴队，因为，他们认为在发生群体性骚乱时，女警比男警更容易平稳公众的情绪，女警的出现能够使局面得到更有效的控制。依据本国国情，庆南警方选择忍让、疏导的方式处理群众闹访事件，有理有利有节地处理缠访闹访行为。[2]

（四）注重实战，一线警力配置人数多

“庆南地方警察厅下辖22个警察署、72个地区队、68个派出所，共有警力5666人，其中厅机关411人，仅占7.3%；各警察署共2499人，占44.1%；地区队、派出所2623人，占46.3%；另外还有防范巡查队33人，机动队、战警队100人。”[3]集中警

---

〔1〕王国琦：“韩国地方警务运作模式”，载《人民公安》2007年第12期。

〔2〕王国琦：“韩国地方警务运作模式”，载《人民公安》2007年第12期。

〔3〕王国琦：“韩国地方警务运作模式”，载《人民公安》2007年第12期。

力实现有限的警力作用最大化，在警力部署配置的过程中有着最直接的体现。韩国地方警务运作从部署模式上再次体现了优势配置实现用少量的警力投入获得最大化的管理效果，这也是警务发展的一个国际化趋势。

二、我国地方警务运作模式

我国在地方警务运作的模式上除了依托科技力量增加警察队伍战斗力，处置问题注重亲民性，警力配置注重实战性、能动性之外，更大的一个特点是地方警务运作体现警民合作的特点。地方警务运作，走群众路线，真正实现从群众来到群众中去，依托人民群众，更好地实现警察队伍对社会的管理职能，积极引导老百姓提高对参与社会的管理的热情，更好地实现警察对社会的服务职能。地方警务运作中警民合作的主要方式为社区警务，通过警民合作产生的背景及社区警务的具体实践来介绍我国地方警务运作模式的特点。

（一）我国警民合作产生的背景

我国的地方警务运作模式中“警民合作”是最具代表性的一种运作模式。伴随着社会进步经济发展，在国际大环境的影响下，结合我国国内情况这种运作模式得以产生。“20 世纪 50、60 年代，我国尚处于相对封闭的状态，人财物的流动较小，社会矛盾也较为缓和，我国公安建立起了以派出所为主导，治保会为骨干，广大人民群众广泛参与和支持的基层基础工作制度，其中的治安工作主要由村委会或者居民委员会在户籍管理的基础上掌握常住成年人口的情况，从而保障群众与社会的安全。”〔1〕但是随着经济发展，社会环境的改变，原有的模式已经不再符合

〔1〕 蔡迪：“中美社区警务的内涵及特征比较分析”，载《科教文汇》2007 第 4 期。

社会的需求。“改革开放以后，我国经济迅速增长，城市化进程不断加速，人财物流动频率加剧，社会矛盾凸显，公安机关原来的工作方法已不能适应当时的治安需求，因此，派出所独自承担起了维护社会治安秩序的重担，对犯罪活动采取高压政策，但是这一制度在警务实践中并没有取得期望的良好效果，还导致了警民关系的疏远。鉴于此，公安机关经过多年的探索与反思，改革了警务工作机制，提出了坚持专门工作与群众路线相结合的方针。现阶段，鉴于国外警务改革的经验，我国引进了国外的社区警务理念，开始了公安工作社会化的进程，加强警民合作，有力提高广大人民群众积极参与社会治安管理的积极性，加强了社会治安综合治理。”〔1〕“警民合作”这种模式也是社会发展的一种结果。

（二）实践中我国警民合作的特点

实践中“警民合作”更是彰显出这种模式符合我国社会需求和我国国情。“从我国警民合作的实践来看，是以社区警力配备、社区警务室建立为主要活动的，具体来看，主要包括以下内容。①要求各级党委和政府把实施社区警务纳入社区建设轨道，把推行社区警务置于社区建设整体规划内统筹安排，把落实社区警务措施纳入社区治安综合治理责任制。②强化社区治安综合治理网络建设，建立健全以社区党组织、街道办事处、居委会等为治安责任主体，公安派出所为主力军，社区综合委员会为骨干，统一组织和协调实施社区警务。③加强社区治安基层工作，建立社区警务室，与居委会合作办公。根据社区的规模和警力状况，按照一区一警或者一区二警的模式调整民警责任区。社区民警要担负起宣传动员群众、组织安全防范、管

〔1〕魏猛：“美日中三国警民合作之比较研究”，载《云南警官学院学报》2012年第1期。

理治安户籍、查处治安案件、协调治安巡逻等方面的责任。④社区民警在社区综合治理委员会的协作下，以社区治安问题为导向，组织开展经常性的、群众性的法制教育、法律咨询服务和犯罪预防教育。⑤建立维护秩序稳定的社区资讯网络，全方位了解和掌握社区情报信息，监控社区动态，及时发现社区治安问题。并建立流动人口管理站，强化外来人口管理，同时加强对刑满释放人员、解除劳教人员的安置帮教工作，预防和减少犯罪。⑥积极开展人民调解工作，力求最大限度地将矛盾和纠纷化解在基层。"[1]我国依据国情选择的"警民合作"这种地方警务运作模式，是一种必然性的选择。我国的人口众多幅员辽阔，以社区为单位采用警民合作这种运作模式，符合我国当前社会的需要。

三、中韩两国地方警务运作模式总结比较

（一）韩国特定的地方警务运作模式

主要来说有以下几点。

集中管理与指挥官负责制相结合。地域管辖上合并派出所集中以中央地区队为管理单位，加大巡逻力度以防范案件发生为手段实现社会安定的目的。具体实施的过程中，以指挥官负责制为管理方式，提高警察队伍的灵活性，弥补地域集中管理的不足。科技强警，增加警队战斗力。韩国警方依托本国强劲的科技力量，通过现代化科技手段增强了警察队伍的战斗力，提高了警察队伍的机动性，缩短了处理突发状况的时间。

面对百姓上访、群体性事件根据国情选择适当方式，体现警察对社会的服务职能，体现"人权警察"特点。警察队伍中

---

〔1〕魏猛："美日中三国警民合作之比较研究"，载《云南警官学院学报》2012年第1期。

一线警察所占比例较大，真正体现出注重实战性的特点。

毕竟，韩国警察队伍在整个社会管理机构当中所占的比例较小，通过集中管理与指挥官负责制的优势互补、依靠科技力量的支撑、工作中注重方式方法可以实现其社会职能。但是，警民关系这一不可回避的问题，必定会因为“管理与被管理的不可调和性”而成为警务运作过程中的问题。

（二）我国地方警务运作模式特点的总结

在我国，因为特定的国情决定，警察承担着较大的社会管理职能。因此，结合我国的具体社会情况，我国的警察队伍经过探索和总结在地方警务运作的过程中以“警民合作”为特点，实现警察队伍对社会的管理职能和服务职能。

但是，我国目前以“警民合作”为主要特点的地方警务运作模式还是有着一定的不足和局限性。我国在“警民合作”过程中相对的信息公开、在引导老百姓参与管理同时又要老百姓服从管理，这也是工作当中需要注意的问题。

四、对今后我国地方警务运作的启示

特定的国情，特殊的社会情况产生与之相适应的警务运作模式。一方面我们要认识到，我国的地方警务运作模式是最适合我国现有社会情况的警务运作模式，“警民结合”，走群众路线我们要进一步探索改善、改进工作的方式方法。另一方面我们也要认识到，韩国警察队伍的管理模式、高科技设施对警察队伍的配备以及警民关系的处理方式、警力配置模式，也是值得我们借鉴和学习的。

通过以依托群众力量为基础，加强科技投入提升警察队伍的战斗力，使警察队伍更好地实现社会管理和服务职能，将是我国地方警务运作今后的发展方向。

行政法改革的国际合作
——公法领域的法律整备支援的可能性

竹中浩*著　李　畅**译

一、日本的法律整备支援

本论文就日本的法律整备支援状况进行了概略性的描述，并探讨了在公法领域的法律整备支援的可能性。其目的在于探索可否将日本经验——学习欧美经验后产生出独自的公法——活用于正在进行法律整备进程中的其他亚洲国家。

日本的法律整备支援工作主要由外务省的外围团体——独立行政法人国际协力机构（JICA）为主作为国际智力合作事业进行。与世界银行以及国际货币基金组织（IMF）不同，JICA并不具备诸如调查对象国家的社会经济状况、对行政机构以及公务员制度改革等行政改革进行具体的支援等的能力，且没有进行此类活动的专业人员。JICA 的支援工作仅限于派遣政策顾问、提供研修课程、为制度运行开发所需的政策及方法、改善组织及人才育成等小规模的领域。在日本的法律整备支援活动中与 JICA 互相提携并发挥了主要作用的是法务省的法务综合研

* 竹中浩（Takenaka Yutaka）：日本大阪大学法学部教授。

** 李畅：长春理工大学东北亚比较法研究所副所长，法学博士。

究所国际协力部。该机构的工作重心为以越南为首的印度支那三国，具体的法律支援领域为民商法。[1] 该地区的经济发展性较强，且有日本企业进出，对其进行法律整备支援可以促进其法律制度的完善。

由于日本是纵向行政，各部门法的所管部门是固定的。例如，民商法由法务省所管，行政法则是总务省，而社会保障法以及劳动法则是厚生劳动省所管，这就经常会造成各部门之间的合作不畅。因此就需要进行整体上的有效的法律整备支援，而大学的组织能力就凸现出来。日本的大学尤以名古屋大学为首发挥了重要的作用，名古屋大学的法政国际教育协力研究中心（CALE）在蒙古、乌兹别克斯坦、越南、柬埔寨、缅甸等国家设立了日本法教育研究中心，使用日语教授当地学生学习日本法。上述国家除缅甸之外，都是转向市场经济体制的前社会主义国家，其公法领域仍有社会主义法的影响存在。在前苏联时代，日本国内也曾对社会主义法进行过一定程度的教育和研究工作。但遗憾的是，现在已经没有这方面的研究了。在对体制转型国家进行支援的过程中，过去对于社会主义法的研究成果也并未得到充分的利用。

一般而言，所谓的法律整备支援是法在全球化的背景下从发达国家向发展中国家的移植过程。但是，西方国家的法律制度在非西方国家未能很好地发挥作用的例子并不少见。受援国本身有着自己的传统和习惯等非正式的规范，法的作用也会受到影响。简单地将法律制度的普遍性进行移植的话，受援国的各种文化要素就会被认为是普遍性法律制度落地的前提条件，其自身的价值就会遭到否定。此类的法律整备支援也就会变成

---

〔1〕［日］香川孝三，金子由芳编：《法整备支援论——制度构筑の国际协力入门》，ミネルヴァ书房2007年版。

以判断文化优劣为前提的法思想的强迫行为。

另外一个重要的问题就是法律整备支援有时会与对象国家的主权产生抵触。由于日本在历史上曾经侵略过亚洲国家，因此需要充分注意不要将支援行为变为内政干涉。冷战时期，日本在“政经分离”的原则下，对马科斯政权下的菲律宾以及苏哈托政权下的印度尼西亚等权威主义国家进行了经济援助，与这些国家保持着紧密地合作关系。当时的美国等西方国家也进行了类似的支援活动，但是在美国转向以支援上述国家的民主化为主后，日本依然在进行援助时奉行“内政不干涉”这一政策规范。

日本的政府开发援助（ODA）奉行的是“邀请主义”，以项目援助为主要手段〔1〕，一般是针对受援国政府所提议的项目，在没有政策修订条件，即不对受援国的政策提出要求的状态下实施。对此既有批判意见也有肯定意见，但是，日本今后的政策应该不会发生根本上的变化。法律整备支援也是以私法为中心，而在公法领域则依然显得比较的消极。虽然日本最近对于政策支援正在采取一种更为积极的姿态，但是仍然避免将理念和价值强加于人、甚至直接参与制度建设，而是通过提供信息和选择从而促进内在的变革进程，即采取一种选择、构筑、运用主体制度的问题意识酿成型和共同思考型的支援活动。〔2〕

就中国而言，由于中国的立法活动会对整个东亚地区产生巨大的影响，日本也无法置之度外。但是，中国是一个大国，对于别国的法能够进行自主的调查和研究。例如，国务院法制

---

〔1〕［日］石川滋：《国际开发政策研究》，东洋经济新报社 2006 年版，第 141～143 页。

〔2〕《JICAにおけるガバナンス支援——民主的な制度づくり、行政机能の向上、法整备支援（调查研究报告书）》，独立行政法人国际协力机构 2004 年版，第 21 页。

办就有相当多的关于外国法的信息，而像中国人民大学这样名校的法学院的研究水准也很高。因此，就与中国的关系而言，比起“支援”来“协力”这一词汇更为恰当。

二、行政法领域的法律整备支援

虽然与民商法相比，日本在行政法领域的法律整备支援活动规模很小，但是最近在该领域的国际合作正在逐渐展开，对象国家是正在进行法治化建设的乌兹别克斯坦和蒙古。[1] 实现法治主义是现代国家共通的目标和课题，与意识形态问题无关。[2]

通常情况下，法治主义的实现是建立在分权基础之上的。其手段之一即议会通过法律对行政权的限制。一般来说，当政府对其国民课以特定的不利时，需要有国民同意的事前承认手续，即议会的立法程序。例如，日本国宪法所规定的罪刑法定主义和租税法律主义就是通过法律的形式对（国民的）自由和财产的保障。很多国家在通过法律实施行政时都必须以法律的形式预先确定行政活动的行动准则。行政机关在对国民课以特定的不利时，形式上必须根据议会制定的法律予以实施。此即所谓的“法律保留原则”。但是，在现实当中如果预先通过法律明确制定行政活动的行动准则的话，又容易对具体的行政业务造成障碍。为此，日本在很多法律中都承认广泛的行政裁量权，委任立法规定十分的普遍。

近年来，欧美各国的法院（司法机关）通过行政诉讼对行政权进行统管的重要性日益高涨。大陆法系国家有行政法院体

〔1〕［日］市桥克哉：“ウズベキスタンにおける行政法改革”，载《名古屋大学法政论集》第225号（2008年7月），第338、343～348页。

〔2〕［日］但见亮：“中国の『监督』制度における『民主』と『法治』（一）”，载《比较法学》第38卷第3号（2005年），第27页。

系（日本在二战前有过行政法院，战后被废除），英美法系国家则由普通法院承担其职责。当然，此类裁判制度的审查对象仅限于个别的事件。法院仅就在具体的诉讼案件中具备原告资格的当事人的诉讼请求作出判断，所以其行动是消极的。但是，尽管如此，通过追及行政官员的法律责任，法院在抑制其恣意行使行政权力方面依然发挥着重要的作用。2004 年，作为司法制度改革的一环，日本修改了行政事件诉讼法，在扩大救济范围的同时，也对行政诉讼的可利用性进行了尝试。

法律整备支援的对象国家也可以自行导入欧美的司法制度。但是在权力分立的基础较弱的体制转型国家，由于其司法制度不能像欧美那样通过法院对行政权进行充分的制约，所以需要有替代的制度。[1]同时，在体制转型国家以外的地区，为了实现更好的行政，也需要通过构建一系列的制度由司法对行政裁量的统治加以补充。这其中特别重要的就是行政程序的制度。为了实现确保透明性的公众参与和公开，在进行行政处分时必须依据事先确定的程序，如听证、理由附记、公开判断基准等进行。当然，程序保障必须就有无违反程序加以判断，最终需要由司法裁判作出判定。尽管如此，设立例如行政复议等预先在行政体系内部进行判断的制度，避免最终通过裁判解决问题亦非是不可能的。如果承认法院的裁判不一定就是行政法的可能性条件的话，那么在进行法律整备支援时，法律机能的置换将会变得更为容易。[2]

---

〔1〕 See Fred W. Riggs, "Bureaucrats and Political Development: A Paradoxical View," in Joseph La Palombara ed., *Bureaucracy and Political Development*, New Jersey: Princeton University Press, 1967, p. 157.

〔2〕［日］本多滝夫："アメリカの中国行政法整备支援と中国行政法の发展"，载《比较法研究》第 72 号（2010 年），第 189 页。

特别是社会主义国家的行政法，其作为行政机关和政府公务人员的行为准则的色彩较浓。作为特有的行政制度，有《行政处罚法》以及检察机关的一般性监督制度。《行政处罚法》的存在使得在欧美和日本原则上依据司法判断的行为改由以行政处分的形式加以处理，行政承担了很大部分的司法机能。〔1〕从欧美国家的视角来看，有意见认为应当废除《行政处罚法》以及检察机关的一般性监督制度，通过对行政法的司法化对行政法进行改革，但是这种意见在现实中是很难实现的。为了实现公正的行政，在很多情况下不是去改革裁判制度，而是促进程序的整备，支援公务员而非司法人员应为更好的捷径。〔2〕实际上，难以通过议会政治和行政诉讼等权力分立的原则进行行政管理的国家的法律整备，更多的是将重点置于确保市民的直接参与或监督等解释责任上。〔3〕市民的直接参与和监督是对不充分的权力分立制度的补充。即使重视程序和行政公开能否代替司法审查是一个问题，那么也没有必要从一开始就加以否定。〔4〕

三、行政法与社会保障制度

在日本，除了《国家行政组织法》、《地方自治法》、《国家公务员法》、《地方公务员法》之外，还有《行政手续法》、《信

〔1〕［日］叶陵陵："中国における治安管理処罰法の制定と行政処罰制度の改革——中国の行政行为に关する手続と法（二）"，载《熊本法学》第112号（2007年11月）、第106～109页。

〔2〕［日］树神成："行政法整备支援の经验からみた比较法の课题"，《法律时报》第82卷第12号（2010年），第103页。

〔3〕参见［日］本多滝夫前引文，第185页。

〔4〕John Ohnesorge："Chinese Administrative Law in the Northeast Asian Mirror"，*Transnational Law & Contemporary Problems*, vol. 16, 3 (2006), p. 125.

息公开法》、《行政事件诉讼法》、《行政不服审查法》等重要的行政法规。日本的行政法主要是受到了德国法和美国法的影响，吸收了两者的制度并加以提炼的法律体系。但是众所周知，日本司法的规模在发达国家里是小规模的。同时，从传统上看司法与政治也不发生联系，日本的法官也因此得以保持着极高的社会权威。所以，日本是消极的司法。同时，在美国较为常见的行政内部的准司法程序被视为例外，也不会考虑将行政组织内部的政策立案者和政策实施者进行分离。总而言之，日本的司法在主观意识上不会追求机能的分离。[1] 因此，可以说日本不是行政法全球化的大本营，其行政法体系也被认为尚未达到欧美国家的基准。

另一方面，日本通过比较小规模的行政机构处理行政事务，行政活动具有规制和给付的两面性，行政秩序良好且效率较高。20 世纪 80 年代末期以来，日本根据《日美构造协议》积极推进规制缓和。今后，这一进程也将会继续持续下去。当然，通过规制（许认可行政）保持国内的秩序和市民生活的安全以及调和各种社会利益依然重要。行政绝不是简单的放弃权限。但是，认为行政就是规制的理念在今天已经难以实现了。所谓的规制必须是公正的，而且必须要得到国民的理解。因此，合理公正的行政手续就变得愈发重要。

给付行政也是一样。今后东亚各国的高龄化将会持续发展，以医疗和养老金为主的社会保险制度，以及作为可持续发展权利的公立救助制度在实现对所得的再分配和社会安定方面可以发挥重要的作用。但是，要想使这些制度能够运行良好，能够

---

〔1〕［日］中川丈久：“行政法からみた日本における『法の支配』”，日本法哲学会编：《现代日本社会における法の支配——理念·现实·展望》（法哲学年报，2005 年），有斐阁 2006 年版，第 49 页。

得到国民信赖的行政机构也是不可或缺的。[1] 尤其是在给付行政中，例如针对社会弱势群体的生活保障制度等，由于行政裁量的成分很大，而且对象人数较多，就需要做到迅速的应对。此类案件也就不适合由法院来进行救济。为了实现公正的给付，行政机关内部就必须存在一定的自我规制机能。因此，日本的《社会保障法》和行政法之间才会存在着密切的关联。

日本在实现经济高速增长的同时，以地方公共团体先行的方式整备完成了社会保障以及社会福祉制度。[2] 其经验也可以为东亚各国将来的发展所活用。[3] 同时，东亚地区今后的人口流动也会加速，例如跨国求职等。[4] 作为人们可以安心生活的条件，公法的制度基础架构的整备将会成为这一地区共通的课题。可以断言，当前已经是开始为此进行国际协力的重要时机了。

---

〔1〕［日］山下茂他编：《比较地方自治——诸外国の地方自治制度》，第一法规 1992 年版，第 140 页。

〔2〕参见［日］北山俊哉：《福祉国家の制度发展と地方政府——国民健康保险の政治学》（关西学院大学研究丛书），有斐阁 2011 年版，第 76 ~ 80 页。

〔3〕参见《日本の社会保障の经验——社会保障后发国としての制度整备过程と途上国への教训の观点から》，国际协力机构国际协力综合研修所 2004 年版，第 18 ~ 19 页。

〔4〕See Tsuneo Akaha: "Crossing National Borders", in Anna Vassilieva ed., *Human Migration Issues in Northeast Asia*, Tokyo - New York - Paris: United Nations University Press, 2005。

中日原子能政策与法律比较
——日本福岛核电站泄漏事故对原子能政策与法律的启示和教训

野崎晃市*

一、引言

2011年3月11日下午，日本东部海域发生里氏9.0级大地震，并引发海啸。位于日本本州岛东部沿海的福岛第一原子能发电站反应堆出现故障，若干机组发生冷却失灵事故，之后一、二、三、四号机组爆炸。随后日本经济产业省原子能安全保安院承认有放射性物质泄漏到大气中，方圆20公里内的居民被紧急疏散。日本原子能安全保安院将本次事故升级至国际核事故级别中定为七级，这是继切尔诺贝利原子能发电站爆炸事故以来第二个被评为第七级的事故。这意味着本次事故为“可能会造成严重的健康影响及环境后果”的特大事故。福岛核泄漏事故对包括中国在内的世界各国原子能发电发展战略带来很大的影响，同时也包括很多的启示。[1]

国际社会对福岛原子能发电站事故发生后的原子能对策不

* 野崎晃市：吉林农业大学国际交流学院，文学博士。

〔1〕 刘超：《日本福岛核电站事故核辐射防止知识问答》，军事医学科学出版社2011年版。

一样，奥地利等本来就反对原子能发电的国家更坚定了反核主张。德国、瑞士等已经拥有原子能发电的国家宣布“弃核”计划；意大利政府关于重启原子能发电的方案也在全民公投中被否决。泰国暂停新建，印尼发表不考虑新建声明。日本决定对所有核电站进行安全检查，暂停原子能发电站运营，2012 年 5 月 5 日日本最后一个仍在运营的原子能发电站暂停运营，日本全部 54 座原子能发电站都停止营运。目前，很多日本民众反对重启原子能发电站，将来能否恢复营运还不确定。

但包括中国的多数国家依然表示，要在“安全第一”的原则基础上坚持发展原子能发电。日本福岛原子能发电站泄漏事故后，中国不断加强核应急管理机构和体制。在国防科技工业局专门设立核应急与军工核安全监管司。同时，增加了国防科技工业局军用核设施核安全技术审评监督中心和核应急响应技术支持中心的编制，新设立了国家核安保技术中心，并扩充人员编制。在法律上日本福岛原子能发电站核泄漏事故后中国加快了《原子能法》的立法进度，中国原子能行业协会已经成立《原子能法》立法研究课题，召开多次研讨会和论证会，并受到国务院领导高度重视，为《原子能法》列入 2011 年全国人大立法工作计划提供了重要支撑。[1]

此次日本福岛原子能发电站事故引发了国际社会对于原子能利用的高风险性，以及如何规范、安全发展原子能的普遍关注，促使人们对于原子能依法利用进行更深层次、更全面、更谨慎的思考。我们一定从这次福岛核泄漏事故中认真汲取、借鉴其经验教训，来改进提高原子能发电站的建设和运行安全水平。

---

〔1〕 叶荣泗等：《中国能源法律体系研究：能源立法战略安全可继续发展》，中国电力出版社 2006 年版。

二、日本和中国的原子能发电情况的比较

历史上世界第一个原子能发电站是美国 1951 年试验炉 EBR－I 发电机组。1954 年苏联莫斯科郊外也成功建成原子能发电站。1957 年在欧洲成立欧洲原子能共同体，国际原子能机构也同年成立。日本 1955 年颁布《原子能基本法》，制定了原子能利用的大纲。该法律的基本原则是“民主、自主、公开”的原子能三原则。1956 年设立原子能委员会，第一代委员长是科学技术厅长官正力松太郎。1956 年日本原子能研究所在茨城县东海村建立。1963 年在东海村的试验炉成功发电，1966 年第一号实用原子能发电站成功发电，使用的机组是英国制造的。[1]此后，在日本相继建立 54 个原子能电站，其中一半使用年数已经超过 30 年，存在锈化劣化的危险

虽然中国 1964 年首次核弹试验成功，但中国的原子能发电起步较晚，80 年代才动工兴建原子能电站。大亚湾原子能电站于 1987 年开工，于 1994 年全部并网发电。中国自行设计建造的 30 万千瓦（电）秦山原子能电站在 1991 年底投入运行。2010 年以来，岭澳原子能发电二期 1、2 号机组，秦山二期 3、4 号机组先后投入商业运行，新增原子能电装机容量达到 346 万千瓦，使中国大陆在役原子能电机组数达到 15 台，总装机容量达到 1254 万千瓦。[2]在役原子能电机组始终保持安全稳步运行，没有发生国际原子能事件分级规定的 2 级及 2 级以上运行事件。中国国家发展改革委员会正在制定中国原子能发电发展民用工业规划，预计到 2020 年将新开工建设 30 台以上的百万千瓦级原

---

〔1〕 日本 NHK 电视台《东海村核临界故事》剧组：《日本核辐射死亡事件》，贾令仪、贾文渊译，法律出版社 2011 年版。

〔2〕 马鸿琳：《中国原子能年鉴》，原子能出版社 2010 年版。

子能发电机组。[1]

三、日本和中国的原子能安全管理机构比较

（一）日本的原子能管理机构

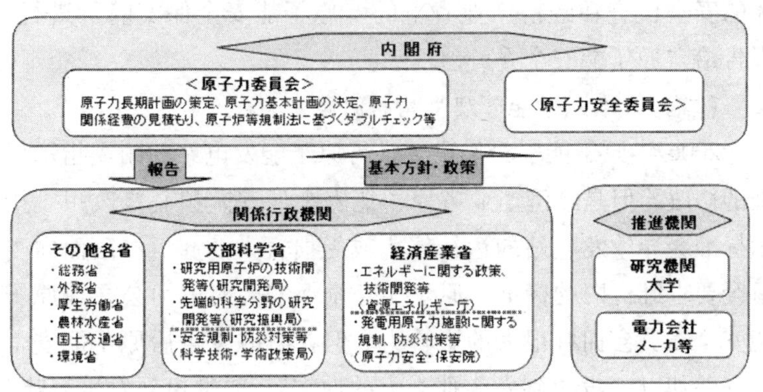

"原子能委员会"是1956年建立的属于内阁府的审议会，由一位委员长和四位委员五人构成。根据《原子能基本法》，制定国家的原子能政策。

"原子能安全委员会"是1974年发生的原子能船核泄漏事故以后，为了确保原子能的安全于1978年设立的机关。属于内阁府的审议会。它的任务是原子能的研究开发以及利用中，确保核安全，防止核污染，对关于核辐射物质的管理或废弃提出意见。

"原子能安全保安院"是经济产业省下的一个机关，1999年发生的东海村核泄漏后，为了强化核产业的管理2001年建立的以原子能的保安检查为任务的机关。除了担任确保原子能利

---

〔1〕 丁振华：《核辐射与核污染：公众防护与应对》，人民卫生出版社2012年版。

用的安全，而且还负责煤气矿山火药等产业设备的安全规则、保安、检查等业务。[1]

“原子能委员会”是负责推进利用原子能的机构，“原子能安全委员会”专门负责确保原子能安全利用的最高级机构，具体的安全检查在经济产业省下的“原子能安全保安院”进行，报告给“原子能安全委员会”。

（二）日本原子能管理机构的问题

2006年原子能安全委员会进行原子能发电站的耐震指示标准的修改，但是经济产业省原子能安全保安院担心修改耐震指示标准会导致发电站的运行停止或受损害人的起诉，因而向委员会要求维持旧的标准。原子能安全保安院对电力公司或原子能安全委员会拥有很大的影响力。但在事故发生后原子能安全保安院却以“没想到发生那么大的地震”，“没想到发生海啸”等“没想到”为借口企图逃脱责任。内阁府的安全委员会的成员，经济产业省原子能安全保安院的顾问等很多实施检查的人员从原子能产业团体收受巨额的研究费或者贿赂，包括原子能安全委员会委员长班目春树。这种相互勾结的事情司空见惯。从事研究和宣传核电产业的人同时还担任核安全机构的顾问，根本没有独立性可言。

大地震发生后的3月12日原子能安全保安院的中村幸一审议官被总理菅直人免职，因为他在电视台公开发表发电站已经处于堆芯熔融情况，非常危险。总理菅直人以他的发言“让国民不安”为理由罢免了他。另一个审议官西山英彦因跟美女部下的丑闻在杂志上被曝光而辞职。日本政府用各种方法隐瞒辐射扩散预测数据、极力避谈“堆芯熔融”、推迟提高事故级别等

---

〔1〕 陈刚等：《世界原子能法律解释与编译》，法律出版社2011年版。

做法，让民众对其失去信任。

2011 年 3 月发生了福岛原子能发电站泄漏事故后发现，推动原子能发电的“资源能源厅”和确保安全的“原子能安全保安院”都在经济产业省，属于同一个省的人管理推动和确保安全，并且有任用部分退休人员去担任电力公司的顾问等情况，使电力公司和管理机构之间没有形成一种客观的监督机制，妨碍有效的管理。现在，日本政府考虑重组这些原子能管理机构，以前的原子能安全委员会、文部科学省原子能安全科、经济产业省原子能安全保安院三者，将在环境省下重新组合并设立一个新的“原子能规制厅”。

（三）中国的原子能管理机构

中国国家原子能机构负责中华人民共和国境内的原子能政策法规制定，管理检查等事务。其任务是研究和拟定中国和平利用原子能事业的政策和法规。

中国国家核安全局是中华人民共和国内地负责核安全和辐射安全的国家监管机构，现设于环境保护部下。国家核安全局行政负责人（国家核安全局局长）由环境保护部副部长兼任，工作机构为环境保护部核安全管理司。国家核安全局成立于 1984 年 10 月，为独立的法人机构，负责全国境内核安全和辐射安全的监督管理。拟定核安全、辐射安全、电磁辐射、辐射环境保护、核与辐射事故应急有关的政策、规划、法律、行政法规、部门规章、制度、标准和规范，并组织实施。

国家核安保技术中心是中央编办批准成立的事业单位，隶属国家国防科技工业局。为进一步加强核安保监管力度，切实提高核材料、核设施的安保能力和水平。2011 年 11 月，中国成立了国家核安保技术中心。作为技术支持单位，国家核安保技术中心将积极开展核安保政策、法规和技术规范研究，为核材料管理、核材料与核设施实物保护、核进出口管理提供技术支持，在确保国家核设施与核材料的安全的前提下提升国家的核安保能力和水平。

中国国家核事故应急协调委员会是国务院于1995年设立的部际协调机构，属于国务院非常设机构。根据国办发〔1995〕22号通知，国家核事故应急协调委员会负责研究制定核事故应急准备和救援方面的政策措施，统一组织协调全国核事故应急准备和救援工作。

（四）国际原子能机构（IAEA）

国际原子能机构是一个同联合国建立关系，并由世界各国在原子能领域进行科学技术合作的机构。1957年10月，国际原子能机构召开首次全体会议宣布正式成立。国际原子能机构的宗旨是谋求扩大原子能对全世界和平、健康和繁荣的贡献，确保由机构本身，或经机构请求，或在其监督管制下提供的援助不用于推进任何军事目的。国际原子能机构总部设在维也纳，组织机构包括大会、理事会和秘书处。1956年，日本正式加入国际原子能机构，1984年，中国政府向国际原子能机构递交了接受规约的承诺书，成为该机构正式成员国。[1]

国际原子能机构2011年3月在福岛县调查核辐射物质，劝告日本政府及时实施居民的避难措施，但日本原子能安全委员会认为“没问题”，枝野官房长官也说“不会马上对健康造成损害”。2011年5月末国际原子能机构在福岛调查并提出了报告。这个报告也指出东京电力和日本政府的紧急对应是“办得不错”。有的专家认为国际原子能机构对日本政府和东京电力的态度不太严肃，因为现在的国际原子能机构的理事长天野之弥跟

---

〔1〕 高宁：《国际原子能机构与原子能利用的国际法律控制》，中国政法大学出版社2009年版。

前东京电力社长清水正孝是同一个高中毕业的校友。国际原子能机构没有强制执行的权利，让人怀疑其有效地监管核安全的能力。

四、日本和中国的有关原子能法律比较

（一）日本的有关于原子能的法律

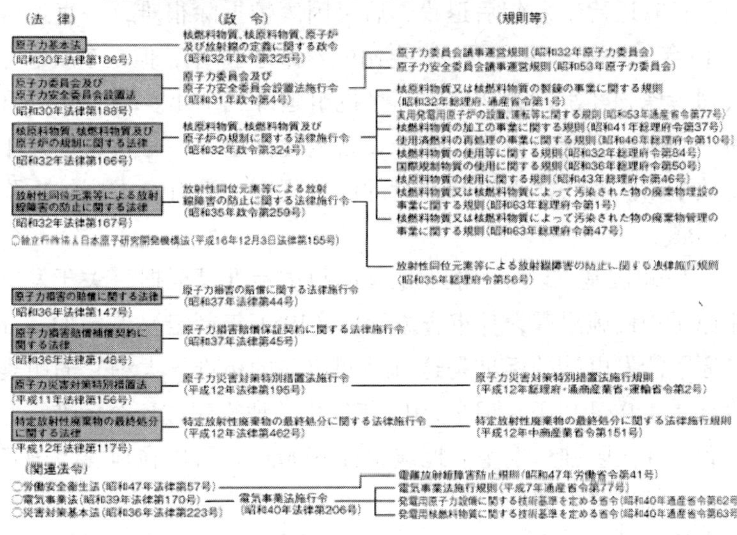

转载：日本电气事业联合会网站［原子能，能源图面集］2009－09－14。

《原子能基本法》（1955年法律第186号）

《原子能委员会以及原子能安全委员会设置法》（1955年法律第188号）

《关于核原料物质，核燃料物质以及原子炉的规则的法律》（1955年法律第166号）

《关于防止核辐射同位元素等引起的核辐射障碍的法律》（1957年法

律第167号）

《关于原子能损害的赔偿的法律》（1958年法律第147号）

《关于原子力损害赔偿保障合同的法律》（1958年法律148号）

《原子能灾害对策特别措施法》（1999年法律第156号）

《关于特定核辐射废弃物的最终处分的法律》（2000年法律117号）

（二）福岛泄漏事故暴露的法律上的漏洞与问题

1. 关于原子能发电站退役年限的问题。福岛原子能发电站当初打算运营十六年后退役，后来因废炉拆除很难，一直运营了40年。一般来说原子能发电站的寿命是40年，但是东京电力公司考虑到经济利益，决定一号机组延寿二十年。2011年2月份，刚刚拿到延寿批准。由于设备老化问题，一号机组近几年事故不断。在法律上没有退役的明确规定，没有考虑废炉拆除的问题。〔1〕

2. 耐震基准。原子能发电站的耐震标准是根据《关于发电用原子炉设施耐震设计审查方针》（1981年制定）制定的。福岛原子能发电站的标准是这方针制定前的标准，大约它的耐震设计是450gal以下。但是2011年发生的地震超过这个标准，并且曾经在大阪神户发生的地震超过1000gal。所以在地震大国日本这个标准是不够的。〔2〕

3. 赔偿责任。根据《关于原子能损害的赔偿的法律》（1958年法律第147号）第3条，原子能发电站运营带来的损害，原子能事业单位负赔偿责任。但是原子能事业单位被免于故意或过失的责任。根据第6、7条，原子能事业单位要跟政府签约原子能损害赔偿补偿合同，政府根据该条约对原子能事业

〔1〕［日］广濑隆：《原子炉时限爆弹》，日本钻石社2010年版。

〔2〕［日］平井宪夫：《核电员工最后遗言：福岛事故十五年前的灾难预告》，陈炯霖等译，人民文学出版社2011年版。

单位提供赔偿补偿金1200亿日元。如果赔偿责任超过赔偿补偿措施，根据第十六条政府可以提供原子能事业单位支援。

2011年8月10日国会成立了《原子能损害赔偿支援机构法》决定设立原子能损害赔偿支援机构，将对东京电力提供2兆5千多亿日元的支援金。这些法律免除东京电力公司的对事故的责任以及赔偿责任的一大部分。让国家负担赔偿的做法，增大了国库的压力。

4. 很多人在超过放射线管理区域标准的地区生活。在福岛第一核电站周围实施土壤污染调查，结果显示那周围大片土地严重受污染，范围达800平方公里。源自福岛第一核电站的放射性物质还在不断泄漏，蓄积在福岛县内的土壤中，这将造成长期影响。日本文部科学省最近与美国能源部检测了该核电站周边放射性物质在土壤中的蓄积量。日本政府在福岛第一核电站事故后划定疏散区时，根据国际辐射防护委员会的建议，将空间辐射量在一年内达到20mSv作为疏散标准，所以有的地方虽然土壤中蓄积了大量放射性物质，但并未列为疏散区。根据《有关防止由放射性同位元素等引起的放射线障碍的法律》（1957年法律第167号）超过5.2mSv/年的地区要定为放射线管理区域。需要严格管理人员出入，废弃物的运输管理等，但是福岛的很多地区超过这个标准，仍然有很多人在很高的核辐射污染下生活。

福岛原子能发电站泄漏事故以后，原子能安全委员会提出食品安全暂时标准，但是这个标准太宽而不能确保健康安全。2012年4月根据食品卫生法制定了食品中的放射性物质标准。日本厚生劳动省统计显示，截至2012年4月30日，福岛等东北和关东9县的337件食品超过食品放射性铯新标准，共涉及51类食品。新标准规定一般食品的放射性铯上限为100Bq/kg。超标食品中有 55 件还超过了 3 月底前的暂定标准上限每千克 500Bq/kg。新标准实施后共检查了 13 867 件食品，超标件数占总检查件数的 2.4%。

放射性铯基准比较

种类	日本新标准 2012 年 4 月以后	日本暂定标准 2011 年 3 月～ 2012 年 3 月	地震前的 日本进口标准
水	10	200	10
土豆	100	500	370
蔬菜	100	500	370
肉类	100	500	370
鱼	100	500	370
牛乳·乳制品	50	200	370
牛奶粉	50	200	–
幼儿用食品	50	–	–

5. 核污染垃圾问题。原子能发电站发生爆发事故后，在大范围产生了大量核污染垃圾，而这在《原子炉规制法》和《废弃物处理法》上并没有相关规定。2011 年 8 月 26 日国会成立了《放射性物质环境污染对策特别措施法》，决定 8000Bq/kg 以下的核辐射垃圾燃烧后埋在地下处理。但是根据事故前的标准，100Bq/kg 以上的垃圾定为放射性废弃物，需要在处理设备中长时间严格按规定保管。

6. 海洋污染。日本福岛第一原子能发电站事故泄漏进太平洋的核辐射物质是迄今对海洋造成的最大单起核污染事件。累积活度为 47 千万亿贝克勒尔的核辐射物质进入大海，这是迄今观察到的最大单起人工放射性核物质进入海洋环境事件。日本政府声称："国际法上指定的海洋污染防治法禁止从船舶或海上建筑物废弃，但是对原子能发电站的核辐射物质污染水的废弃没有规定。"周围国家对日本政府不负责任的态度表示抗议，并将要追究日本政府的责任。

五、福岛原子能发电站泄漏事故对中国的法律和政策的启示与教训

目前中国已有13个运营原子能发电机组，在建原子能发电机组近30个，是世界上拥有在建原子能发电机组最多的国家。但中国至今仍未制定《原子能法》，更别说建立起完整的原子能法律体系。目前原子能安全监管依靠的只是一部《放射性污染防治法》(2003年)，以及8部行政法规和一些部门规章。8部行政法分别为《中华人民共和国民用核设施安全监督管理条约》(1986年)，《中华人民共和国核材料管制条例》(1987年)，《放射性药品管理办法》(1989年)，《核电厂核事故应急管理条约》(1993年)，《中华人民共和国核出口管制条例》(1997年)，《中华人民共和国核两用品及相关技术出口管制条例》(1998年)，《放射性同位素与射线装置安全和防护条例》(2005年)，以及国务院《关于处理第三方核责任问题的批复》(1986年国函44号)，这与中国原子能大国的地位显然是不相称的。[1]原子能领域大部分业务活动都是通过效力等级比较低的行政法规或部门规章进行规定的。根据原子能事业的特性以及中国发展原子能事业的情况要加快制定一部调整原子能领域的基本法——《原子能法》。

---

〔1〕 曹康泰等：《中华人民共和国放射性污染防治法释义》，法律出版社2003年版。

同时从政策方面来说，笔者认为中国不应该再建原子能发电站。因为原子能电会产生高低阶放射性废料，或者是使用过的核燃料，处理和管理放射性废弃物成本相当高，同时造成环境污染的风险也高。并且原子能电站投资成本太大，电力公司的财务风险较高，会给核行业带来严重的腐败现象。原子能发电事故一旦发生会泄漏大量的放射性物质，如果受到恐怖分子的袭击或敌国的攻击，或发生地震、海啸、洪水等自然灾害，在事故中大量核辐射泄漏到外界环境，会对生态及民众造成很大的伤害。这些是从福岛原子能发电站泄漏事故中得到的教训和启示。

论中韩行政诉讼法上的原告适格

郑然富*著　金锦花**译

一、绪论

在当今社会，随着科学技术的发展，社会生活也随之发生着巨变。与此相应，旨在维护社会秩序、保障公民权益的行政行为也日趋多样化。随着多样化的行政行为与国民生活紧密相连，侵害国民权益的情形也逐渐增多，行政诉讼的重要性也引起了广泛的重视。

基于行政行为而权益受侵害的个人，如果提起行政诉讼，法院即对行政行为进行合法性审查。法院在认定是否支持原告的诉讼请求之前，首先审查所提起的行政诉讼的合法性。判断行政诉讼合法性的典型要件是标的适格、原告适格、被告适格以及诉之利益等等。其中，原告适格是判断所提起的行政诉讼合法性的重要因素，而最近不断被提起扩大原告适格范围的议题。

* 郑然富（Joung，Youn Boo）：法学博士，韩国圆光大学法学院副教授，韩中法律研究所研究员。

** 金锦花：法学博士，长春理工大学法学院副教授，硕士生导师。

在韩国，不久之前，随着前国会议员任期的届满，包含有修订原告资格议题的行政诉讼法修正案被自动废止。但是，于2012年6月始，为了在第19届国会中通过，积极筹划着新行政诉讼法修正案。在这一修正案中也包含着扩大原告资格的议题。不仅在韩国，在中国学界也正在讨论原告资格的扩大问题。

鉴于此，本文欲在比较研究的视野中，探讨中国与韩国行政诉讼法上的原告适格问题。为此，本文首先分析中国与韩国关于原告资格的制定法规定，以具有代表性的行政诉讼法为中心，并根据需要追加研究其他相关法律法规，在探讨两国立法现状的基础上，进一步分析各国制定法中原告资格的范围。

本文在分别阐述中国和韩国关于原告资格的相关规定之后，再对两国的法制和原告适格的范围进行了比较分析，并通过比较两国的法制，引出其共同点和差异点。此种比较法研究，不仅有利于了解各国原告适格法制，也对扩大原告资格范围具有借鉴意义。

二、韩国行政诉讼法上的原告适格

（一）韩国行政诉讼法的立法态度

近年来，修订大韩民国行政诉讼法（以下称《韩国行政诉讼法》）的步伐一直没有中断。2007年政府就曾向国会提出过行政诉讼法修正案，但随着2008年5月末第17届国会议员的任期届满，这一修正案也被自动废止。在第18届国会中，也曾有部分议员提出了行政诉讼法修正案，但同样因国会任期的届满于2012年5月末，该修正案也被自动废止。〔1〕当前，第19届国会正在推进修改韩国行政诉讼法的进程，关于行政诉讼法修

〔1〕大韩民国国会议案情报网检索。http：//likms. assembly. go. kr/bill/jsp/BillSearchResult. jsp，访问日期：2012年5月30日。

正案的听证会也在法务部的主导下召开。〔1〕

近期法务部的行政诉讼法修正草案包括旨在完善权利救济的义务履行诉讼和预防性禁止诉讼，还包括诉的变更、移送范围的扩大等内容，并引入了可处分制度、和解劝告制度、停止执行制度、管辖指定制度。原告资格的扩大问题也作为一个重要事项纳入到修正草案中。

韩国将行政诉讼的原告适格界定为：原告对具体行政行为提起诉讼，其诉讼请求获得法院判决支持的资格。其制定法依据是《韩国行政诉讼法》第12条关于原告适格的规定。该条规定："通过撤销行政行为等而获得法律上利益的人，才有资格提起撤销诉讼。这一规定同样适用于行政行为的效力因期间的经过、行政行为的执行以及其他事由而消灭之后，基于撤销该行政行为得以恢复法律上利益的人。"

然而，尽管第12条是关于"原告适格"的规定，对于其第2款，即"这一规定同样适用于行政行为的效力因期间的经过、行政行为的执行以及其他事由而消灭之后，基于撤销该行政行为得以恢复法律上利益的人"的规定，多数人还是理解为是对狭义诉益的规定。但是，也有观点认为，第12条第2款应理解为："行政行为的效力消灭之后权利受侵害者仍可以获得撤销诉讼的原告资格"。〔2〕根据这一主张，如果将其作为关于狭义诉益的条款，那么，在《韩国行政诉讼法》中就会没有关于行政行为的效力消灭之后也能提起撤销诉讼之原告资格的规定。〔3〕

将《韩国行政诉讼法》第12条第2款理解为关于"原告适

〔1〕 2011年11月，由各界专家组成"行政诉讼法修订委员会"，提出了《行政诉讼法修正草案》。针对该草案，2012年5月24日，法务部举行了听证会。

〔2〕［韩］朴均省：《行政法讲义》，博英社2012年版，第790页。

〔3〕［韩］洪井善：《行政法特讲》，博英社2011年版，第700页。

格”规定的观点，在保留“行政行为消灭之后也能提起撤销诉讼之原告资格”的规定的同时，即丧失作为狭义诉益之根据的规定。对此，他们亦认为，《韩国行政诉讼法》上没有关于狭义诉益的制定法规定，但是，主张狭义诉益的根据可以从诉讼经济的原则以及禁止诉权滥用原则中加以推导。[1]

本文认为，应该将《韩国行政诉讼法》第 12 条第 2 款理解为是对狭义诉益的规定。原则上，关于撤销诉讼，在行政行为的效力消灭之后对其“权利保护的必要性”也随之消失。但是，作为例外，如果存在撤销已消灭的行政行为即能恢复的法律上利益，就有必要承认具有“权利保护的必要性”。此种理解符合 1984 年全面修改《韩国行政诉讼法》时吸纳第 12 条第 2 款规定的立法取旨。

（二）韩国行政诉讼法上原告适格的范围

在《韩国行政诉讼法》第 12 条的规定中，只有第 1 款是关于原告适格的规定。根据《韩国行政诉讼法》第 12 条第 1 款的规定，通过撤销行政行为而获得法律上利益的人才有资格提起撤销诉讼。由此，行政诉讼原告适格的范围，取决于对该规定中“法律上利益”的理解。根据对撤销诉讼的目的或者功能的不同认识，关于“法律上利益”的理解有：权利救济说、法律上利益救济说、值得保护的利益救济说、适法性保障说等学说。[2]

权利救济说认为，撤销诉讼的目的在于恢复因违法的行政行为而受侵害的权利。因此，原告资格的范围应局限于权利受侵害者。根据这一学说，撤销诉讼起到了主观诉讼的作用。[3]

---

〔1〕［韩］洪井善：《行政法特讲》，博英社 2011 年版，第 697 页。
〔2〕［韩］柳至泰等：《行政法新论》，博英社 2009 年版，第 629 页。
〔3〕［韩］张台柱：《行政法概论》，法文社 2011 年版，第 771 页。

法律上利益救济说认为，撤销诉讼的目的不仅在于对权利的保护，更在于救济法律所保护的个人之利益。也就是说，不仅是传统意义上的权利，即使是关联法所保护的利益受侵害者，也可以承认其具有撤销诉讼的原告资格。〔1〕其中，关联法所保护的利益，是指根据行政行为的准据法及相关法律的目的解释应保护的个别的、直接的、具体的利益。〔2〕这种见解是韩国的通说，而且也是判例上的一贯立场。

值得保护的利益救济说认为，不应将有无法律上利益的判断限定于制定法的基础之上，只要违法的行政行为所侵害的利益值得通过审判予以保护，那么就应认定原告资格。根据这一主张，不论受侵害的利益是法定的权利，还是事实上的利益，只要有实质上的保护价值，那么就应认定具备原告资格。因此，相较于法律上利益救济说，根据值得保护的利益救济说所确定的原告资格的范围更为宽泛。〔3〕最近很多学者持这一观点。〔4〕

适法性保障说认为，撤销诉讼的功能并不仅仅在于保护主观的、个人的利益，也在于维护客观的、行政行为的适法性。根据这一观点，原告适格不能仅以原告所主张的利益为判断标准，应考虑行政行为的性质，将对争议行政行为具有最为适当的利害关系者为适格原告。〔5〕

在以上各学说中，哪一个学说最为恰当，本文认为，应该

〔1〕［韩］柳至泰等:《行政法新论》，博英社 2009 年版，第 630 页。

〔2〕［韩］张台柱:《行政法概论》，法文社 2011 年版，第 771 页。

〔3〕［韩］郑夏重:《行政法概论》，法文社 2009 年版，第 670 页。

〔4〕［韩］朴贞勋:“在对危害环境设施的设置、运行行政许可的撤销诉讼中邻近居民的原告资格”，《行政法研究》2000 年 11 月总第 6 号，第 102 页；［韩］李元雨:“扩大抗告诉讼的原告资格与狭义诉益之利益的行政诉讼法修正案”，《行政法研究》2002 年 8 月总第 8 号，第 254 页。

〔5〕［韩］朴鈗炘、郑亨根:《行政法讲义》（上），博英社 2009 年，第 786 页。

以原告资格范围的扩大以及撤销诉讼的性质作为判断依据。也就是说，既能扩大原告资格的范围，同时还符合撤销诉讼性质者最为合理。具体而言，检讨学说观点，首先排除不符合制定法制度即撤销诉讼性质的学说，之后，适用制度运行上的标准即能否扩大原告资格范围。最后，作为法解释学的基本原理，原告适格的界限不明确的学说，应予以排除。

撤销诉讼，在其性质上应属于主观诉讼，也正因为是主观诉讼，才有必要探讨原告适格问题。因此，将撤销诉讼视为客观诉讼的适法性保障说是不恰当的。从扩大原告资格范围的角度上，值得保护的利益救济说较为合理，而权利救济说因其过度缩小原告资格的范围也是不妥当的。但是，值得保护的利益救济说也有弊端。根据值得保护的利益救济说，有无"法律上利益"的解释，并不仅以制定法为依据，还包括具有诉讼法上保护之价值的"事实上利益"，其结果，原告适格的范围有可能被无限扩大。因此，本文认为，法律上利益救济说最为合理。

然而，在解释法律上利益救济说时，也提出了扩大原告资格范围的必要性问题。在2011年6月提出的朴议员提案第12条在"原告适格"这一标题下规定："通过撤销行政行为获得正当利益的人才有资格提起撤销诉讼。这一规定亦适用于行政行为的效力因期间的经过、行政行为的执行以及其他事由而消灭之后，基于该行政行为的撤销得以恢复法律上利益的人。"而且，为了扩大公民实际权益的救济可能性，最近法务部的修正案在原告资格的规定中，将现行的"法律上利益"扩大表述为"法之利益"。但是，无论是现行的"法律上利益"，或是"正当利益"，甚或是"法之利益"，其语词范围都可能会因个人主观理解的不同而不同。不可否认，作为相似的概念，其存在一定的问题点。

三、中国行政诉讼法上的原告适格

(一) 中国行政诉讼法的立法态度

原告适格，即判断实际提起诉讼者是否适合作为原告的问题。对此，《中华人民共和国行政诉讼法》（以下简称《中国行政诉讼法》）并不直接使用“原告适格”这一用语，而以“原告”一词规定了关于原告的法律规则。虽然在《中国行政诉讼法》中找不到“原告适格”这一表述，但是，通过规定原告的相关条款即可判断原告适格范围。

在中国，行政诉讼中的原告是指认为行政机关及其工作人员的具体行政行为侵犯其合法权益，而向人民法院提起诉讼的公民、法人或者其他组织。[1] 在《中国行政诉讼法》第2条、第24条第1款及第41条中涉及“原告”问题，而这些规定都属于概括性规定。[2]

《中国行政诉讼法》第2条规定：“公民、法人或者其他组织认为行政机关和行政机关工作人员的具体行政行为侵犯其合法权益，有权依照本法向人民法院提起诉讼。”这一规定是对中国行政诉讼原告资格的最基本的概括性表述。第41条第1项，即“原告是认为具体行政行为侵犯其合法权益的公民、法人或者其他组织”这一规定，只不过是对同法第2条的重复规定，无任何意义。但是，也有部分学者认为，在法律体例上第2条属于总则，是原则性和方向性的规定，不能直接作为诉讼依据，因此，即使第41条第1项与第2条的规定在内容上重合，第41条

---

〔1〕 姜明安主编：《行政法与行政诉讼法》，北京大学出版社2011年版，第451页。

〔2〕 应松年主编：《当代中国行政法》（下），中国方正出版社2005年版，第1780页。

作为对诉讼要件的规定，属于行政诉讼原告资格的直接规定。[1]

此外，《中国行政诉讼法》第24条第1款规定："依照本法提起诉讼的公民、法人或者其他组织是原告。"《最高人民法院关于执行〈中华人民共和国行政诉讼法〉若干问题的解释》（以下简称《若干问题的解释》）第32条第1款规定："人民法院应当组成合议庭对原告的起诉进行审查。"

综上，中国学界对原告适格问题的研究主要集中在对《中国行政诉讼法》相关规定的理解与诠释上，通常使用"原告资格"一词，但有时也使用"原告适格"这一表述。

（二）中国行政诉讼法上原告资格的范围

关于"原告资格"的概念，中国的学者通常从形式和实质两种意义上进行界定。形式意义上，原告资格是指符合法定的条件而得向法院提出行政诉讼的资格；实质意义上，原告资格是指公民、法人或者其他组织与被诉的行政行为有法律上的利害关系，即与被诉的行政行为有法律上的利害关系者才具有原告资格，若无此种利害关系则不具有原告资格。[2]在以上两种观点中，后者对原告资格的理解更为直接、明了。从而，可以将原告资格界定为："通过行政诉讼得解决行政纠纷并与之有法律上利害关系者"。[3]

如果从实质意义上界定"原告资格"，关键要素是对"法律上利害关系"的理解。对"法律上利害关系"的判断标准，可以从关联法律规定中加以确认。《中国行政诉讼法》第2条规定："公民、法人或者其他组织认为行政机关和行政机关工作人

---

〔1〕 应松年主编：《行政法与行政诉讼法学》，法律出版社2005年版，第477～478页。

〔2〕 王彦：《行政诉讼当事人研究》，中国政法大学2004年博士学位论文。

〔3〕 王彦：《行政诉讼当事人研究》，中国政法大学2004年博士学位论文。

员的具体行政行为侵犯其合法权益，有权依照本法向人民法院提起诉讼。”根据这一规定，当事人仅在“认为行政行为侵犯其合法权益”时才能提起行政诉讼。而《若干问题的解释》第12条规定：“与具体行政行为有法律上利害关系的公民、法人或者其他组织对该行为不服的，可以依法提起行政诉讼。”根据这一解释，与具体行政行为有法律上利害关系者即具有原告资格。《中国行政诉讼法》第27条规定了第三人参加诉讼的情况，即：“同提起诉讼的具体行政行为有利害关系的其他公民、法人或者其他组织，可以作为第三人申请参加诉讼，或者由人民法院通知参加诉讼。”也就是说，第三人申请参加诉讼，其须与“提起诉讼的具体行政行为有利害关系”。

综上，纵观《中国行政诉讼法》关于原告资格的规定，因规定之间表述的不同，其范围亦有差异。如《中国行政诉讼法》第2条所采用的是“合法权益”这一表述，而诉讼法上的合法权益是指公民、法人或者其他组织根据法律的规定所享有的权利及以此获得的资格或利益。[1] 但不同于第2条的规定，第27条则规定为“与具体行政行为有利害关系”；而《若干问题的解释》第12条则规定为“与具体行政行为有法律上利害关系”。除关于第三人规定的《中国行政诉讼法》第27条之外，属于原告资格基本规定的有《中国行政诉讼法》第2条和《若干问题的解释》第12条。将这两条规定进行比较，可以看出，《若干问题的解释》中更为广泛地认定了原告资格。将原告资格的范围从“合法权益”，扩大到“法律上利害关系”是非常有意义的。但是，这一扩张是通过最高人民法院的司法解释来实现的，而不是由行政诉讼法确定的。这一点可能成为规范位阶上的限

〔1〕 应松年主编：《行政诉讼法学》，中国政法大学出版社2004年版，第94页。

度。另外，将《若干问题的解释》中规定的“法律上利害关系”与《中国行政诉讼法》第27条中规定的“与具体行政行为的利害关系”相比较，可以认为，中国行政诉讼法上原告资格的范围仍有进一步扩大的余地。

四、中国与韩国关于原告适格法制的比较研究

如前所述，关于原告资格的规定，《韩国行政诉讼法》第12条第1款直接使用了“原告适格”一词，但是，在《中国行政诉讼法》中没有“原告适格”这一表述，而可以从第2条、第24条第1款、第41条第1款中关于“原告”的规定可以判断原告适格标准。

《韩国行政诉讼法》第12条第1款规定：“通过撤销行政行为获得法律上利益的人，才有资格提起撤销诉讼。”即原告资格的范围决定于对“法律上利益”的理解。对其解释，法律上利益救济说是通说，也是判例的立场。本文也赞同这一学说。但由于解释论的局限，扩大原告资格范围的文义解释的努力，始终没有中断过。期间代替《韩国行政诉讼法》上的“法律上利益”，在《行政诉讼法修正案》中曾出现过“正当利益”或者“法之利益”的表述。

同样，中国也在努力扩大原告资格的范围。〔1〕但在中国现行法律条文当中，在规定原告资格问题时，使用了不同的多种表述。《中国行政诉讼法》第2条采用的是“合法权益”、同法第27条采用的是“与具体行政行为的利害关系”，而《若干问题的解释》中则采用的是“与具体行政行为的法律上利害关系”等等，有三种不同的表述。其中，最有可能获得扩大解释的表

〔1〕 应松年主编：《行政诉讼法学》，中国政法大学出版社2004年版，第481页。

述是，不以“法之利益”为前提的“与具体行政行为的利害关系”这一表述。在此，中国与韩国在没有“法之利益”的局限，这一点上有共同点。

五、结论

最近，在世界范围内，逐渐强调行政的作用，而且，随着社会生活的变化，行政行为的类型也呈现多样化态势。“国家通过授益性行政行为保护国民的利益”，在这个意义上，行政行为的多样化有着积极的作用，但同时，国民的权益基于不法的行政行为而受侵害的风险也会随之加大。对于行政行为的负面影响，可以通过完善救济手段使其最小化，而在法治国家，诉讼制度是最终的救济手段，从而作为行政行为的诉讼制度——行政诉讼的重要性逐渐得到了重视。

行政诉讼是对受行政行为侵害的私益的救济手段，而此种行政行为通常又以维护个人的公益为目的。通过行政诉讼，揭开行政行为的违法性，以此确保行政行为的适法性，但是，在这一过程中，行政诉讼是由在公益和私益的对立结构中受侵害的个人主张行政行为的违法性为起点，从而个人能否提起行政诉讼是保障行政诉讼积极作用的前提条件。这正是行政诉讼法上的原告适格问题。

比较中韩两国对原告适格的立法态度，在形式上确实存在着明显的差异。但是，从功能主义的角度而言，两国的制度却存在极为相似的品格，即两国的汇集点在于，都致力于扩大原告资格的范围。在寻求扩大原告资格范围的进路中，中韩两国有共同的目的，也有相互的比较优势，因此，应当相互参照对方合理的改善方案。韩国可以参考《中国行政诉讼法》上的法律表述，中国则可以参考韩国《行政诉讼法修正案》。

关于中韩两国维持转售价格行为规制的比较研究

金汉信*

一、绪论

竞争法，尤其是反垄断法作为维持市场经济秩序，促进自由公平竞争〔1〕，提高经济运营效率的法律，为达成以上目的而制定了相关经营者的垄断协议（cartel）、经营者对市场支配地位的滥用行为、经营者的集中行为（企业合并）等方面的规定。

关于限制竞争行为的认定，应综合分析行为的动机、经济效果及竞争促进〔2〕等多方面因素。通常反垄断法相关限制竞争行为的条文之中均有类似规定。

维持转售价格行为（Resale price maintenance，RPM）作为限制竞争的行为之一，可归类为纵向限制交易行为。在过去的100多年间，美国对纵向限制交易行为采以“本身违法（per -

* 金汉信：东北师范大学人文学院，教授。

〔1〕 韩国《垄断规制法》第1条当中的“促进公平、自由的竞争”表现其兼顾“公平（fair）”和“自由（free）”的一面。然而中国《反垄断法》以“公平竞争”一词来突出强调“公平”。

〔2〕 经济效率性、消费者福利增大等效果。

se illegal)”原则判断其行为的违法性。各国也受其影响，例如《EU竞争法》、《日本垄断禁止法》、《韩国垄断规制法》相继采用了美国的做法，针对RPM适用“本身违法”原则认定其违法性。

2007年8月30日，中国第10届全国人民代表大会常务委员会第29次会议中制定了《中华人民共和国反垄断法》，并于2008年8月1日生效。《中国反垄断法》第2章第14条规定：禁止经营者与交易相对人达成下列垄断协议（一）固定相第三人转售商品的价格。（二）限定向第三人转售商品的最低价格。（三）国务院反垄断执法机构认定的其他的垄断协议。因此，中国的反垄断法关于维持转售价格行为的规制大体上与其他国家的立法无较大差异。

20世纪70年代，随着美国芝加哥学派的盛行，围绕着RPM的限制竞争的程度与现行的严格的立法规制间的平衡问题，产生了诸多争论。受该学派的影响，美国的很多判例针对纵向非价格限制行为和最高RPM中适用所谓“合理原则（rule of reason)”，即将限制竞争效果与促进竞争效果相互比较、衡量进行违法性判断，并在2007年Leegin判决〔1〕之中，亦采以“合理原则”代替过去100多年适用于最低RPM的“本身违法”原则判断其行为的违法性。因该判决的出现，在竞争法层面上关于RPM的违法性的争论越发激烈。

根据韩国维持转售价格行为相关法律的规定〔2〕，当经营

---

〔1〕 See *Leegin Creative Leather Products* v. PSKS Inc., 127 S. Ct. 2705.

〔2〕《垄断规制法》第2条6项：维持转售价格行为是指，经营者在商品和服务交易中，指定交易相对人或下一交易阶段的经营者交易价格，并强制其按指定价格销售或提供商品或服务的行为，或者为此订立附加其他限制条件的合同而进行交易的行为。

第29条第1项：经营者不得为维持转售价格行为。但限制商品及服务的最高价格的最高价格维持行为具有正当理由的不在此限。

者向其交易相对方的经营者以强制或者附加其他限制条件设定转售价格的，不考虑其他任何因素，直接认为是违法行为。因此，针对垄断规制法当中关于维持转售价格行为的违法性的根据为“限制竞争性”抑或“拘束性”有着很大的争论。在Leegin判决之后，近期韩国大法院的判决认定，维持转售价格行为中维持最低价格行为在存在正当理由的情况下应予以允许。据此，在关于是否可以将韩国《垄断规制法》上维持转售价格行为的违法性判断问题解释为适用所谓“合理原则”的问题上，产生了激烈的争论。

本论文通过观察自2008年开始实施的中国《反垄断法》如何规制“维持转售价格行为”，在介绍现行韩国《垄断规制法》当中相关维持转售价格行为的法律法规、学说以及判例的基础上将两国内容进行比较，为中国《反垄断法》规范上述行为提供一点建议。

二、维持转售价格行为的意义、要件及竞争效果

（一）意义

1. 起源。一般而言，RPM是指在商品和劳务交易中，上游（upstream）经营者对具有独立销售组织的下游（downstream）经营者根据交易阶段事前指定转售价格，进行垂直整合的惯例。

随着近代商标制度的发展，市场对价格竞争越发敏感，在这样的背景下维持转售价格行为出现于19世纪后半期的英国。即，随着商标制度的发展及商品的规格化，品牌商品（brands - goods）出现并发展，这激化了销售品牌商品的零售商间的价格竞争。一般例如百货店等大型零售商售出商品的价格会低于小型零售商售出的商品价，尤其存在一些大型零售商会使用诱引顾客的方式以廉价售出商品（loss leading）。因此，受到威胁的

小型零售商欲通过结成价格卡特尔限制价格竞争，但是多样的零售商组织化存在困难。因此，若生产商以提供商品为条件与零售商约定价格维持，可以取得与零售商价格卡特尔同样的效果。另一方面，对于生产者因零售商之间激烈的价格竞争不仅会阻碍其流通网，而且“引诱廉卖”会发生损害其商品形象之虞。因此，生产者与销售者之间出现的利害关系的一致，形成了维持转售价格行为出现的土壤。〔1〕

2. 性质。

(1) 垂直价格限制。①垂直交易限制行为：若以发生限制交易效果的市场为基准，维持转售价格行为可被归类为垂直限制交易行为。〔2〕垂直限制交易行为可能从通过流通系统化在其他市场强化其支配力的制造商的意图而产生，也有可能是被用来助长和诱导流通商和制造商的卡特尔，或者会成为横向合并的伪装手段。〔3〕但是垂直交易限制可以防止流通商搭便车(free riding) 及引诱廉卖（loss leader）保障品牌信用，亦可成为取得销售多种商品的流通商的喜爱，提高销售量的手段。②限制价格行为：垂直限制交易行为可以再分为限制价格行为和限制非价格行为，这种分法是起源于 Sylvania 判决的。在 Sylvania 判决之后，限制非价格的行为也可适用“合理原则”。〔4〕

---

〔1〕 See Lee Dong - Sin：“维持转售价格行为的规制和价格标识制的问题”，载《裁判资料》。

〔2〕 限制交易的分类依据有两种，第一种是依限制交易相关市场的分类，第二种是依限制交易手段的分类。垄断规制法采用第二种分类依据。Hong Myung - Su：“关于垂直限制交易行为的研究”，首尔大学 1997 年硕士学位论文。

〔3〕 See Hwang Tae - Hi：“关于维持转售价格行为的研究”，首尔大学 2002 年法学研究生论文。

〔4〕 但是在美国，限制价格行为即维持转售价格行为的情况下，Khan 判决以后才可以开始适用合理原则审视限制最高价格行为，也是在 2007 年 Leegin 判决当中才可以适用合理原则来审视限制最低价格行为。这种区别和划分的实际意义正在逐渐消失。

（2）品牌内竞争限制。①意义：维持转售价格行为作为制造商对其生产、销售的同一品牌商品在流通阶段内附加的对交易行为的限制，称之为“品牌内（intrabrand）限制竞争行为”，这区别于销售其他制造商生产的品牌商品的“品牌间限制竞争行为”。这意味着即使存在品牌内限制竞争行为，市场上仍可存在品牌间的竞争。与其他商品有存在较大差异以至于很难被其他商品所代替的情况，存在品牌内部的限制竞争行为的同时很难期待品牌间的竞争，因此可以直接导致市场上的限制竞争行为。②与品牌间（interbrand）竞争的关系：若存在一品牌商品与其他品牌商品品质上存在较大的差异，视其为一个与其他品牌商品无任何竞争关系的独立市场的情形，该品牌内的限制竞争行为必然阻碍公平竞争。[1] 但是通常因存在一定的品质差别的情形，削弱品牌内部竞争反而会促进与其他品牌之间的竞争。

有观点亦认为，在消费者福利的层面上品牌间的竞争更具优势，因此存在品牌间竞争的情形，无须规制作为品牌内限制竞争行为的维持转售价格行为。[2]

总之，在判断品牌内限制竞争效果时，除需考虑该品牌内部的竞争效果之外，仍需比较衡量相关市场上类似品牌之间竞争促进效果等的因素。

（二）维持转售价格行为的成立要件

1. 行为主体。中国《反垄断法》第14条规定，维持转售价格行为发生在“经营者与交易相对人”的交易过程。韩国《垄断规制法》规定，维持转售价格行为发生在商品或服务交易过

〔1〕 转引自《公正交易白皮书》，经济规划院1984年版，第475页。参见Hwang Tae－Hi：“关于维持转售价格行为的研究”，第13页。

〔2〕 See Bork. R. H. , *The Antitrust Paradox*, Basic Books, 1978, Sin Guang－Sik 译，kyobo 文库，1991, p. 349.

程中的“经营者”与“交易相对人或者下一交易阶段的其他经营者之间”。

2. 商品或服务的转售。

（1）维持转售价格行为的对象：商品或服务。中国《反垄断法》第14条没有明确规定RPM的对象，只是将其对象笼统地规定为“交易”，因此可以将商品和服务解释为其交易的对象。也有观点认为RPM的对象只包括商品而不包含服务〔1〕，但是此时无将RPM的对象进行限定解释的必要。

在制定韩国《垄断规制法》当时，将RPM的主体限定为“生产或销售商品的经营者”，而在2001年1月16日，韩国《垄断规制法》修改之时，将“经营者提供服务的情况”也纳入到RPM的概念之中。

（2）转售。①意义：转售（reasale）是指在流通阶段将商品及服务出售给下一阶段的交易主体的行为，这意味着具有独立销售组织的流通商可以独自决定其价格并转卖。

②委托买卖。首先，介定一下委托买卖的意义：委托买卖（assignment）是制造商保留商品的所有权并委托下一阶段的销售商销售该商品，根据委托人的计算将商品或者有价证券由下一阶段的销售商以自己名义进行销售。

委托人可以指定受托人以自己确定的销售价格进行销售。因此，受托人虽在法律上为独立企业，但在经济上只是经济代理人，而且委托销售中委托物的所有权属于委托人，无特殊情况之下，销售额应归属于委托人。〔2〕其次，讨论委托买卖与转售的区别：为了规避法律针对维持转售价格行为的限制，通过

〔1〕参见李思扬：“转售价格维持（CRMP）的反垄断研究”，复旦大学2008年硕士学位论文。

〔2〕参见大法院判决 1982. 2. 23. 81 다 2619。

代理店（特约店）等以“委托销售合同”的形式伪装，实现转售的行为的情形，因受《垄断规制法》的规制，应尤为重视两者的区分问题。[1]

区分当事人之间交易关系属于转售或是委托买卖的情形，不能以其表面或形式上的形态进行判断，而应进行实质性、综合性的判断。

3. 转售价格的指定行为。

（1）转售价格。转售价格作为固定的价格即定价（fixed price fixing），可以划分为禁止一定价格以下销售的最低价格（price floor）和禁止一定价格以上销售的最高价格（price ceiling）。

（2）指定行为。转售价格指定行为是指从事制造或销售的经营者根据交易的阶段决定或维持转售商销售价格的行为。但在建议价格制下，若流通商遵守了其全部内容，亦可将其视为指定行为。同时，类似于价格指定行为，亦存在制定回扣率、保证金率等形式。

（三）经济效果

维持转售价格行为因约束经营者决定价格的自由并抑制价格竞争，视其为反竞争行为，这恰是受《反垄断法》限制的主要原因。但是，认为该行为的经济效果中限制竞争与促进竞争效果不相伯仲的观点，亦具有说服力。

1. 限制竞争的效果。维持转售价格行为是把转售价格固定为垄断价格的行为，是为了通过制造商或者流通商的协议来维持垄断行为从而达到吸取垄断利润。

（1）制造商进行《卡特尔协议》的手段。制造商进行卡特

[1] Hwang Tae－Hi 前引文，第18页。

尔的情形，因维持转售价格行为可能削减卡特尔成员进行破坏卡特尔的欺瞒行为所得到的利益，并且提高揭发破坏卡特尔行为的可能性，因此具有进行维持转售价格行为的诱因。[1]

易于进行卡特尔的产业，例如，对多数消费者提供同样商品的贸易壁垒较高的产业，若为了维持垄断而进行 RPM 的，并满足各种条件的话，此维持转售价格行为不仅会使价格上升，导致营销量的减少而对社会带来福利损失，还可能会减少竞争，从而带有反竞争性质。

（2）流通商强制论。根据流通商强制论（theory of dealer coercion）[2]，具有协商力的流通商为了确保垄断性的销售利益，强迫制造商维持转售价格，并通过这类纵向性价格固定行为使揭发破坏卡特尔的欺瞒行为更为容易，从而提高卡特尔的安全性。

但是，不论在技术还是资本方面，流通业均为贸易壁垒较低的行业；在发生垄断利润的情形，新的流通商必然会及时出现；并且维持原本存在的《卡特尔协议》亦存在相当的困难。

与此相反，若一行业流通途径的可代替性较低，基于协商力的流通商强制理论即成为合理说明维持转售价格行为的理论根据。在此情况下，在流通商强制下形成的维持转售价格行为必

---

〔1〕 See Sullivan L. A. , *Antitrust*, *Hornbook Series*, West Publishing Co. , 1977, p. 385.

〔2〕 主张流通商强制论的经济学者有：Comanor, W. S. , "Vertical Territorial and Customer Restrictions: White Motor and Its Aftermath", *Harvard L. R.* 81 (1968); Yamey, B. S. , *The Ecomonics of Resale Price Maintenance*, London: Sir Issac Pitman Press, 1954; Pitofsky, "In Defence of Discounters: The No – fills Case For a Per se Rule Against Vertical Price Fixing", 71 *Georgia Law Journal* 1487, (1983); Klien, B. and K. M. Murphy, "Vertical Restraints as Contract Enforcement Mechanism", *Journal of Law & Economics*, Vol. 31, 1988, pp. 265 ~297。

然引起价格的上升和供给量的减少，导致弱化竞争的结果。[1]

2. 促进竞争的效果。有观点认为维持转售价格行为，若是基于制造商和销售商两者之间的合意而产生，从结果而言必然会促进品牌之间竞争因此即使该行为限制品牌内的竞争，在整体上仍认定为促进竞争的行为。

（1）搭便车理论。Telser（1960）[2] 主张，因为制造商要求零售商为维持转售价格的行为意味着代替零售商向消费者提供的购买前的有价值信息，因此这在形成制造商利益的同时会提高消费者的福利。这对以往经济学上对维持转售价格行为所固有的作为提高垄断能力手段的观念给予了相当的冲击。

即流通商在销售制造商所生产的商品的过程中，通过提供消费者所需的各种购前信息、进行示范等的售前服务，发挥了促进销售的作用。一般而言，提供服务的流通商会将提供服务的费用转嫁至商品的价格之上，因此不提供服务的流通商的定价必然更低，而消费者亦会因为价格低廉而购买未提供服务的流通商的商品。提供服务的流通商因提供服务而得不到应有的补偿，必然会缩小服务范围或放弃提供服务。

在此时，维持转售价格行为不仅可以防止类似未提供服务的流通商搭便车的现象，而且可以在防止消费者的投机行为的同时促使流通商提供购买前的相关服务。因此维持转售价格行为，为消费者提供了充分地更有价值的购物前相关服务，而非为进行垄断化或行使垄断力的手段之一。

（2）保障质量理论。当消费者对自己想要购买的产品的质

---

〔1〕 参见 Lee Ju - Sun，Sin Suk - Hun，"美国联邦最高法院的评价标准变化与政策性含义"，韩国经济研究所，第 27 ~ 28 页。

〔2〕 See Telser. L. G.，"Why should Manufactures want Fair Trade?"，*Journal of Law & Econ.* 89（1960），Lee Ju - sun，Sin Suk - Hun 前引文，第 29 页。

量或流行趋势不太了解时，一般希望通过对零售商的认证来了解相关信息。若一零售商通过过去的成功经历或者投资来扩大消费者的选择范围从而得到消费者的广泛认同，那么制造商便会试图通过此类销售商来扩展自己的销路。该理论的前提在于，已存在部分销售商因在商品质量和种类的选择上的成功，取得了消费者认可的先例。

但在转售价格不能维持的情形，消费者会在商品品质相对较好的流通商卖场上确认商品之后，在其他价格相对低廉的零售商处购买该产品。若放任消费者的此类投机行为，制造商的商品很难取得声誉较好的流通商的推荐。

在这种情形下，维持转售价格行为是制造商取得声誉较好的流通商支持的手段，而非进行垄断化或行使垄断力的手段。

（3）确保销售网。有学者认为，当产品的最终需求者数量与零售店的数量有着正相关关系时，维持转售价格行为可作为确保更多的零售店的手段之一。[1] 即存在成本不同的零售店的情形，若伴随零售店数量的增加而增长的需求超过因维持转售价格导致的价格上升所引起的需求的减少时，维持转售价格行为可以成为制造商追求利润最大化的手段之一。即使价格上升，但因供给量的增加而导致的剩余价值的增加幅度大于因价格上升而导致的消费者利益的缩小幅度，即可谓是社会的福利的增长。

三、美国、欧洲、日本的案例

（一）美国

美国将 RPM 作为《谢尔曼法》第 1 条所规定的限定交易内

〔1〕 See Gould, J. R. and L. E. Preston, "Resale Price Maintenance and Retail Outlets", *Econometrica*, Vol. 32, pp. 302 ~ 312.

容之一，进行规制。1911 年 Dr. Miles 判决[1]中，第一次将 RPM 宣告为“本身违法”。该判决以英美法上不合理的限制让渡交易行为视为违法的“财产权让渡（alienability of property rights)”法理[2]为判断根据，将限制独立经营者的价格决定的行为判定为违法。

Dr. Miles 判决中指明过的且已成基本命题的“纵向价格协议为本身违法”的观点已持续了 100 多年。之后虽在 1967 年 Albrecht 判决中[3]的针对最高 RPM 亦适用了本身违法原则，但随着 1970 年以后芝加哥学派的兴起，本身违法的法理适用范围变得逐渐缩减。其代表性的判决有 1977 年 Khan 判决[4]，此判决中针对最高 RPM 适用了“合理原则”，而 2007 年的 Leegin 判决针对最低 RPM 亦适用了合理原则。但是与最高 RPM 不同，针对最低 RPM 的争论仍在继续，并且为废除 Leegin 判决[5]在联邦议会和各州议会的层面上进行着多方面的努力。

在《谢尔曼法》执行初期，纵向交易限制的违法性判断标准所考虑的主要部分为当事人交易的自由和意思约束，但如今逐渐转向竞争限制性——尤其是品牌间的限制竞争性。如此的变迁过程不仅对美国而且影响着其他正在引进或实施反垄断法的国家的立法。

（二）欧洲

欧洲将维持转售价格行为作为欧洲共同体条约第 101 条规定的交易限制进行规制。但是当行为违反第 101 条的第 1 款内容的，若根据第 101 条的第 3 款的规定，即有关行为的促进竞争性

---

〔1〕 See Dr. Miles Medical Co. v. John D. Park & Sons Co. , 220 U. S. 373 (1911).

〔2〕 英美法上通常认为商品进行销售后，所有权移转至流通商手中的商品的销售价格等，应由所有权人自行决定。

〔3〕 See Albrecht v. Herald Co. , 390 U. S. 145 (1968).

〔4〕 See Atlantic Richfield Co. v. USA Petroleum Co. , 495 U. S. 328 (1990).

〔5〕 See Atlantic Richfield Co. v. USA Petroleum Co. , 495 U. S. 328 (1990).

效果抵消反竞争性效果的情形，可认定为法的例外情形。但是，由于纵向交易限制指南（guideline）实际上将维持转售价格行为推定为违反第101条第1款的内容，而同时又不符合同条第3款的例外规定，因此关于维持转售价格行为的规制事实上与美国式的本身违法规制相似。但这并不代表经营者完全丧失了效率性抗辩的权利。[1]

（三）日本

现今，日本将维持转售价格行为作为不公正交易行为的一环进行规制，虽因法条涉及“无正当理由”的表述形成了一定的解释上的余地，但事实上法律的执行形式类似于美国的“本身违法”原则。在“第一次奶粉事件”[2]中，最高法院认为：维持转售价格行为是一种制造商直接约束销售商的手段，并且完全地消灭了销售商间的价格竞争。因此认定维持转售价格行为本质上属于限制竞争行为，该行为本身即违法。

四、中国《反垄断法》中的维持转售价格行为

中国在2007年8月30日第10届全国人大常务委员会第29次会议上制定了《中华人民共和国反垄断法》，并2008年8月1日开始实行。虽然实施时间较短而且法执行的轮廓仍不明显，但亦有观点认为，在不远的将来中国《反垄断法》将在世界范围内执行竞争法的领域中与美国和欧洲相媲美。[3]

---

〔1〕 See European Commission, Guidelines on Vertical Restraints, SEC (2010) 411, 2.10 (223).

〔2〕 最判昭和50年7月10日民集29卷6号，第888页。

〔3〕 Park Je - Hyun：“中国反垄断法的主要内容——即对我们企业的影响”，PPT资料，第2页。

（一）有关 RPM 的法律规定

中国《反垄断法》第 2 章[1]垄断协议中规定了横向垄断协议（第 13 条）、纵向垄断协议（第 14 条）以及关于行业协会（第 16 条）的规定。限制竞争协议当中有着像美国和欧洲一样包含水平协议和垂直协议的体系也是一种特色。

第 14 条[2]规定了维持转售价格行为。这与韩国《垄断规制法》将维持转售价格行为作为单独行为予以规定的方式相类似。在第 14 条第 1 款第 2 项规定，禁止固定转售价格和限定最低价格的行为。但对于固定最高价格的行为，似乎考虑到其防止搭便车行为的效果会促进竞争，因此未被规定为在禁止对象。再则，依据第 15 条[3]的规定，经营者在证明所达成的协议不会严重限制相关市场的竞争，并且能够使消费者分享由此产生的利益的情形，使 RPM 的豁免成为可能。

---

〔1〕 由第 13 条到第 16 条组成。

〔2〕 第 14 条规定："禁止经营者与交易相对人达成下列垄断协议：

（一）固定向第三人转售商品的价格；

（二）限定向第三人转售商品的最低价格；

（三）国务院反垄断执法机构认定的其他垄断协议。"

〔3〕 第 15 条规定："经营者能够证明所达成的协议属于下列情形之一的，不适用本法第十三条、第十四条的规定：

（一）为改进技术、研究开发新产品的；

（二）为提高产品质量、降低成本、增进效率，统一产品规格、标准或者实行专业化分工的；

（三）为提高中小经营者经营效率，增强中小经营者竞争力的；

（四）为实现节约能源、保护环境、救灾救助等社会公共利益的；

（五）因经济不景气，为缓解销售量严重下降或者生产明显过剩的；

（六）为保障对外贸易和对外经济合作中的正当利益的；

（七）法律和国务院规定的其他情形。

属于前款第一项至五项情形，不适用本法第 13 条、第 14 条规定的，经营者还应当证明所达成的协议不会严重限制相关市场的竞争，并且能够使消费者分享由此产生的利益。"

（二）针对 RPM 规制

如上所述，中国《反垄断法》对于 RPM 的规制的形式可概括为：概括性禁止（第 14 条）与豁免条款（第 15 条）。

第一，类似于美国法对于最低 RPM 乃至固定 RPM 不采以“本身违法”原则，保留其豁免之可能性。第二，对于最高 RPM，不仅未适用“合理原则”将竞争促进性与限制竞争性进行比较衡量，并且直接将其排除在禁止对象之中，此可谓是中国《反垄断法》的特征之一。

五、韩国《垄断规制法》中的维持转售价格行为

（一）法律的规定

对于维持转售价格行为，韩国《垄断规制法》第 2 条第 6 款规定：“维持转售价格行为是指，经营者在商品和服务交易中，指定交易相对人或下一交易阶段的经营者交易价格，并强制其按指定价格销售或提供商品或服务的行为，或者为此订立附加其他限制条件的合同而进行交易的行为。”

根据第 29 条第 1 款规定，原则上禁止维持转售价格的行为，既是针对维持最高价格的行为仅在具有正当理由的情况下予以允许。同条第 2 款作为例外规定，将总统令规定的著作物及公平交易委员会的指定商品排除在针对维持转售价格行为规制的范围之外。所谓“总统令规定的著作物”为《著作权法》第 2 条（定义）规定的著作物[1]中，通过与关系中央行政机关长官的协议，有公正交易委员会确定的已经出版的著作物（包括电子出版物）。

如上所述，韩国《垄断规制法》对维持转售价格行为原则

[1] 《著作权法》第 2 条（定义）第 1 款第 1 项：“著作物”指表现人的思想或者感情的创作物。

上持禁止的态度，这与滥用市场支配性地位、不当共同行为、不公正交易行为的情形，违法性判断的问题上与所谓“不正当”规范的制度具有比较的含义。因此，对于维持转售价格行为的议论，从来都理解为垄断规制法的这种态度依“本身违法”原则被禁止，并主张依“合理原则”审查该行为。通过 2001 年的法条的修订，对于最高 RPM，通过审查“正当理由”使之可以得到许可。但对于最低 RPM 或者固定 RPM 仍坚持在满足法第 2 条第 6 款规定的行为要件即认定其违法性的态度。

但是，尽管与以往的争论相同，即使 RPM 具有限制竞争性的一面，但亦可促进品牌间的竞争（interbrand competition），并且能够被新进经营者使用为参与市场营销的手段，因此可视其为有促进竞争和符合创新性企业活动以及消费者利益的一面，不能将其一律认定为违法，应通过比较、衡量多方面的角度之后再决定。

其中，对于最低 RPM 一向以“本身违法”作为违法性判断标准的美国联邦大法院，在 2007 年 6 月 28 日的 Leegin 判决中却判定：RPM 不依“本身违法”原则审查，而依“合理原则”审查。这也掀起了新的争论。最近韩国大法院的判决似乎具有采纳合理原则倾向，因此对该问题的讨论变得更加激烈。

（二）对 RPM 违法性的争论

一般认为，韩国《垄断规制法》上的 RPM 是作为不正当交易行为的特殊类型予以立法化的产物。[1] 因为《垄断规制法》第 1 条在列举该法所禁止的行为时未单独提及 RPM，第 29 条第 1 款规制的 RPM 是针对制造商或进口商在商品脱离自己掌控范围之后，仍片面地指定且维持相关商品的转售价格的行为，对基于强制性的限制销售商的价格决定自由所包含的不公正性的

〔1〕［韩］权五乘：《经济法》，法文社 2010 年版，第 342 页；［韩］郑豪烈：《经济法》，博英社 2008 年版，第 436 页。

无价值判断。[1]这时的强制性或者拘束条件均属于不公正交易行为代表性的特征。

但是，关于 RPM，特别是美国《谢尔曼法》上的讨论，对韩国法上针对 RPM 规制趋势有着巨大的影响。在 Leegin 判决之后，主张在韩国亦应依“合理原则”规制 RPM 的观点越发活跃，并且近期大法院的判决亦被解释为是支撑此类主张的依据，而这样的争论可谓是以韩国 RPM 违法性的根据是“拘束性”还是“限制竞争性”的争议为背景的。以下针对这两种观点的依据进行简单的考察。

1. 拘束性。

(1) 拘束性问题的成因。如上所述，《垄断规制法》针对维持转售价格行为不另行判断其违法性，在符合法第 2 条第 6 款的概念要件且不符合法第 29 条第 1 款但书以及第 2 款的适用除外的情形，原则上直接认定为违法予以禁止。在这样的立法背景下，认定维持转售价格行为的过程中最为核心的部分即为“拘束性”要件。

拘束性成为问题的理由如下。首先，限制独立的个别经营者所享有的决定价格的自由。价格的决定权属于个别经营者所固有的自由领域，与委托买卖中委托人保留决定销售价格权不同，原则上制造商不享有对已出售的产品的销售价格的拘束权限。美国《谢尔曼法》执行初期，维持转售价格行为成为问题的 Dr. Miles 判决中，亦赞同该行为的违法根据以所有权绝对化的思想为基础，强调销售商移转商品所有权之后，购买人对已

〔1〕［韩］李奉仪、全钟杙：“关于垄断规制法上禁止维持转卖价格行为是否符合宪法规定的判断”，载《法学》2010 年第 9 期。

让渡的商品的转卖以及处分的自由应得到保障。[1]日本[2]《垄断禁止法》对于禁止维持转售价格行为的基本态度亦是以该立场为出发点。

其次，拘束性成为问题的另一个理由在于流通阶段中，上游销售商拘束下游销售商的销售价格的维持转售价格行为是因其作为“品牌内的限制价格竞争的行为”予以禁止的。RPM使原本在流通阶段自由的价格决定受到拘束，削弱品牌内的竞争，结果上形成涉及整个市场的价格协议，妨碍流通组织的效率性，故而应在原则上予以禁止。但品牌内的限制竞争效果是由流通阶段所实施的维持转售价格行为而引起的现象，不能归因于转售价格遭受拘束本身。欲形成品牌间的限制竞争效果，应针对作为制造商流通网的全部或者多数的销售商附加该拘束条件，但是韩国法对于RPM在只约束单一下游销售商的转卖价格的情况，亦可解释为满足拘束性要件。因此，以生产商与多数销售商附加此类拘束条件进行交易作为为前提，是一种逻辑上的跨越。

（2）法定拘束与事实上的拘束。拘束力以是否具有法定依据为标准，可区分为具有法定根据的法定拘束及现实生活中只具备事实上的拘束力两种情况。原则上，维持转售价格行为是法律上禁止的行为，因此该行为形成的拘束力事实上仅属于事实上的拘束力。并且对转售价格行为的拘束不限于直接的、明示的形式，亦包括间接地、情况性地拘束。[3]

（3）判断拘束性与否的标准。①学说对于判断拘束性存在

---

〔1〕 220US，373（1911）.

〔2〕 在日本和光堂（株）事件中最高裁判所判示了品牌内的竞争限制是维持转卖价格行为违法性的核心。最判昭和50年7月10日民集29卷6号，第888页。

〔3〕 一边特别区别情况性拘束与明示性拘束，判断维持转卖价格行为的违法性的态度不如所望，应综合考虑所有情况，有认定其实质性的强制性就可看为维持转卖价格行为为对的见解，见Hwang Tea－Hi，前引文，第77页。

的标准，韩国大体的观点采确保实效性说。〔1〕对于具体何种情形可能确保拘束的实效性，存在心理压迫说和经济利益衡量说。在韩国，经济利益衡量说为多数说。依据经济利益衡量说，以不遵守价格限制可能使对方经营者遭受的经济损害的程度为标准，判断拘束性的存否。②实务上的判断标准：首先是公平交易委员会的判断标准公平交易委员会：对于拘束性的存否亦持确保实效性说。依据公平交易委员会的审决例："以维持转售价格行为为内容签订合同，并且合同内容中强制规定在违约时合同解除等可以担保合同契约履行之手段的情形，不论是否依照维持转售价格合同针对违约行为进行制裁措施、如若存在价格拘束，不论其是否依照指定的转售价格进行销售"认定其拘束性。〔2〕其次（大法院 2001. 1. 24. 判决〔3〕）认为："经营者向转售商销售商品时，单方面指定转售价格且指示并通知其按照该价格销售的行为，当该价格仅为参考价格或者希望价格的情形，不能认定为违法；如果超出该范围，使转售商遵循该指示、通知，并附加确保该行为实现的实效性手段的情况，方才属于法条第 2 条第 6 款所规定的行为，且根据法条第 29 条第 1 款的规定，属于被禁止的维持转售价格行为。"基本上采纳了确保实效性说。

2. 限制竞争性。

（1）序言。作为规制维持转售价格行为理论依据的另一个

---

〔1〕［韩］金永浩："转卖价格维持制度——现行法条的问题以及改善策为中心"，载《东亚法学》1988 年第 12 期；［韩］金仁俊："转卖价格维持行为的规制"，载［韩］权五乘编：《公正交易法讲义 I》，法文社 1996 年版，第 350 页。

〔2〕东光制药事件，公正交易委员会议决第 2001 - 135 号；宝蓝制药事件，公正交易委员会议决第 2001 - 137 号；韩华制药事件；公正交易委员会 议决 第 2001 - 136 号；三星电子事件，公正交易委员会裁决第 2000 - 32 号；每日奶业事件，公正交易委员会议决第 98 - 111 号等。

〔3〕大法院 2001. 12. 24. 判决 99 다 11141，纠正命令等取消处分。

要素为“限制竞争性”。以侵害经销商决定价格的自由为代价固定价格的结果，在零售阶段消灭了价格竞争，形成类似于横向协议的效果。〔1〕

对于一制造商进行维持转售价格的，该RPM所发生的限制竞争效果为所谓的“品牌内”的限制竞争，然而在回答是否可能以品牌内的限制竞争为由禁止RPM的问题上，持赞成的观点人认为，通常市场上的品牌内的限制竞争与品牌间的限制竞争发生联系的概然性较大，因此主张应认定其违法性。〔2〕

但是韩国《垄断规制法》规定，如果制造商等经营者对其下游的单一经营者实施RPM，虽可避免发生品牌内的限制竞争的效果，但亦有可能认定该行为在本法上的违法性。因此，欲将限制竞争作为韩国《垄断规制法》认定为维持转售价格行为是违法行为禁止规制的依据，仍存在诸多问题。

然而，多数说仍将判断RPM违法性的根据以“限制竞争”为中心进行讨论。〔3〕观察公平交易委员会的审查准则，虽对主要的审查标准以拘束性的类型予以详细叙说，但规定若满足上述要件，那么因限制流通阶段的价格竞争、侵害经营者的自律性，因此在不分析其竞争限制性和不公正性直接视为“本身违法”，间接地将限制竞争性认定为违法性的实质根据。

〔1〕 在Dr. Miles判决中：“依据交易当事人之间的纵向协议限制交易相对人价格的设定会发生类似该经销商间具有横向卡特尔协议一样的限制竞争性”，220 U. S. 373 (1911).

〔2〕 参见［日］松下满雄：《经济法概说》，东京大学出版社2006年版，第195页。该书指出：维持转售价格行为只能实施在无品牌间的竞争或者该竞争正在消退的情况。在日本和光堂（株）事件中，最高裁判所明确了维持转卖价格行为是限制“品牌内的竞争”，所以原则上为违法。参照最判昭和50年7月10日民集29卷6号，第888页。

〔3〕《反垄断法》对转售价格维持行为持有绝对违法的态度的观点，该观点可以理解为其违法性根据来自于规制限制竞争的事由。

尽管韩国《垄断规制法》对 RPM 的定义具有明文规定，但对 RPM 如此复杂的理解是因为不断受到来自美国法的议论变化的影响。首先，对是否可将韩国《垄断规制法》认定为是采纳美国竞争法上的本身违法的问题进行探讨。

（2）本身违法原则与合理原则。

①《反垄断法上》的本身违法原则与合理原则韩国《垄断规制法》规定，若存在法第 2 条所阐述的 RPM，不问其是否存在违法性，直接将其认定为违法。因此，一般的观点认为韩国《垄断规制法》相关 RPM 的规定是采纳美国法上"本身违法"的原则。如公平交易委员会的审查准则之中规定："如果符合维持最低价格行为，限制流通阶段当中的价格竞争、侵害经营者的自律性的，无需对限制竞争或是不公平进行分析，直接认定为本身违法"的规定，以及与其他类似的态度。

同时，关于《维持转售价格法规》第 29 条但书的规定，通常将其认为是对"合理原则"的产物。并且公平交易委员会的审查准则也反映出如上观点，根据比较衡量限制竞争和效率性增大效果及消费者福利增大效果间的结果，将后者更具优势的情形认定为"正当理由"。

上述立场将"本身违法"理解为其字面上的含义，因此认为，只要满足其行为构成要件，即不通过附加的审查就断定其违法性。因此也存在未经过具体审查即适用该原则的情况。但是本身违法的法理是来自于美国竞争法上以司法解释为基础的开放的条文形式，是具有美国特色的概念。因此，我们有必要去明确它含义上的差异。

②本身违法的概念。美国反垄断法中本身违法是指：如果其行为是特定行为，在判断其限制竞争性时，该行为总是或几乎总是产生交易限制、降低生产量的效果，并且若无其他正当

化的事由，那么该行为即使不通过其他途径的经济分析等附加审查，即可认定为违法。而合理原则是指：虽有些行为限制竞争，但它可能伴随着提高效率或增加消费者福利等的正当理由，因而应根据整体性行为的效果判断其违法性。这与上述本身违法存在着本质上的差异。为适用“本身违法”法理，必须在法院处理该类特定案件上积累一定的经验和技巧，并对该限制交易行为根据合理原则进行分析得出的结论总是或大部分为无效的情形范围内，限定的适用。

在韩国《垄断规制法》中，对“本身违法”和“合理原则”的争议主要存在于不当共同行为或不公平交易行为等方面。但这仅是举证责任上的差异〔1〕，而不能将其简单地等同于美国法上的区分。也是因为将美国法中的“本身违法”和“合理原则”直接适用于韩国法的解释之中，造成了各方面的混淆。

③小结韩国《垄断规制法》中针对 RPM，未将“限制竞争”作为判断违法性的主要依据，而是将拘束当事人意志为主要规制宗旨。因此，将韩国法中的含义解释为“本身违法”并不恰当。

（3）维持最高转售价的行为的情形。韩国《垄断规制法》第 29 条但书中明确规定，若维持最高转售价格行为具有“正当理由”，则不受第 29 条本文所规定的限制。该条款在 2001 年法第 9 次的修改中引入，通常将其理解为有关维持最高转售价格的行为适用“合理原则”的根据。

然而，合理原则是在比较和衡量限制竞争效果和促进竞争效果为基础上进行的综合性的判断过程。而第 29 条中的但书规定，需比较和衡量“拘束性”和“促进竞争效果”的程度。但其中比较衡量是否具有可行性，若存在可行性那么为何不可适

〔1〕［韩］权五乘前引文，第 280 页；大法院 2001. 12. 11 宣告 2000 다 833 判决。

用于最低 RPM 的问题，有观点持否定性态度。[1]

3. 最新判例。近期，韩国大法院针对 RPM，异于以往展开了新的法解释。[2]即使针对最低 RPM，若存在“正当理由”，则适用例外情形，并且明确指出举证责任由经营者承担。

（1）判决要旨。

①韩美药品事件（大法院 2010. 11. 25 宣告 2009du9543 判决）

——《垄断规制法》的目的欲通过促进竞争增大消费者福利，这亦是禁止维持转售价格行为的宗旨。

——即使为可能限制品牌内部的竞争的维持转售价格行为，但根据市场上具体情况若存在促进品牌间竞争、增大消费者福利等的正当理由的情形，有必要将其认定例外情形。

——是否具有正当理由的判断，应综合考虑是否促进品牌间的竞争、服务竞争，是否增加市场进入障碍等因素。并且根据相关规定的宗旨，举证责任应归于经营者。

②Callaway 事件（大法院 2011. 3. 10. 宣告 2010du9976 判决）

——根据韩美药品事件的判决宗旨，原审应至少给予原告证明如上述主张的正当理由的机会，如此的法理上曲解，以及审理的不充分，致使该判决违法。

（2）评析。根据上述判决，有观点认为应将“限制竞争”作为判断 RPM 违法性的根据予以考虑，并且在立法未予修订之前，支持类似该判决的解释。[3]但是，亦有观点认为这样的行

---

〔1〕 参见［韩］李奉仪前引文，第 249 ~ 250 页。

〔2〕 大法院 2010. 11. 25 宣告 2009 다 9543 判决；大法院 2011. 3. 10 宣告 2010 다 9976 判决。

〔3〕 参见 Kim Kwon - Hoi，Yun Sin - Seung：“维持转售价格行为”，载《反垄断法 30 年》，法文社 2011 年版，第 394 页。

为，不顾及韩国现行法解释上以保护交易对方的自由的价格决定权为宗旨，是超越法解释界限进行解释立法，法的解释过分依赖于《垄断规制法》的目的条款，因此受到“向一般条款的逃避”的批评[1]。

4. 小结。

如上述，在韩国《垄断规制法》关于RPM的违法性根据，存在着激烈的争议。笔者认为，根据韩国现行法的解释论，将认定RPM为不公平行为的一种，先前的解释较为妥当，而大法院最新的判决是超过解释论范围的判决。但具有市场支配地位的经营者等的RPM行为，会导严重的限制竞争效果，因此将该行为作为滥用市场支配地位的行为的一种，从立法的层面上须要改善关于禁止纵向限制价格行为等规定。

六、针对中国《反垄断法》对维持转售价格行为规制的启示

（一）关于限制竞争性的讨论

中国《反垄断法》第14条，将固定RPM，最低RPM等纵向协议以垄断协议的形式予以规制，即可将其视为基本类似于美国和欧洲的规定。同时，根据第15条规定的“经营者的举证”，具有豁免于第14条规制的可能性。因此，探讨类似美国法上适用“本身违法”原则抑或是“合理原则”的问题，不具有实际意义。虽然，这在施行初期的现阶段是不可避免的现象，但应将讨论的焦点放在如何制定衡量限制经济效果与促进竞争效果的具体标准的问题。

---

〔1〕［韩］曹成国：“有关维持转售价格违法性行为违法性的判断标准的最新判例分析”，载《经济法判例研究会发表资料》，第13~16页；李奉仪：“公平交易法上的维持转售价格行为的概念及违法性”，载《法经济学会》2011年。

（二）拘束性

如今，因中国的主要行业均以垄断或者趋于以垄断的形式出现，因此有观点基于 RPM 可以为新的市场参与者提供进入相关市场通道的纯技能性，支持 RPM 的存在。但是参照韩国垄断规制法上对 RPM 的争议，RPM 在一方当事人拥有市场支配力的情形，有成为剥夺对方当事人自由的价格决定权的可能性，这会严重的侵害市场经济秩序当中交易的公平性。而现阶段的中国，针对 RPM 在这一层面上的规定是不够完整的。

并且除《反垄断法》以外，虽在《价格法》第 14 条第 1 款亦对“相互串通，操纵市场价格，损害其他经营者或消费者的合法权益”的行为做出了规定，而此也仅体现了从宏观层面上保障社会公共利益的宗旨，对“附拘束条件”的不公平交易行为的规制仍不充分。因此笔者认为，有必要通过《反不正当竞争法》的修订完善对于包括价格在内的利用市场支配力实施附条件的交易行为的规制。

（三）最高 RPM

虽最高 RPM 限制竞争性比较少，针对消费者福利可能具有积极影响，但不是全部的情形。而且合理原则不是在全部的情形下促进竞争。所以中国《反垄断法》例外地以最高 RPM 为规制对象，笔者认为有问题，合理原则和促进竞争是该区分的概念。

七、结论

中国《反垄断法》自 2008 年实施，已经四载。目前，中国的 GDP 为世界第二，经济增长速度正以年平均增长率 10% 以上的速度急速上升。作为对世界经济有着重大影响的国家，在经济法的执行方面中国成长为与美国和欧盟并驾齐驱的执行当局指日可待。

韩国自70年代开始，从过去贫困的农业国家，通过飞速的经济发展，现已成长为经济较为发达的国家。在这个过程中，施行于1980年的韩国《垄断规制法》，其30于年的执行对确立韩国的市场经济秩序做出了重大贡献。虽然因国家规模等方面存在的较大的差异，致使法运营上发生差异，但通过政府主导型的经济开发转变为市场经济的韩国的竞争法的执行经验，对完善中国《反垄断法》的体制具有一定的参考价值。

RPM作为纵向交易限制行为之一，却一直与横向交易限制行为相同作为限制竞争行为受到严格的规制。但其规制的根据，依时间和地区的差异，存在着不同的理解。因同时具有成为主要的限制竞争行为与成为促进竞争行为的双重可能性，并且保有限制个别市场参与者的活动及意思决定自由的不正当交易行为的性质等，在系统地理解该问题上引起了混淆。因此需要在今后的法解释论和立法论的展开过程中，区分上述的立法目的，减少在法解释和执行过程中的混淆。

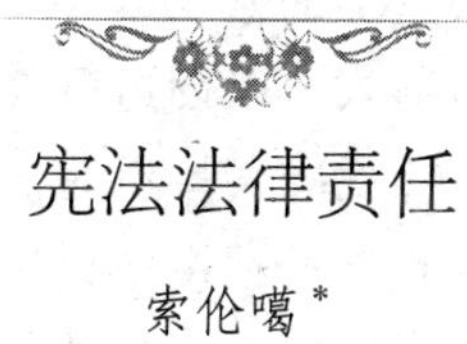

宪法法律责任

索伦噶*

法律责任是社会责任的一种类型。由于基于国家约束力确保实行具有重要法律义务内容的法律要求，因此称其为法律责任。法律责任的内容包括如下要素：①采取行动的义务；②倾向于做出重大行动的义务；③对他/她的非法行为施加不利后果的义务。

在国外一些国家的宪法中，可见两种类型的公式："宪法法律责任"和"宪法责任"。"宪法责任"是法律责任的一种形式，它被施加于行使高级国家权力的国家组织和高级政府官员之上（I. A. Ivanovo）。"宪法法律责任"是一种独立的法律责任形式，它是一种旨在保护宪法法律关系实施的规定（V. A. Kirovograd）。通过宪法法律责任的接受和合法化，宪法法律规范的效力将会得到提高。

根据宪法法律责任规范的正当性，我们了解一个宪法法律规范的构成，强化并包括：①违反宪法行为的构成（不法行为）；②宪法法律制裁及其适用的规制；③施加宪法法律制裁的

* 索伦噶：蒙古国立大学法学院，教授，院长。

被授权主体——责任组织；④实现宪法法律责任的程序，换言之即程序的形式。

基于对特定法律责任的法律正当性的未来构成，我提出以下问题。①宪法。通过附加的修正案，宪法法律责任的国家机构将会获得一个特定的形式，以创造条件用一种统一的方式使宪法法律责任合法化。②批准直接以宪法文本或宪法组织的建立为基础的立法，或者是批准在由他们决定的一般准则基础上的立法。③为当地市政组织批准一项法律规范文件。④批准一个文件以规范执行宪法法律责任的操作。我们需要增加它们的数量。实现宪法法律责任的实质正当性显然是将一种宪法法律关系中特定主体违反由宪法法律责任（制裁）保护的宪法法律规范的作为或者不作为。

总而言之，我们要谨慎采用直接来自国外的宪法法律责任的模型，尽管它早已成为习惯并且很有效。我认为重要的是评估接受在我们的现实环境下产生规范的一致性。

蒙古国民法中的疑难问题

博·特木伦*

绪论

民法作为私法，其宗旨和意义的重要性毋庸置疑。2002 年施行的现行民法典与以往几部民法典相比较更具有先进性和学科性。如将民事主体独立地位、契约自由、公平公证、诚实信用作为民法的基本原则加以确认，对私法自治、保护私主体利益，赋予私主体依照自己的意愿在诚实信用范围内，决定和安排自己事务和生活的可能性提供了法律保障。诚实信用原则的确立（民法典第 114 条第 1 款；第 109 条第 3 款等中的规定）对稳定和维护财产秩序提供了条件，从保护依据上述原则进行法律行为各方的利益角度，民法中规定了不动产登记等新的制度。

需要指出的是，该部民法典中仍存在不少疑难问题，对这些疑难问题在一篇文章中不可能提出解决办法。但是笔者仍想就几点疑难问题提出自己的建议，以期与同行商榷。

* 博·特木伦：蒙古国国立大学法学院，民法教研室主任，法学博士，副教授。

一、宪法对民法产生的影响

首先，从法学方法论角度，对宪法中规定的基本权利如何直接体现在民法中的问题做一简要的归纳。例如，蒙古国《宪法》第5条第3款中宣示“只有依据法律的规定才可以限制所有权”。而该条文反映在《民法典》第103条第1款中。该条规定：“只有依据法律的规定才可以限制所有权。”因此，将宪法中宣示的基本权利直接规定在民法中的做法，从体系效应看其法理依据和妥当性值得考虑。笔者认为，将宪法中宣示的基本权利以非直接方式转化为具体部门法即民法规范时，应当考量民法的调整对象、调整方法以及调整的特点。

二、占有规范

考察蒙古国民法典中的有关占有的规范发现对占有的性质有两种不同的理解，即承认占有为一种独立权利或者认为占有只是一种管领物的事实状态。例如，根据民法典第89条第1款的规定，占有是依意思表示根据合法原因而产生。从法理上讲，在私法中只有独立权利才可以依据法律的规定而产生。而如果认为占有是根据合法或明确的法律规定而产生的话，实际上就认为，占有同所有权一样是属于一项独立的权利。但是从民法典第91条第1款的规定看，认为占有并非是一项独立的权利，它只是一种管领物的事实状态而已。

蒙古国民法典试图进行上述两种对占有性质的不同认识进行统一的努力，但这种努力是否妥当及相关规范之间是否形成逻辑联系值得考虑。而审判机关也认同笔者看法。笔者建议，对占有的性质需要进行系统梳理并加以明确规定。只有对占有的性质准确定位才可以对土地法中规定的，外国公民不占有土地却可以利用土地的棘手问题给出合理的解释。

三、合同法中的疑难问题

民法典中规定的合同终止的原因中有撤销合同和解除合同等情形。从司法实践中的纠纷解决及其趋势总结看，存在将合同的撤销与合同的解除相混淆的现象。甚至在民法典中的具体有名合同中将本应当撤销的合同规定为合同的解除的情况。因此，如何正确适用可撤销合同的解除问题显得尤为重要。

合同的解除主要适用于长期性的、持续性的合同。而且合同解除的法律后果往往指向未来，即从解除合同之日起债权债务关系终止，而已经履行的部分、已经给付的义务仍有效保留。而合同撤销的法律后果是发生溯及既往的效力。具体来讲，合同被撤销的，依据合同发生的权利义务关系终止，产生返还依据合同取得的给付义务。因此，合同的撤销往往适用于双方之间发生的，具有交易性质的债权债务关系的合同。例如，对买卖合同应当适用撤销合同规范，而非适用解除合同的规范。而依据民法典第256条第1款的规定，如果买卖合同中的买卖标的物有瑕疵的，应当解除合同。笔者认为，在上述情况下，应当适用合同撤销的规范。

四、民法中的竞合规范

《民法典》第56条中规定了法律行为无效的原因及无效产生的法律后果。依据第56条第5款的规定，法律行为无效的，双方应当将依据法律行为取得的财产返还给对方；无法返还的，应当赔偿损失。

此外，民法典第492条第1款中规定了无合法根据取得财产的有关请求权（即不当得利）。并且如果依据第492条第1款的规定取得财产的一方与给付财产的另一方之间没有发生债权债务关系，或者债权债务关系终止之后或者债权债务关系无效的，给付财产一方有权依据不当得利，向对方请求返还取得的财产。这样，《民法典》第 56 条第 5 款与第 492 条第 1 款之间发生了法律规范的竞合，即几个法律规范调整同一关系时发生法律规范的竞合。为解决上述问题，笔者认为，应当注意以下因素。

参加民事法律关系的任何人都应当依据法律规定取得财产。其法理基础是由法律确认的独立权利的思想。取得财产的含义是指取得财产所有权。例如、依据买卖合同、赠与合同等。当转移所有权的根据尚未发生、无效时，取得财产的一方属于无法律根据而取得财产的情形。进而，应当将无法律根据取得的财产返还给对方。该请求权规定在《民法典》第 56 条第 5 款和第 492 条第 1 款中。任何请求权都有发生的根据，而且当无合法根据取得财产时，产生返还请求权的条件方面，《民法典》第 492 条第 1 款的规定更加准确、系统且具有逻辑关系。而《民法典》第 56 条第 5 款的规定继承了 1994 年民法典的内容。从法律调整的系统性、逻辑性及准确性来看，显然适用民法典第 492 条的规范会更妥当些。

五、兼顾适用大陆法系与英美法系规范问题

市场经济体制确立并发展，全球一体化进程加速的当今社会，尤其在商业领域，产生了民法典中未明确规定的大量无名合同。发生相关纠纷时如何解决的问题上，如何协调适用两大法系的规范，如果无法协调适用时寻找适当的路径问题应当引起学者应有的关注。

“台湾地区劳动基准法”重点简介

周沧贤　秦嘉逢*

一、保障劳工权益——“劳基法”系最低标准

1. “劳基法”第1条：“为规定劳动条件最低标准，保障劳工权益，加强劳雇关系，促进社会与经济发展，特制定本法；本法未规定者，适用其他法律之规定。雇主与劳工所订劳动条件，不得低于本法所定之最低标准。”

（1）从上述条文规定可知，“劳基法”乃系劳雇双方所订劳动条件之最低标准，其意义在于，如劳资双方所订条件对劳方而言系优于“劳基法”规定者，自应从双方之约定。而何谓优于“劳基法”规定，应从整体观察来看，譬如：关于加班费之约定，如果加班均按1.5倍时薪计算，虽然关于超过2小时部分低于“劳基法”规定，但以加班4小时而言，仍非谓与“劳基法”规定有抵触。

（2）虽然如此，在实务上关于是否低于最低标准仍难一概而论，例如：关于育婴留职停薪实施办法第2条第3项规定，

* 周沧贤，秦嘉逢：台湾地区义正群策法律事务所，合伙律师。

育婴假每次不少于 6 个月为原则，以劳动法学原理解释，自应认属最低标准之强制规定。但实务上，法院却认为：“然查，上揭育婴留职停薪实施办法第 2 条第 2 项系规定：‘前项育婴留职停薪期间，每次以不少于六个月为原则’，既为原则性规定，而非规定每次不得少于六个月，依其文义可知，该规定非属强行规定。”雇主给与育婴假不受上开办法之拘束（2006 年度劳上易字第 113 号）。

2. “劳基法”第 2 条：“本法用词定义如下：

一、劳工：谓受雇主雇佣从事工作获致工资者。

二、雇主：谓雇佣劳工之事业主、事业经营之负责人或代表事业主处理有关劳工事务之人。

三、工资：谓劳工因工作而获得之报酬；包括工资、薪金及按计时、计日、计月、计件以现金或实物等方式给付之奖金、津贴及其他任何名义之经常性给与均属之。

四、平均工资：谓计算事由发生之当日前六个月内所得工资总额除以该期间之总日数所得之金额。工作未满六个月者，谓工作期间所得工资总额除以工作期间之总日数所得之金额。工资按工作日数、时数或论件计算者，其依上述方式计算之平均工资，如少于该期内工资总额除以实际工作日数所得金额百分之六十者，以百分之六十计。

五、事业单位：谓适用本法各业雇佣劳工从事工作之机构。

六、劳动契约：谓约定劳雇关系之契约。”

（1）雇主如何认定：雇佣劳工之事业主、事业经营之负责人或代表事业主处理有关劳工事务之人。实务上经常见到的争议：劳工以公司负责人为雇主起诉，此时法院经常必须晓谕是否变更为公司，否则将形成被告错误之判决，驳回原告之诉。另外，常见劳工在关系企业间移转劳保投保单位，究竟其雇主为谁，亦系实务常见争议之一。事实上，以我国台湾地区目前中小型企业做法，为节税使然，经常将劳工转换数家公司投保单位，而在最后产生争议时，往往已与当初任职之公司不同，造成审理上之困扰。对此，笔者认应自契约关系之相对人为谁出发，因劳动契约并未强制必须以书面为之，因此，在判断雇主为谁时，应该自从属性上下手，审酌指挥监督关系存在何人与何人间，作为判断依据之一。在实务上，亦有企业内调职与企业外调职两种争议情形，企业内调职应无争议，惟企业外调职，劳委会立场系如为“借调”关系，则原企业仍为雇主，因原企业可以将受领劳务之权利让与他人。话虽如此，但在实务上要证明确实亦有相当难度，故此种争议案例亦非少数。

再者，目前台湾地区“最高法院”有采取学理上所谓“揭开公司面纱原则”、“法人格否认说”等意见，认为公司不得利用法人规避责任，并以“实体同一性”作为基础，只要处于可操控之情况下，法院会将两个不同法人当作一个法人对待，在工作年资之计算上，或者有无适当工作安排之认定上，公司将不能再主张两公司为不同法人，无须负责等抗辩。

另外，实务上亦出现有受雇台湾公司后，被外派中国大陆案件，通常此种情况，外派员工会保留台湾公司之劳健保及薪水，但转投资之中国大陆公司会另外给付薪水或者其他名义之报酬，此时，究竟其雇主为何人，亦为实务上关于雇主争议之一。有判决认为，劳工可同时受雇于两雇主，有判决认为仍应以台湾公司为雇主进行诉讼。但此又涉及工作年资能不能合并计算之问题，凡此种种，皆为实务上关于如何认定雇主之争议。

（2）工资如何认定：实务上对于工资如何认定经常产生争议，劳方多主张所取得之金额均为工资，资方多主张有许多名目是恩惠性给予，或者非经常性给予，在实际案例中甚至有薪资项目多达数十项者。无非为节省企业将来关于资遣费或退休金之支出。实务上，有许多著名争议项目，例如：夜班津贴、驻外津贴、伙食费、三节奖金、年终奖金、绩效奖金等，其实关于项目名称在劳资争议案例中并非审查重点，法院审酌之要点在于：是否与工作产生“对价关系”？或者是否为“经常性给予”？通常这种案件可能经过台湾地区“最高法院”多次发回后才会确定，但也只是在个别案例中拘束两造，并非可用于一切劳资案例，当然援引作为参考依据，是律师或两造当事人常见之手段，自不在话下。因此，关于工资数额之认定，确实系劳资纠纷实务上常见之案例。判断某项给付是否具“劳务对价性”及“给与经常性”，应依一般社会之通常观念为之，其给付名称为何，尚非所问。是以雇主对劳工提供之劳务反复应为之给与，无论其名义为何，如在制度上通常属劳工提供劳务，并在时间上可经常性取得之对价（报酬），即具工资之性质，这是目前实务上关于某项给付是否为工资之判断标准。

（3）平均工资如何计算：关于平均工资部分，法文规定系计算事由发生之当日前六个月内所得工资总额除以该期间之总日数所得之金额，经此计算后所得者为日平均工资，在乘以30后得出月平均工资，借以计算资遣费或退休金等。然此会因大小月加总之日数产生些许差异，因此，“劳委会”曾发布函释：以总额除以六为月平均工资，此为便宜做法，然需两造当事人对此种算法不争执，笔者在实际案例中经常会与对造就此协调达成共识，以避免双方计算之繁杂，否则法官依照法律审判，则必须按前述先算日平均工资，再算月平均工资方式，一则复杂，一则产生差异。而平均工资之争议亦与工资范围之争议难脱关系，因平均工资之计算首先必须确定工资数额，而工资数额之争议已如上述，兹不赘述。

实务上曾出现另一争议，即不正常工作期间或者无薪假期间之所得，于计算平均工资时是否纳入？说明白一点，劳动契约终止前6个月，有时会出现不正常之上班情形，导致劳工所得降低，此时计算平均工资时，法院通常以正常工作所得作为计算，因此，法文所称：计算事由发生之当日前六个月内所得工资总额除以该期间之总日数所得之金额，法院会因实际状况而有所调整。

3. “劳基法”第3条：“本法于下列各业适用之：

一、农、林、渔、牧业。

二、矿业及土石采取业。

三、制造业。

四、营造业。

五、水电、煤气业。

六、运输、仓储及通信业。

七、大众传播业。

八、其他经主管机关指定之事业。

依前项第八款指定时，得就事业之部分工作场所或工作者指定适用。

本法适用于一切劳雇关系。但因经营形态、管理制度及工作特性等因素适用本法确有窒碍难行者，并经主管机关指定公告之行业或工作者，不适用之。

前项因窒碍难行而不适用本法者，不得逾第一项第一款至第七款以外劳工总数五分之一。”

（1）适用一切劳雇关系之说明：早期“劳基法”尚未全面适用时，实务上经常出现关于企业是否适用劳基法之争议。当时法院系以审酌企业主要营业项目作为是否适用劳基法之判断依据。然至迟自1998年12月31日起，“劳基法”适用于一切劳雇关系，但因经营形态、管理制度及工作特性等因素适用本法确有窒碍难行者，劳委会以公告方式予以除外。

（2）不适用“劳基法”之行业或工作者：

承上，除外方式有二：一为行业别除外，一为个别工作除外。此部分可以参考“劳委会”之公告函文。

4. “劳基法”第7条：“雇主应置备劳工名卡，登记劳工姓名、性别、出生年月日、本籍、教育程度、住址、身份证统一号码、到职年月日、工资、劳工保险投保日期、奖惩、伤病及其他必要事项。前项劳工名卡，应保管至劳工离职后五年。”

（1）未置备劳工名卡之处罚：“劳基法”第79条：未置备劳工名卡可能处2万元以上30万元以下罚锾。

（2）按次处罚为原则：依新修正“劳基法”规定，违反相关规定者之罚锾，以按次处罚为原则，取消连续罚之规定。

二、劳动契约之建立与终止：“劳基法”第2章

“劳基法”第9条：“劳动契约，分为定期契约及不定期契约。临时性、短期性、季节性及特定性工作得为定期契约；有继续性工作应为不定期契约。定期契约届满后，有下列情形之一者，视为不定期契约：（一）劳工继续工作而雇主不立即表示反对意思者。（二）虽经另订新约，惟其前后劳动契约之工作期间超过九十日，前后契约间断期间未超过三十日者。前项规定于特定性或季节性之定期工作不适用之。”

1. 劳动契约与委任契约：关于劳动契约之认定，攸关是否适用劳基法，此大多数为资方提出之抗辩，借以主张无须负担劳基法上之雇主义务。此种争议在实务上屡见不鲜，以目前台湾地区“最高法院”多数见解观之，仍系以从属性判断之。换言之，应视其是否基于人格上、经济上、组织上从属性而提供

劳务加以判断。凡在人格上、经济上、组织上完全从属于雇主，对雇主之指示具有规范性质之服从者，为劳动契约；反之，如受托处理一定之事务，得在委任人授权范围内，自行裁量决定处理一定事务之方法，以完成委任之目的者，则属于委任契约。关于认定上，台湾地区“最高法院”实务见解亦有明白揭示应该放宽认定，即有部分从属性时，即认定有劳动契约关系。而区分二者目的在于，是否受到劳基法之规范。因此，劳资诉讼中，关于是否适用劳基法，除了有无除外公告，是否为劳动契约关系，亦为实务上常见之争议案例类型。

2. 劳动契约类型：台湾地区的劳动契约分为定期契约与不定期契约两种，有继续性工作者，应为不定期契约，原则上大多数劳动契约应系不定期契约。不定期契约与定期契约有一重要分别，即关于资遣费与退休金之计算，即定期契约终止时，雇主无给付之义务（注：关于退休金部分，新制实施后，即使定期契约工，亦应提拨劳工退休金）。多数企业均会问一个问题，我可否与劳工订短期契约？依目前实务意见，除非有上述临时性、短期性、季节性及特定性工作可以订定短期契约之情形外，又或为替代留职停薪员工所为之短期契约工，大部分劳动契约如有继续性工作之性质，即使签订短期契约，亦会遭到认定为不定期契约。另关于按定期契约届满后或不定期契约因故停止履行后，未满 3 个月而订定新约或继续履行原约时，劳工前后工作年资，应合并计算，“劳动基准法”第 10 条定有明文。其立法本旨在于保护劳工权益，避免雇主利用换约等方法，中断年资之计算，损及劳工权益。上开规定之因故停止履行，并无明文例示，为保护劳工权益，应采扩张解释，除退休外，纵因资遣或其他离职事由，于未满三个月内复职，而订立新约或继续履行原约时，劳工前后工作年资应合并计算（台湾地区

1993 年度台上字第 598 号判决意旨参照）。

3. 工作年资之计算：按劳工之工作年资自受雇之日起算。而受雇之日如何判断？一般会以劳保投保日期作为依据，但在法律上原应以实际任职日期或者劳工提供劳务时起计算，有些时候雇主没有投保，或者延后投保，无论原因为何，均无碍员工工作年资应自受雇时起计算。关于工作年资之争议，以往通常出现在适用“劳基法”前后如何计算，劳退新制施行后，除了仍适用旧制退休金者外，或者尚未结清旧制年资外，这种争议应该会变少。惟关于多数雇主，借调，外派，关系企业间调职等等，其工作年资是否应该合并计算，反而会是今后争议事项，尤其，台湾地区“最高法院”目前已有采取“实体同一性”之理论，未来关于是否有实体同一性，应该会成为两造诉讼上之争点。

4. 劳动契约之终止：关于劳动契约之终止，此为诉讼实务上最常见之劳资争议类型。关于劳动契约之终止，依法可分为资方行使终止权、劳方行使终止权，及双方合意终止 3 种类型。双方合意终止问题较少，至多为履行契约之争议，于此不论。关于劳方终止契约部分，分为预告型（第 15 条）与不需预告型（第 14 条），大致上分别为，预告型常见理由为劳方因生涯规划而自请离职，常见争议为，劳方并无自请离职意思，系遭资方诈欺而填写离职申请书。不需预告型之终止，常见争议为，资方是否有“劳基法”第 14 条规定之情事，较常见为第 5 款（不依法给付报酬）及第 6 款（违反劳动契约或劳动法令）之争议。例如，资方片面减薪、违法调动职务，或者资方解雇劳方不合法等，劳方以此为由，终止劳动契约请求资遣费。而关于资方发动终止权之类型亦分为两种，即预告型（第 11 条）与不需预告型（第 12 条），因第 11 条终止者，资方尚需给付资遣费，因第 12 条终止者，资方无须给付资遣费。无论资方或劳方行使不需预告型之终止权，都有相关30日之除斥期间之规定，超过期间者，丧失终止权。在终止契约之争议中，目前台湾地区“最高法院”已有数个判决采取“解雇最后手段性原则”，换言之，必须客观上已难期待雇主采用解雇以外之惩处手段而继续其雇佣关系，雇主所为之惩戒性解雇与劳工之违规行为在程度上核属相当者，其解雇行为始谓适法。

再者，实务上亦曾见过雇主于诉讼上追加终止事由之案例，然法院见解一般会认为终止权系形成权之一种，每一个都是单独成立一个形成权，换言之，如果雇主解雇时未主张之理由，因“劳基法”有除斥期间之规定，应不得于事后主张。但如有其他法定终止事由，自得另行终止契约。因此，雇主如欲合法解雇劳工，于解雇时之公告或书面通知等文件，应寻求专业意见为之，避免产生疑义。

另关于劳动契约实务上签订最低服务年限之约定，虽然劳基法对此并无规定，然司法实务并非全然否定此种约定之效力，例如，以往空服员劳动契约中常见最低服务年限条款，台湾地区“最高法院”关于此点做过以下意见：最低服务年限约款适法性之判断，应从该约款存在之“必要性”与“合理性”观之。所谓“必要性”，系指雇主有以该约款保障其预期利益之必要性，如企业支出庞大费用培训未来员工，或企业出资训练劳工使其成为企业生产活动不可替代之关键人物等是。所谓“合理性”，系指约定之服务年限长短是否适当？诸如以劳工所受进修训练以金钱计算之价值、雇主所负担之训练成本、进修训练期间之长短及事先约定之服务期间长短等项为其审查适当与否基准之类。因此，员工如违反有效之最低服务年限约定，可能招致雇主求偿。

实务上常见离职竞业禁止条款争议，亦即劳工离职后不得再与原雇主有竞争关系之企业服务。对此，司法实务上认：台湾地区“宪法”第十五条规定，人民之生存权、工作权及财产权应予保障，乃国家对人民而言。又人民之工作权并非一种绝对之权利，此观诸“宪法”第二十三条之规定而自明，上诉人唯恐其员工离职后泄漏其工商业上，制造技术之秘密，乃于其员工进入公司任职之初，要求员工书立切结书，约定于离职日起二年间不得从事与公司同类之厂商工作或提供资料，如有违反应负损害赔偿责任。该项竞业禁止之约定，附有二年间不得从事工作种类上之限制，既出于被上诉人之同意，与“宪法”保障人民工作权之精神并不违背，亦未违反其他强制规定，且与公共秩序无关，其约定似非无效（台湾地区 1986 年台上字第 2446 号）。

惟按签订竞业禁止约定，除需着眼于雇主有无实质被保护之利益存在外，如其所主张应受保护之法律上利益系营业秘密时，此营业秘密并需符合营业秘密法对营业秘密之定义，如雇主耗费相当心血或金钱所研发而得优势技术或创造之营业利益（台湾地区 2010 年度台上字第 2228 号）。

按受雇人于雇佣关系存续中因参与对雇佣人之顾客、商品来源、制造或销售过程等机密，而此类机密之运用，对雇佣人可能造成危险或损失，乃经由双方当事人协议，于雇佣关系终止后，受雇人于一定期间内不得从事与原雇主相同或同类公司或厂商之工作。其限制范围倘属明确、合理、必要，且受雇人因此项限制所生之损害，曾受有合理之填补，基于契约自由原则，固应认竞业禁止之约定为合法有效。惟于受雇人违反竞业禁止约款而应支付违约金时，该违约金本应推定为损害赔偿额之预定。此项约定是否相当，法院即应依一般客观事实、社会经济状况及当事人所受损害、利益等情，依职权为衡酌，无待债务人（受雇人）之诉请核减，此观“民法”第二百五十二条规定自明（台湾地区2010年度台上字第599号）。

综上所述，对于离职后竞业禁止条款之争议，原则上区分两部分，一为条款本身有无违反“宪法”保障工作权或强制规定与公共秩序而无效；另外则是违反时，契约所订之违约金是否过高而需酌减。总之，在法无明文规定外，目前仍系按个案处理。

三、劳动对价——工资制度：“劳基法”第3章

1. “劳基法”第21条：“工资由劳雇双方议定之。但不得低于基本工资。

前项基本工资，由主管机关设基本工资审议委员会拟订后，报请行政主管部门核定之。

前项基本工资审议委员会之组织及其审议程序等事项，由主管机关另以办法定之。”

基本工资：月薪18780元。时薪103元。

2. “劳基法”第23条：“工资之给付，除当事人有特别约定或按月预付者外，每月至少定期发给二次；按件计酬者亦同。(第1项）雇主应置备劳工工资清册，将发放工资、工资计算项目、工资总额等事项记入。工资清册应保存五年。(第2项)”

工资发放及工资清册。

3. “劳基法”第24条：“雇主延长劳工工作时间者，其延长工作时间之工资依左列标准加给之：（一）延长工作时间在二小时以内者，按平日每小时工资额加给三分之一以上。（二）再延长工作时间在二小时以内者，按平日每小时工资额加给三分之二以上。（三）依第三十二条第三项规定，延长工作时间者，按平日每小时工资额加倍发给之。”

延长工时工资即加班费之计算：1.33与1.66。

4. “劳基法”第26条：“雇主不得预扣劳工工资作为违约金或赔偿费用。”

预扣工资之禁止：但目前实务上认定如系损害发生后，雇主采取抵销主张，尚非违反“劳基法”关于预扣工资之禁止条款。

5. “劳基法”第28条：“雇主因歇业、清算或宣告破产，本于劳动契约所积欠之工资未满六个月部分，有最优先受清偿之权。

雇主应按其当月雇佣劳工投保薪资总额及规定之费率，缴纳一定数额之积欠工资垫偿基金，作为垫偿前项积欠工资之用。积欠工资垫偿基金，累积至规定金额后，应降低费率或暂停收缴。

前项费率，由主管机关于万分之十范围内拟订，报请行政主管部门核定之。雇主积欠之工资，经劳工请求未获清偿者，由积欠工资垫偿基金垫偿之；雇主应于规定期限内，将垫款偿还积欠工资垫偿基金。

积欠工资垫偿基金，由主管机关设管理委员会管理之。基金之收缴有关业务，得由主管机关，委托劳工保险机构办理之。第二项之规定金额、基金垫偿程序、收缴与管理办法及管理委员会组织规程，由主管机关定之。”

工资优先权之效力：“劳基法”规定雇主因歇业、清算或宣告破产，本于劳动契约所积欠之工资未满六个月部分，有最优先受清偿之权。对此，实务意见系此部分债权仅次于抵押权，优先于其他债权。

减薪或无薪假：金融海啸时，台湾地区企业一窝蜂出现无薪假制度，或者有许多公司要求员工签署减薪同意书，或者有公司提供优惠资遣或者减薪两方案给员工选择，凡此均涉及工资的改变，而工资乃劳工劳动力之对价，为劳动契约中要素之一，如要变更，必须取得员工之同意，方可为之。然同意之方式，在实务上有分明示及默示，如签署减薪同意书、同意无薪假方案，或者不选择资遣而选择减薪留任等（惟“最高法院”认此时应为默示同意），应认均属于明示同意工资变更方案。有些情况是公司发布减薪公告或者减薪方案后，载明员工有意见可以提出，然员工并未提出，领取减薪后之薪资并继续工作无反对意思表示者，司法实务上即有可能认定为默示同意减薪。关于无薪假部分，请参“劳委会”解释即可。

扣薪问题：实务上有迟到扣薪等制度，实际上应该认系雇主惩戒权之行使，虽然主管机关认扣薪必须按时薪多少去计算，超过部分可能被主管机关处罚，惟自契约履行角度来看，劳工既未履行提供劳务之义务，雇主不发工资尚难谓违反相关法令，况“劳委会”亦认劳工工资如系依工作时间之长短计给者，则雇主对于劳工上班之迟到时间，一个月内累计逾卅分钟之部分，因未提供劳务，故不发给工资，而依其实际工作时间发给工资，尚不违反“劳动基准法”。因此，关于迟到得否扣薪，如少发部分与其迟到情节相当，应认不违反劳动法令。但相关惩戒制度必须明订于工作规则或劳动契约，否则可能违反“劳基法”第22条之规定“工资应全额直接给付劳工”。

四、工作时间与休假：“劳基法”第4章

1. 正常工时。

（1）“劳基法”第30条第1项：“劳工每日正常工作时间不得超过八小时，每二周工作总时数不得超过八十四小时。”

（2）“劳基法”第30条第2项：“前项正常工作时间，雇主经工会同意，如事业单位无工会者，经劳资会议同意后，得将其二周内二日之正常工作时数，分配于其他工作日。其分配于

其他工作日之时数，每日不得超过二小时。但每周工作总时数不得超过四十八小时。”

分析：

2 周内 2 日 16 小时工时弹性分配

每日正常工时：最长 10 小时

每周工作总时数不超过 48 小时

全面周休 2 日企业：建议每日正常工时 8 小时 24 分（劳委会）

（3）“劳基法”第 30 条第 3 项：“第一项正常工作时间，雇主经工会同意，如事业单位无工会者，经劳资会议同意后，得将八周内之正常工作时数加以分配。但每日正常工作时间不得超过八小时，每周工作总时数不得超过四十八小时。”

分析：

8 周 336 小时工时弹性分配

正常工时：最长 8 小时

每周工作总时数不超过 48 小时

2. 工时变更。

（1）“劳基法”第 30 条之一：“主管机关指定之行业，雇主经工会同意，如事业单位无工会者，经劳资会议同意后，其工作时间得依下列原则变更：（一）四周内正常工作时数分配于其他工作日之时数，每日不得超过二小时，不受前条第 2 项至第 4 项规定之限制。（二）当日正常工时达 10 小时者，其延长之工作时间不得超过二小时。（三）二周内至少有二日之休息，作为例假，不受第 36 条之限制。（四）女性劳工，除妊娠或哺乳期间者外，于夜间工作，不受第 49 条第 1 项之限制。但雇主应提供必要之安全卫生设施。

依 1996 年 12 月 27 日修正施行前第 3 条规定适用本法之行

业，除第 1 项第 1 款之农、林、渔、牧业外，均不适用前项规定。”

（2）适用对象：主管机关指定之行业，经工会或劳资会议同意。

3. 延长工时。

“劳基法”第 32 条：“雇主有使劳工在正常工作时间以外工作之必要者，雇主经工会同意，如事业单位无工会者，经劳资会议同意后，得将工作时间延长之。前项雇主延长劳工之工作时间连同正常工作时间，一日不得超过十二小时。延长之工作时间，一个月不得超过四十六小时。因天灾、事变或突发事件，雇主有使劳工在正常工作时间以外工作之必要者，得将工作时间延长之。但应于延长开始后二十四小时内通知工会；无工会组织者，应报当地主管机关备查。延长之工作时间，雇主应于事后补给劳工以适当之休息。在坑内工作之劳工，其工作时间不得延长。但以监视为主之工作，或有前项所定之情形者，不在此限。”

4. 休假与休息。

（1）“劳基法”第 35 条：“劳工继续工作四小时，至少应有三十分钟之休息。但实行轮班制或其工作有连续性或紧急性者，雇主得在工作时间内，另行调配其休息时间。”

（2）“劳基法”第 36 条：“劳工每七日中至少应有一日之休息，作为例假。”

（3）“劳基法”第 37 条：“纪念日、劳动节日及其他由主管机关规定应放假之日，均应休假。”

（4）“劳基法”第 38 条：“劳工在同一雇主或事业单位，继续工作满一定期间者，每年应依左列规定给予特别休假：（一）一年以上三年未满者七日。（二）三年以上五年未满者十日。(三)五年以上十年未满者十四日。(四)十年以上者，每一年加给一日，加至三十日为止。”

注：劳工在同一雇主或事业单位，继续工作满一定期间者，每年应给予一定日数之特别休假，工资应由雇主照给，“劳动基准法”第38条、第39条定有明文。惟劳工之特别休假应在劳动契约有效期间为之，如因事业单位生产之需要，致使劳工无法于年度终结时休完特别休假时，应属可归责于雇主之原因，雇主应发给未休日数之工资，如系劳工个人之原因而自行未休时，则非属可归责于雇主之原因，雇主可不发给未休日数之工资，亦有行政主管部门“劳工委员会”1990年9月15日(79)台劳动二字第21827号函、1990年12月27日(79)台劳动二字第21776号函及1993年8月27日(82)台劳动二字第44064号函可资参照。

(5)“劳基法”第39条：“第三十六条所定之例假、第三十七条所定之休假及第三十八条所定之特别休假，工资应由雇主照给。雇主经征得劳工同意于休假日工作者，工资应加倍发给。因季节性关系有赶工必要，经劳工或工会同意照常工作者，亦同。”

(6)“劳基法”第40条：“因天灾、事变或突发事件，雇主认有继续工作之必要时，得停止第三十六条至第三十八条所定劳工之假期。但停止假期之工资，应加倍发给，并应于事后补假休息。

前项停止劳工假期，应于事后二十四小时内，详述理由，报请当地主管机关核备。”

5. 请假。

劳工请假规则：实务上关于雇主另行颁布之请假规则，只要不抵触劳工请假规则，原则上法院均会接受。台湾地区“最高法院”实务上关于劳方未依规定办理请假手续，纵有请假之正当理由，仍应认构成旷职。

6. 常见问题。

Q1：工作时间包括待命时间？关于待命时间（“劳委会”函释认属于工作期间），以往于航空业常发生本项争议，一般空服员都有待命机制，以备临时有状况时，可由待命空服员出勤。然此时待命空服员已将劳动力置于雇主随时可使用之状态，应可认待命期间属于工作期间，然实务上对此则认应视待命期间，雇主对于待命员工之控制及指挥之程度而定。例如：华信航空案件台湾地区“高等法院”民事判决97年度劳上字第24号，即认在家待命因劳务提供密集度不若正常工作期间，不得算入工作期间。

Q2：休息时间应否记入正常工时？

Q3：正常工时外参加训练与集会？

Q4：开晨会算不算工作时间？

Q5：延长工时可否选择补休不领工资？

Q2～Q5均请参照“劳委会”函释。

五、退休：“劳基法”第6章

1. “劳基法”第53条（自请退休）：“劳工有下列情形之一，得自请退休：（一）工作十五年以上年满五十五岁者。（二）工作二十五年以上者。（三）工作十年以上年满六十岁者。”

2. “劳基法”第54条（强制退休）：“劳工非有下列情形之一，雇主不得强制其退休：（一）年满六十五岁者。（二）心神丧失或身体残废不堪胜任工作者。

前项第一款所规定之年龄，对于担任具有危险、坚强体力等特殊性质之工作者，得由事业单位报请主管机关予以调整。但不得少于五十五岁。”

3. 劳工退休金新旧制说明。

旧制：如上述法文。事业单位得自订优于劳基法之退休金规则。分为：自请退休及强制退休。另实务见解认为，如劳方已符合退休条件，则不得以资遣或解雇方式终止契约，即使主张终止契约，仍必须依法给付退休金。旧制时期关于退休金之争议，多数为工资及平均工资计算之争议，详前开说明。

新制：如劳工退休金条例。事业单位不得自订退休金规则。

跨越新旧制：旧制未结清，分新旧制计算后加总。

六、职灾补偿："劳基法"第7章

"劳基法"第59条："劳工因遭遇职业灾害而致死亡、残废、伤害或疾病时，雇主应依下列规定予以补偿。但如同一事故，依劳工保险条例或其他法令规定，已由雇主支付费用补偿者，雇主得予以抵充之。

1. 劳工受伤或罹患职业病时，雇主应补偿其必需之医疗费用。职业病之种类及其医疗范围，依劳工保险条例有关之规定。

2. 劳工在医疗中不能工作时，雇主应按其原领工资数额予以补偿。但医疗期间届满二年仍未能痊愈，经指定之医院诊断，审定为丧失原有工作能力，且不合第三款之残废给付标准者，雇主得一次给付四十个月之平均工资后，免除此项工资补偿责任。

3. 劳工经治疗终止后，经指定之医院诊断，审定其身体遗存残废者，雇主应按其平均工资及其残废程度，一次给予残废补偿。残废补偿标准，依劳工保险条例有关之规定。

4. 劳工遭遇职业伤害或罹患职业病而死亡时，雇主除给予五个月平均工资之丧葬费外，并应一次给予其遗属四十个月平均工资之死亡补偿。其遗属受领死亡补偿之顺位如下：①配偶及子女；②父母；③祖父母；④孙子女；⑤兄弟姐妹。”

5. 适用疑义。

关于职灾补偿，“劳基法”对于职业灾害并无定义，大多数实务见解均援引“劳安法”之规定。亦即：所谓职业灾害，依“劳基法”第1条第1项前段适用“劳工安全卫生法”第2条第4项规定，系指劳工就业场所之建筑物、设备、原料、材料、化学物品、气体、蒸气、粉尘等或作业活动及其他职业上原因引起之劳工疾病、伤害、残废或死亡而言。关于职灾补偿之争议大多数在于因果关系之证明及补偿数额之计算。换言之，就劳方所受之伤害与工作场所发生之事故间有无因果关系，笔者于7年前有一个案（目前仍有部分诉讼请求在台湾地区“高等法院”更审中），资方抗辩因果关系后，劳方遍寻各大医院均无法鉴定，最终法院采取“卫生署”鉴定结果，无法证明劳方残废之结果与工作场所发生之事故有因果关系，因此驳回关于残废给付之部分请求。但在治疗期间，资方仍应给付原领工资补偿。

另外，目前关于上下班通勤过程所生之车祸事故，以往实务见解以业务起因性及业务遂行性予以否定。惟目前台湾地区“最高法院”见解已有将“劳基法”上职业灾害之认定与劳保职业灾害之认定作相同处理之判决出现，并认二者之立法目的相同。换言之，通勤发生事故之事件，未来可能被认定为职业灾害，加重雇主之负担。因此，另外加保商业保险势必为雇主必须考虑之成本之一。发生职灾后，除了“劳基法”所订无过失之补偿责任外，于“民法”侵权行为章节或“职业灾害劳工保护法”之规定，均赋予资方必须就劳方减少劳动能力部分进行赔偿，此为职灾案例中，请求金额较大之原因，为此部分必须资方有故意或过失才需负责，与前述补偿责任不同。

七、企业管理规章——工作规则："劳基法"第9章

1. "劳基法"第70条："雇主雇佣劳工人数在30人以上者，应依其事业性质，就左列事项订立工作规则，报请主管机关核备后并公开揭示之：

（1）工作时间、休息、休假、国定纪念日、特别休假及继续性工作之轮班方法。

（2）工资之标准、计算方法及发放日期。

（3）延长工作时间。

（4）津贴及奖金。

（5）应遵守之纪律。

（6）考勤、请假、奖惩及升迁。

（7）受雇、解雇、资遣、离职及退休。

（8）灾害伤病补偿及抚恤。

（9）福利措施。

（10）劳雇双方应遵守劳工安全卫生规定。

（11）劳雇双方沟通意见加强合作之方法。

（12）其他。"

2. 适用疑义。

关于工作规则之争议，常见的有：工作规则未经核备是否有效？工作规则之不利变更之效力如何等？工作规则与劳动契约之关系等。按工作规则依法必须经当地主管机关及劳工局核备并揭示，惟在实务上，经常发现资方未将工作规则（或单行规章）送交核备，然法院于判断工作规则是否生效的问题上，目前多数仍系采取揭示主义及实质违法二原则，换言之，即使系争工作规则未经核备，只要公开揭示并不违反劳动法令时，该工作规则之效力即不被法院所否认。是否依法送请核备，只

是行政管理之问题。再者，司法实务上对于工作规则之效力，依台湾地区“最高法院”之见解，有效之工作规则构成劳动契约之一部，亦即，工作规则所订事项当然成为劳动契约之内容，如依此意见，有效之工作规则不仅拘束劳方，同时亦应拘束资方，因此，将来资方于订定工作规则时，自应谨慎为之。

另关于工作规则之变更如对劳方不利时，其变更之效力如何认定，亦系此部分于实务上经常发生之争议。在日本亚细亚航空变更工作规则案件中（台湾地区“高等法院”民事判决2001年度劳上字第18号），法院认为：上诉人就空勤差旅费给付标准所订定之1994年规程系工作规则之一部分，有拘束劳雇双方之效力，嗣因修改后的1998年规程降低给付标准，造成黄丽菲等人不利益之变更，且上诉人复未能证明其变更具备合理性及正当性，其单方面所为变更自不能拘束反对之劳工黄丽菲等人，仍应依1994年规程所定标准给付。因此，雇主如欲合法变更工作规则，尤其涉及不利益于劳工之变更时，必须具备合理性及正当性。

八、其他：“劳基法”第12章

1. “劳基法”第83条：“为协调劳资关系，促进劳资合作，提高工作效率，事业单位应举办劳资会议。其办法由主管机关会同‘经济部’订定，并报‘行政院’核定。”

“劳基法”第84条：“公务员兼具劳工身份者，其有关任（派）免、薪资、奖惩、退休、抚恤及保险（含职业灾害）等事项，应适用公务员法令之规定。但其他所定劳动条件优于本法规定者，从其规定。”

“劳基法施行细则”第50条规定：“本法第八十四条所称公务员兼具劳工身份者，系指依各项公务员人事法令任用、派用、聘用、遴用而于本法第三条所定各业从事工作获致薪资之人员。所称其他所定劳动条件，系指工作时间、休息、休假、安全卫生、福利、加班费等而言。”

3. “劳基法”第84条之一：“经主管机关核定公告下列工作者，得由劳雇双方另行约定，工作时间、例假、休假、女性夜间工作，并报请当地主管机关核备，不受第三十条、第三十二条、第三十六条、第三十七条、第四十九条规定之限制。

一、监督、管理人员或责任制专业人员。

二、监视性或间歇性之工作。

三、其他性质特殊之工作。

前项约定应以书面为之，并应参考本法所定之基准且不得损及劳工之健康及福祉。”

按“大法官会议解释第494号”：雇主依同条（即84条之1）规定与劳工所订立之劳动条件书面约定，关于工作时间等事项，亦应报请当地主管机关核备，并非雇主单方或劳雇双方所得以决定。因此，本条所称“核备”应系生效要件。是资方欲引用本条变形工时，必须报请当地主管机关核备，未经此程序，不生约定之效力。而此号解释与前述“劳基法”第70条工作规则之核备，究竟应否做相同解释，笔者承办案件中虽曾提出主张，但可惜法院回避此一重要问题，因此，目前实务上对于工作规则生效与否，仍以实质是否违法及有无公开揭示为判断标准。

4. “劳基法”第84条之二：“劳工工作年资自受雇之日起算，适用本法前之工作年资，其资遣费及退休金给与标准，依其当时应适用之法令规定计算；当时无法令可资适用者，依各该事业单位自订之规定或劳雇双方之协商计算之。适用本法后之工作年资，其资遣费及退休金给与标准，依第十七条及第五十五条规定计算。”

本条适用上可参考下列实务见解：所谓“劳工工作年资自受雇之日起算”，旨在扩大“劳基法”所定资遣及退休制度之适用范围，使较后适用“劳基法”之劳工，于工作期间达到“劳基法”所定退休年限时，亦得与原已适用“劳基法”之劳工，享有相同之退休保障，无须自适用“劳基法”后才开始起算退休年资，俾减少不同时期适用“劳基法”之劳工间之权益失衡现象。而跨越劳基法适用前后之劳工，其适用“劳基法”后，退休金之给与标准，则明定采用分段适用之原则。准此以观，跨越“劳基法”适用前后之劳工，与受雇之始即适用“劳基法”之劳工相同，均应自受雇之日起算其退休金年资。至于退休金之给与标准，则应按“劳基法”适用前、后不同阶段，分别核计。即适用“劳基法”以前之退休金核计标准，依当时应适用之法令或事业单位自订规定或劳雇双方之协议定之，适用“劳基法”以后部分，另依“劳基法”第55条所定标准计算。

附：台湾地区“最高法院”重要参考判决：

1.“按工资由劳雇双方议定之，‘劳动基准法’第二十一条第一项本文定有明文。所谓议定，即由劳雇双方商约协议定之，必双方互相表示意思一致，其合意始告达成，而该合意之表示方法，无论其为明示或默示之意思表示，均不影响该议定之成立。查原审依据上开事证，本于取舍证据、认定事实之职权行使，合法认定被上诉人因亏损已具足堪解雇之法定事由，仍提供留用减薪之选择方案，自有其合理必要性。上诉人舍优惠资退，选择留任，领取扣减后之薪资，未表示终止劳动契约及请求给付资遣费，复未就减薪事宜续为争执，进而论断上诉人系经权衡自身利益后，已默示同意领取扣减后之薪资，保有工作权，因以上述理由而为上诉人败诉之判决，经核于法洵无违

背。”（台湾地区民事判决2012年度台上字第228号）

2. “被上诉人系受雇于上诉人，而上诉人与刘明渡间之靠行契约，仅系彼等间之内部关系，无由认定被上诉人系受雇于刘明渡。上诉人于2009年5月5日、同年6月5日未依约发给被上诉人同年四月份、五月份工资，被上诉人乃于2009年6月17日、18日依‘劳动基准法’第十四条第一项第五款、第六款规定，终止契约，自属合法。”（台湾地区民事裁定2012年度台上字第99号）

3. “又原审依全辩论意旨及调查证据之结果，认系争安全奖工、维护保养奖工系被上诉人鼓励其员工安全驾驶、维护保养车况为目的，所为奖励性之给与，非属工资性质或应征得上诉人同意之劳动条件，亦非被上诉人依劳动契约应为之给付，被上诉人依其上级机关规定意旨，停发系争奖工并未逾越‘劳动基准法’之规定，故上诉人主张两造应受系争运输手册核发要点之拘束，被上诉人不得片面停止发放云云，为无可采，尚无违背法令，附此叙明。”（台湾地区民事裁定2012年度台上字第120号）

4. “劳动契约与委任契约固均约定以劳动力之提供作为契约当事人给付之标的。而劳动契约系当事人之一方，对于他方在从属关系下提供其职业上之劳动力，而他方给付报酬之契约，与委任契约之受任人处理委任事务时，并非基于从属关系不同。员工与公司间系究为劳动关系或委任关系，应视其是否基于人格上、经济上及组织上从属性而提供劳务等情形加以判断，不以提供劳务者所任职称、职位高低、职务内容、报酬多寡为区别之标准。凡在人格上、经济上及组织上完全从属于雇主，对雇主之指示具有规范性质之服从，为劳动契约。反之，如受托处理一定之事务，得在委任人所授权限范围内，自行裁量决定处理一定事务之方法，以完成委任之目的，则属于委任契约。又基于保护劳工之立场，一般就劳动契约关系之成立，均从宽认定，只要有部分从属性，即足成立。”“惟依同法第七十条规定，雇主为统一劳动条件及工作纪律，可单方订定工作规则，报请主管机关核备并经雇主公开揭示，不问劳工是否同意，皆能拘束劳雇双方。同理，工作规则有修订或废止，亦须经公开揭示，方得拘束劳雇双方。而工作规则是否揭示或交付之事实，应由上诉人负举证责任”。“经常性之给付，系只要在一般情形下经常可以领得之给付即属之。查被上诉人于2008年7月至12月不含业务奖金之薪资为58 518元，另业绩奖金2008年7月5103元、8月228 217元、9月2937元及45 833元、10月37 741元、11月54 304元、12月128 733元。该业绩奖金系上诉人公司依被上诉人争取之广告业务，给付一定比例之业务奖金与被上诉人，公司员工均有分配一定责任额之广告业务，属在一般情形下皆可领取，仅在广告业务招揽之数量不同而有金额多寡之差异，应认系因工作而获得报酬之经常性给与。参照‘劳动基准法’第二条第三款、第四款所定平均工资之标准，即以常态之工作情况，计算劳工可获得之合理报酬，据此认定被上诉人遭非法终止劳动契约后每月可获得之薪资。从而，被上诉人自2008年7月至12月止每月平均工资为142 329元【计算式：{（58 518 + 5 103） + （58 518 + 228 217） + （58 518 + 2 937 + 45 833） + （58 518 + 37 741） + （58 518 + 54 304） + （58 518 + 128 733）} ÷ 6 = 142 329，小数点以下四舍五入】。”（台湾地区民事判决2012年度台简上字第1号）

5. “按劳工在‘劳基法’第五十九条规定之医疗期间，雇主不得终止契约，同法第十三条前段定有明文。此项规定系因劳工受职业灾害，其情堪悯，为避免劳工于职业灾害伤病医疗期间，生活顿失所依，而对于罹受职业灾害劳工之特别保护，应属强制规定，雇主违反上开规定，终止劳动契约者，不生契约终止之效力。盖在此种情形下，劳工虽不能提供劳动，但仍可获得工资之给付（‘劳基法’第四十三条参照），雇主如于该医疗期间对劳工解雇（终止契约），劳工所得顿时中断，又无法转往他处就职，将使其陷于困境，有违‘劳基法’保障劳工权益及加强劳工关系之本意（劳基法第一条参照），爰对‘劳基法’第十一条及第十二条所规定雇主之解雇权，明文加以限制，此乃雇主终止劳动契约之禁止及例外规定。”（台湾地区民事判决 2011 年度台上字第 2249 号）

6. “查被上诉人虽抗辩其于 2008 年 11 月 19 日系以上诉人工作能力无法胜任为由，终止两造间之雇佣关系云云，惟为上诉人否认（见原审卷第 143 页背面）。且被上诉人于 2008 年 12 月 22 日在劳资争议协调会上就解雇上诉人之事由，仅称：‘劳资双方理念不合，无法协调’、‘因现整体国内外经济环境不良，暂缓国外业务开发，公司欲依“劳基法”规定，予以资遣’等语（见一审卷第 15 页），亦未提及上诉人有无法胜任工作之情事。则倘被上诉人于 2008 年 11 月 19 日并非以上诉人不能胜任工作为由将之解雇，自不得于诉讼中随意增列该事由为解雇事由。原审未经被上诉人举证，遂以其已于 2008 年 11 月 19 日口头告知上诉人无法胜任工作，进而认被上诉人以该事由解雇为合法，爰为上诉人败诉之判决，不无可议。上诉论旨，指摘原判决违背法令，求予废弃，非无理由。”（台湾地区民事判决 2011 年度台上字第 2095 号）

7. “惟查雇主依‘劳动基准法’第十一条第二款规定，以业务紧缩为由，预告劳工终止劳动契约者，必以雇主确有业务紧缩之事实，而无从继续雇佣劳工，始足当之，倘未产生多余人力，或仅一部歇业，而他部门依然正常运作，甚或业务增加，仍需雇佣劳工时，即不得依上开规定终止劳动契约。查中广公司已自认于资遣王光会等七人翌日 2007 年 2 月 1 日起迄同年 7 月 26 日间，共聘雇从事广告、营销、节目企划制作、主持节目、工程等业务之单圣兰、李筱萍、刘京陇、蔡文正、陈春如、陈育欣、王宥晴、谢佳蓉、黄建璋、彭琇冠、张佩如、陈俞君、郑哲伟、黄健哲、李文仁、孙圣明、陈世富等人（见第一审卷第 4 宗 93 页以下）。果尔，中广公司于资遣王光会等七人、孙理国等六人后，既陆续聘雇单圣兰等多人，则能否谓中广公司确有业务紧缩之事实，而无从继续雇佣劳工，得依业务紧缩之规定，终止与王光会等七人、孙理国等六人间之劳动契约，即不无研求之余地。”（台湾地区民事判决 2011 年度台上字第 2024 号）

8. “按雇佣人受领劳务迟延者，受雇人无补服劳务之义务，仍得请求报酬，‘民法’第四百八十七条前段定有明文。雇佣人拒绝受领劳务，固应负受领迟延之责，受雇人无须催告雇佣人受领劳务，惟受雇人服劳务之义务并不因而消灭，雇佣人如再表示受领，请求受雇人服劳务，其受领迟延之状态即为终了，倘受雇人无正当理由而未为给付，自不得依该‘民法’规定请求报酬。”（台湾地区民事判决 2011 年度台上字第 1808 号）

9. “按劳工有违反劳动契约或工作规则，情节重大者，雇主得不经预告终止契约，‘劳动基准法’第十二条第一项第四款定有明文。所谓‘情节重大’应以劳工之违规行为态样、初次或累次、故意或过失违规、对雇主及所营事业所生之危险或损失、劳雇间关系之紧密程度、劳工到职时间之久暂等，是否达到惩戒性解雇之衡量标准。”（台湾地区民事判决 2011 年度台上字第 1393 号）

10. “按劳工在‘劳基法’第五十九条规定之医疗期间，雇主不得终止契约，同法第十三条前段定有明文。此项规定旨在避免劳工于职业灾害伤病医疗期间，生活顿失所依，系对于罹受职业灾害劳工之特别保护，应属强制规定，雇主违反上开规定，终止劳动契约者，依‘民法’第七十一条规定，自不生契约终止之效力。”（台湾地区民事判决 2011 年度台上字第 1379 号）

11. “所谓‘因工作而获得之报酬’者，系指符合‘劳务对价性’而言，所谓‘经常性之给与’者，系指在一般情形下经常可以领得之给付。判断某项给付是否具‘劳务对价性’及‘给与经常性’，应依一般社会之通常观念为之，其给付名称为何，尚非所问。是以雇主对劳工提供之劳务反复应为之给与，无论其名义为何，如在制度上通常属劳工提供劳务，并在时间上可经常性取得之对价（报酬），即具工资之性质，而应纳入平均工资之计算基础。原审认服务评鉴奖励金非属工资性质，固非无见，惟政府基于特殊行政目的，对特定企业所为补贴，仅系该企业收入来源，尚难以企业使劳工完成该特殊行政目的工作所给付之报酬来源系政府之补贴，遽认劳工提供该部分劳务所得系属企业恩惠性之给与而非属报酬。乃原审徒以吴万园以次四人之差额补贴调整薪资、五万分配数、山区安全奖金或开线奖金之来源系台北市政府之行政补贴或补偿，即认其系补贴性质之恩惠性给付，非属工资，不免速断。”（台湾地区民事判决 2011 年度台上字第 1256 号）

12. “末按‘劳动基准法’所谓职业灾害，应以该灾害系劳工本于劳动契约，在雇主支配下之就劳动过程中发生（即具有业务遂行性），且该灾害与劳工所担任之业务间存在相当因果关系（即具有业务起因性），亦即劳工因就业场所或作业活动及职

业上原因所造成之伤害，以雇主可得控制之危害始有适用。”（台湾地区民事判决 2011 年度台上字第 1191 号）

13.“‘劳动基准法’第十一条第二款规定，雇主得因业务紧缩，预告劳工终止劳动契约者，必以雇主确有业务紧缩之事实，而无从继续雇佣劳工之情形，始足当之。雇主倘仅一部歇业，而他部门依然正常运作，仍需用劳工时，本诸‘劳动基准法’第一条保障劳工权益，加强劳雇关系之立法意旨，尚难认为已有业务紧缩，得预告终止劳动契约之事由。又解雇为雇主终极、无法避免、不得已之手段，须雇主因经营业务规模紧缩致不得不资遣员工，且又无其他方法可资替代，始得为之。”（台湾地区民事裁定 2011 年度台上字第 1159 号）

14.“按‘劳基法’第十一条第二款所谓‘业务紧缩’，系指雇主在相当一段时间营运不佳，生产量及销售量均明显减少，其整体业务应予缩小范围而言，与雇主之财务结构及资产负债情形无必然之关系。至雇主基于经营决策或为因应环境变化与市场竞争，改变经营之方式或调整营运之策略，而使企业内部产生结构性或实质上之变异，乃属‘业务性质变更’之范畴，而非‘业务紧缩’，如因此须减少人力，亦不得以业务紧缩为由向劳工终止契约。且雇主之生产量及销售量有无明显减少，应就企业之整体营业之业绩观察，不能仅就局部或个别之业务状况加以判断。故雇主依‘劳基法’第十一条第二款所规定之‘业务紧缩’为理由，向劳工预告终止劳动契约，须以企业经营客观上确有业务紧缩之情形，始得为之。”（台湾地区民事判决 2011 年度台上字第 1057 号）

15.“按为保障劳工之基本劳动权，加强劳雇关系，促进社会与经济发展，防止雇主以法人之法律上型态规避法规范，遂行其不法之目的，于计算劳工退休年资时，非不得将其受雇于

‘现雇主’法人之期间，及其受雇于与‘现雇主’法人有‘实体同一性’之‘原雇主’法人之期间合并计算，庶符诚实及信用原则。本件被上诉人原均受雇于旭清公司，嗣再受雇于上诉人，而自旭清公司离职时，并未结算年资请领资遣费，又上诉人与旭清公司均由叶寿涂实际经营，从事之主要业务相同，所在地邻近，公司名称并列于厂房、名片及声明启事等，且证人陈建鸿、吴光蕲于另案证称叶寿涂于旭清公司员工转任上诉人时，已承诺年资照算而未结算年资给付资遣费，旭清公司与上诉人二公司内部实质上均由叶寿涂管理经营，既为原审所确定之事实，且有旭清公司、上诉人、进益制鞋机器厂有限公司设立暨历次变更登记事项卡（表）及2004年5月24日叶寿涂与叶寿宗间股权协议书等件可证，则原审于认定被上诉人之工作年资时，类推适用‘劳动基准法’第二十条规定，将其在具有实体同一性之上诉人与旭清公司受雇工作年资合并计算，并据以认定上诉人尚应给付之退休金本息，因而为上诉人不利之判决，依上说明，于法核无违误。”（台湾地区民事判决2011年度台上字第1016号）

16. “该所谓‘因工作而获得之报酬’者，系指符合‘劳务对价性’而言，所谓‘经常性之给与’者，系指在一般情形下经常可以领得之给付。判断某项给付是否具‘劳务对价性’及‘给与经常性’，应依一般社会之通常观念为之，其给付名称为何？尚非所问。是以雇主依劳动契约、工作规则或团体协约之约定，对劳工提供之劳务反复应为之给与，乃雇主在订立劳动契约或制定工作规则或签立团体协约前已经评量之劳动成本，无论其名义为何？如在制度上通常属劳工提供劳务，并在时间上可经常性取得之对价（报酬），即具工资之性质而应纳入平均工资之计算基础，此与同法第二十九条规定之奖金或红利，系事业单位于营业年度终了结算有盈余，于缴纳税捐、弥补亏损及提列股息、公积金后，对劳工所为之给与，该项给与既非必然发放，且无确定标准，仅具恩惠性、勉励性给与非雇主经常性支出之劳动成本，而非工资之情形未尽相同，亦与同法施行细则第十条所指不具经常性给与且非劳务对价之年终奖金性质迥然有别。”（台湾地区民事判决 2011 年度台上字第 801 号）

17. “按劳工违反劳动契约或工作规则情节重大者，雇主得不经预告终止契约，‘劳基法’第十二条第一项第四款固定有明文。惟所谓‘情节重大’，系指因该事由导致劳动关系进行受到干扰，而有赋予雇主立即终止劳动契约关系权利之必要，且受雇人亦无法期待雇主于解雇后给付其资遣费而言，此必以劳工违反劳动契约或工作规则之具体事项，客观上已难期待雇主采用解雇以外之惩处手段而继续其雇佣关系，雇主所为之惩戒性解雇与劳工之违规行为在程度上核属相当者，始足称之。”（台湾地区民事判决 2010 年度台上字第 2348 号）

18. “惟按‘劳基法’第二十条所谓事业单位改组或转让，如事业单位为公司组织者，指事业单位依公司法之规定变更其组织形态，或其所有权（所有资产、设备）因移转而消灭其原有之法人人格，或独资或合伙事业单位之负责人变更而言。是必于公司变更组织、合并或转让，雇佣主体已生变更时，始得谓为‘事业单位改组或转让’。查上诉人于吉尚公司等解散之前即已设立登记，且吉尚公司等仅辗转或直接将其资产、设备、营业一部转让予上诉人，原有之法人资格并未消灭，为原审认定之事实，则吉尚公司等将其资产、设备、营业一部转让予上诉人后，其与上诉人之经营主体均仍存在，似非依公司法规定变更组织、合并或转让其营业或财产之情形，无‘劳基法’第二十条规定之适用，乃原审以吉尚公司虽仅将资产、设备、营业一部转让上诉人，原有法人人格并未消灭，亦有‘劳基法’第二十条规定之适用为由，为不利上诉人之认定，非无可议。”（台湾地区民事判决 2010 年度台上字第 2205 号）

19. “惟按无正当理由继续旷工三日者，雇主得不经预告终止契约，‘劳基法’第十二条第一项第六款固有明文规定。惟雇主得不经预告终止契约，必须具劳工无正当理由旷工，且继续旷工达三日以上之法定要件，若仅符合其中之一者，尚不构成终止契约之事由。本案上诉人于收受被上诉人复职通知后，已表示愿意签署新劳动契约，自无旷工之意，而原审既认两造自 2007 年 6 月 12 日起至 2009 年 3 月 5 日之雇佣契约仍然存在，且被上诉人负有给付该期间之薪资予上诉人之义务，该应给付薪资已届期，被上诉人即应为给付，上诉人于被上诉人未为给付前拒绝复职上班，尚难谓其系无正当理由。原审见未及此，徒以前揭情词，认上诉人系无正当理由旷工，被上诉人得据以终止契约，自有未洽。”（台湾地区民事判决 2010 年度台上字第 1825 号）

20. “惟按工会之任务包括团体协约之缔结、修改或废止、有关改善劳动条件及会员福利事项之促进等事项；又劳动条件之维持或变更事项应经会员大会或代表大会之议决。1949 年 1 月 7 日修正公布之‘工会法’第五条及第二十条第四款分别定有明文。故劳方代表就经工会会员大会或代表大会议决之劳动条件之维持或变更事项与资方代表于劳资会议为决议，或就该事项为决议后经工会会员大会或代表大会决议追认者，该劳资会议之决议，始对工会会员发生效力。”（台湾地区民事判决 2010 年度台上字第 1655 号）

21. “查业务性质变更，有减少劳工之必要时，雇主虽可依‘劳基法’第十一条第四款规定终止劳动契约；惟依该款规定，雇主除须业务性质变更，有减少劳工之必要外，尚须无其他适当工作可供安置时，始得终止劳动契约。所谓‘无适当工作可供安置时’，为保障劳工之基本劳动权，加强劳雇关系，促进社会与经济发展，应包括‘原雇主’为因应业务性质变更而投资成立，在人事晋用及管理上为‘原雇主’所操控之他公司，亦无适当工作可供安置之情形在内。本件上诉人于2004年6月18日及同年7月31日分别资遣被上诉人，均与‘劳基法’第十一条第四款规定之业务性质变更、有减少劳工之必要及又无适当工作可供安置时之要件不符。又上诉人嗣虽因工程顾问条例之规定，业务发生组织调整之情事，惟上诉人依该条例百分之百转投资设立并完全支配控制其人事任用权之世曦公司，并非无适当工作可供安置被上诉人，上诉人未征询被上诉人之意愿，即径行终止契约，乃原审合法确定之事实，上诉人所为之系争劳动契约之终止，即非合法。原审以前揭理由为上诉人不利之判决，经核于法并无违误。”（台湾地区民事判决2010年度台上字第1203号）

22. “按‘就业服务法’第四十二条固规定，为保障国民工作权，聘雇外国人工作，不得妨碍本国人之就业机会、劳动条件、国民经济发展及社会安定，惟所谓优先留用本国劳工之原则，系指同一职务而言，并非须将外国劳工裁至全无时，方可裁减本国劳工。是雇主因确有亏损或业务紧缩而裁减本国劳工，纵尚留有外国劳工，如其工作职位不同，仍不得指为违法。被上诉人自承其系担任组装、修剪及品检塑料产品之工作，而上诉人聘雇外国劳工所从事之工作则为塑料射出机台操作，二者似不相同。依上说明，倘被上诉人遭资遣后所遗工作未由外国劳工担任，上诉人因其业务减缩，依‘劳基法’第十一条第二款规定，终止两造间之雇佣契约，能否谓为不合法，非无再研

求之余地。”（台湾地区民事判决 2010 年度台上字第 1658 号）

23. “劳工因婚、丧、疾病或其他正当事由得请假。劳工无正当理由继续旷工三日，或一个月内旷工达六日者，雇主得不经预告终止契约。劳工因有事故，必须亲自处理者，得请事假。劳工请假时，应于事前亲自以口头或书面叙明请假事由及日数。但遇有疾病或紧急事故，得委托他人代办请假手续。‘劳动基准法’第四十三条前段、第十二条第一项第六款，劳工请假规则第七条、第十条分别定有明文。准此，劳工于有事故，必须亲自处理之正当理由时，固得请假，然法律既同时课以劳工应依法定程序办理请假手续之义务。则劳工倘未依该程序办理请假手续，纵有请假之正当理由，仍应认构成旷职，得由雇主依法终止双方间之劳动契约，始能兼顾劳、资双方之权益。”（台湾地区民事判决 2008 年度台上字第 13 号）

24. “‘劳动基准法’第十一条第五款规定，劳工对于所担任之工作确不能胜任时，雇主得预告劳工终止劳动契约，揆其立法意旨，重在劳工提供之劳务，如无法达成雇主透过劳动契约所欲达成客观合理之经济目的，雇主始得解雇劳工，其造成此项合理经济目的不能达成之原因，应兼括劳工客观行为及主观意志，是该条款所称之‘劳工对于所担任之工作确不能胜任’者，举凡劳工客观上之能力、学识、品行及主观上违反忠诚履行劳务给付义务均应涵摄在内，且须雇主于其使用‘劳动基准法’所赋予保护之各种手段后，仍无法改善情况下，始得终止劳动契约，以符‘解雇最后手段性原则’。”（台湾地区民事判决 2007 年度台上字第 2630 号）

25. “按现行‘劳动基准法’就雇主与劳工间之劳动契约，虽未设有劳工最低服务期间之限制，或不得于契约订定劳工最低服务期限暨其违约金之禁止约款，但为保障劳工离职之自由权，兼顾各行业特性之差异，并平衡雇主与劳工双方之权益，对于是项约款之效力，自应依具体个案情形之不同而分别断之，初不能全然否定其正当性。又最低服务年限约款适法性之判断，应从该约款存在之‘必要性’与‘合理性’观之。所谓‘必要性’，系指雇主有以该约款保障其预期利益之必要性，如企业支出庞大费用培训未来员工，或企业出资训练劳工使其成为企业生产活动不可替代之关键人物等是。所谓‘合理性’，系指约定之服务年限长短是否适当？诸如以劳工所受进修训练以金钱计算之价值、雇主所负担之训练成本、进修训练期间之长短及事先约定之服务期间长短等项为其审查适当与否基准之类。”（台湾地区民事判决 2007 年度台上字第 1396 号）

26. “按‘劳工在医疗中不能工作时，雇主应按其原领工资数额予以补偿。但医疗期间届满二年仍未能痊愈，经指定之医院诊断，审定为丧失原有工作能力，且不合第三款之残废给付标准者，雇主得一次给付四十个月之平均工资后，免除此项工资补偿责任。’为‘劳动基准法’第五十九条第二款所明定。依其规定意旨观之，二年期间系劳工之医疗期间，雇主应给付该期间之工资，至四十个月之平均工资，乃劳工医疗经过二年后，仍未能回复原有工作能力，为免雇主负无限期之补偿责任，而明定得一次给付四十个月之平均工资，以免除其此后之薪资补偿。是劳工如符合上述规定之条件，自得请求二年医疗期间之薪资补偿及四十个月之平均工资。”（台湾地区民事判决 2007 年度台上字第 492 号）

27. “‘劳基法’第十二条第一项第四款规定，劳工有违反劳动契约或工作规则，情节重大者，雇主得不经预告终止契约。所谓‘情节重大’，系属不确定之法律概念，不得仅就雇主所订工作规则之名目条列是否列为重大事项作为决定之标准，须劳工违反工作规则之具体事项，客观上已难期待雇主采用解雇以外之惩处手段而继续其雇佣关系，且雇主所为之惩戒性解雇与劳工之违规行为在程度上须属相当，方符合上开‘劳基法’规定之‘情节重大’之要件。则劳工之违规行为态样、初次或累次、故意或过失违规、对雇主及所营事业所生之危险或损失、劳雇间关系之紧密程度、劳工到职时间之久暂等，均为是否达到惩戒性解雇之衡量标准。”（台湾地区民事判决2006年度台上字第2465号）

28. “‘劳基法’第五十九条之补偿规定，系为保障劳工，加强劳、雇关系、促进社会经济发展之特别规定，性质上非属损害赔偿。且按职业灾害补偿乃对受到‘与工作有关伤害’之受雇人，提供及时有效之薪资利益、医疗照顾及劳动力重建措施之制度，使受雇人及受其扶养之家属不致陷入贫困之境，造成社会问题，其宗旨非在对违反义务、具有故意过失之雇主加以制裁或课以责任，而系维护劳动者及其家属之生存权，并保存或重建个人及社会之劳动力，是以职业灾害补偿制度之特质系采无过失责任主义，凡雇主对于业务上灾害之发生，不问其主观上有无故意过失，皆应负补偿之责任，受雇人纵使与有过失，亦不减损其应有之权利。原审谓：职业灾害之成立，必须在劳工所担任之‘业务’与‘灾害’之间有密接关系存在，即造成职业灾害之原因，须雇主可得控制之危害始有适用，若危险发生之原因非雇主可控制之因素所致，自不宜过分扩张职业灾害认定之范围，否则无异加重雇主之责任，而减少企业之竞争力，同时亦有碍社会之经济发展云云，自属可议。”（台湾地区民事判决2006年度台上字第2542号）

29. “‘劳基法’第二条第六款规定，约定劳雇间之契约为劳动契约。据此而言，凡是具有指挥命令及从属关系者，均属之，是亦未以雇佣契约为限。故公司负责人对经理，就事务之处理，若具有使用从属与指挥命令之性质，且经理实际参与生产业务，即属于劳动契约之范畴，该经理与公司间，即有‘劳动基准法’之适用；反之，则否。”（台湾地区民事判决 2006 年度台上字第 1492 号）

30. “由雇主负担费用之其他商业保险给付，固非依法令规定之补偿，惟雇主既系为分担其职灾给付之风险而为之投保，以‘劳动基准法’第五十九条职业灾害补偿制度设计之理念在分散风险，而不在追究责任，与保险制度系将个人损失直接分散给向同一保险人投保之其他要保人，间接分散给广大之社会成员之制度不谋而合。是以雇主为劳工投保商业保险，确保其赔偿资力，并以保障劳工获得相当程度之赔偿或补偿为目的，应可由雇主主张类推适用该条规定予以抵充，始得谓与立法目的相合。”（台湾地区民事判决 2006 年度台上字第 854 号）

31. “亏损或业务紧缩时，雇主得预告劳工终止劳动契约，此固可由‘劳基法’第十一条第二款规定之反面解释推知。惟为保障国民工作权，聘雇外国人工作，不得妨碍本国人之就业机会、劳动条件、国民经济发展及社会安定，亦为修正前之‘就业服务法’第四十一条（2002 年 1 月 21 日修正为同法第四十二条）所明定。此乃为促进国民就业，以增进社会及经济发展，所制定之特别规定（‘就业服务法’第一条参照），应优先于‘劳基法’之适用，盖聘雇外国人工作，乃为补足我国人力之不足，而非取代我国之人力，故雇主同时雇有我国人及外国人为其工作时，雇主有‘劳基法’第十一条第二款得预告劳工终止劳动契约之情事时，倘外国劳工所从事之工作，本国劳工亦可以从事而且愿意从事时，为贯彻保障国民工作权之精神，雇主即不得终止其与本国劳工间之劳动契约而继续聘雇外国劳

工，俾免妨碍本国人之就业机会，有碍国民经济发展及社会安定。”（台湾地区民事判决 2005 年度台上字第 2339 号）

32. “身体或健康受伤害而减少劳动能力者，其减少及残存劳动能力之价值固应以其能力在通常情形下可能取得之收入为标准，惟如其劳动能力逐渐恢复时，自不应以恢复中之某一时点为基准，计算其减少劳动能力所受之损害。”（台湾地区民事判决 2005 年度台上字第 1528 号）

33. “‘劳动基准法’第十二条第一项第二款所称之「重大侮辱」，固应就具体事件，衡量受侮辱者（即雇主、雇主家属、雇主代理人或其他共同工作之劳工）所受侵害之严重性，并斟酌劳工及受侮辱者双方之职业、教育程度、社会地位、行为时所受之刺激、行为时之客观环境及平时使用语言之习惯等一切情事为综合之判断，惟端视该劳工之侮辱行为是否已达严重影响劳动契约之继续存在以为断。”（台湾地区民事判决 2003 年度台上字第 1631 号）

34. “身体或健康受侵害，而减少劳动能力者，其减少及残存劳动能力之价值，不能以现有之收入为准，盖现有收入每因特殊因素之存在而与实际所余劳动能力不能相符，现有收入高者，一旦丧失其职位，未必能自他处获得同一待遇，故所谓减少及残存劳动能力之价值，应以其能力在通常情形下可能取得之收入为标准。”（台湾地区民事判决 2002 年度台上字第 1823 号）

35. “按行使权利，应依诚实及信用方法，‘民法’第一百四十八条第二项定有明文，上诉人系劳动契约之资方，固得因经营管理需要而变动攸关劳工劳动条件之工作或退休有关事项，但为保障较为弱势之劳工权益，除法律明定或契约具体约定外，尚不得以劳工曾概括同意可由资方径行变更工作或退休内容事项，遽谓资方所为不利劳工之相关事项变更，均毋庸取得劳工之同意。本件上诉人1993年间修订发布之退休办法中，曾有第十二条之保留退休基数条款，明示为顾及员工既有权益，应保留服务已满十五年以上员工依修正前办法先行结算之退休基数，而被上诉人于斯时服务均已满十五年，为原审合法认定之事实，则依上诉人1993年修订发布之退休办法计算被上诉人所得保留之退休基数，已属被上诉人之既得权益，上诉人嗣后就此有利于劳工即被上诉人权益之退休条件变更，自应获得被上诉人之同意，否则即与诚实信用有违。”（台湾地区民事判决2002年度台上字第1040号）

36. “按劳工非有‘劳基法’第十二条第一项所定各款事由，雇主不得不经预告即终止劳动契约。故工作规则虽得就劳工违反劳动契约或其工作规则之情形为惩处规定，惟雇主因劳工违反劳动契约或工作规则，不经预告而终止劳动契约者，仍应受该条项第四款规定之限制，即以其情节重大为必要，不得仅以惩处结果为终止契约之依据。”（台湾地区民事判决2002年度台上字第1006号）

中、日、韩公务员医疗保障制度比较研究

沈冠辰[*]　沈诗杰[**]

一、医疗保障制度概述

医疗保障制度是指一个国家或地区按照保险原则为解决居民防病治病问题而筹集、分配和使用医疗保险基金的制度。它是居民医疗保健事业的有效筹资机制，是构成社会保险制度的一种比较进步的制度，也是目前世界上应用相当普遍的一种卫生费用管理模式。

1. 医疗保障制度的产生。现代意义的医疗保障制度体系源于西方国家，大多是从医疗保险起步的。医疗保险始于1883年德国颁布的《劳工疾病保险法》，其中规定某些行业中工资少于限额的工人应强制加入医疗保险基金会，基金会强制性征收工人和雇主应缴纳的基金。这一法令标志着医疗保险作为一种强制性社会保险制度的产生。特别是1929～1933年世界性经济危机后，医疗保险立法进入全面发展时期，这个时期的立法，不仅规定了医疗保险的对象、范围、待遇项目，而且对与医疗保

* 沈冠辰：长春理工大学法学院讲师。
** 沈诗杰：吉林大学学报社科版编辑。

险相关的医疗服务也进行了立法规范。目前，所有发达国家和许多发展中国家都建立了医疗保险制度。

2. 医疗保障制度在中国的发展。1951 年初，《中华人民共和国劳动保险条例》正式颁布。1953 年，国家又对《中华人民共和国劳动保险条例》进行了修改，于 1953 年 1 月颁布了《关于中华人民共和国劳动保险条例若干修正的决定》，从而使劳保医疗制度得以建立。1952 年 6 月，政务院颁布了《关于全国人民政府、党派、团体及所属事业单位的国家工作人员实行公费医疗预防措施》，公费医疗保险制度开始在全国实行。公费医疗这项始于 1952 年，在国家通过医疗卫生部门向国家工作人员提供免费医疗及预防服务的社保制度，正随着市场经济的发展而日益遭到民众的反对。1998 年 12 月，国务院发布关于建立城镇职工基本医疗保险制度的决定，规定所有用人单位，包括机关事业单位极其职工，全部要参加城镇职工基本医疗保险，这个决定让公费医疗这个计划经济体制下的城市医疗保障制度，在运行长达 40 多年之后，开启了转向医保的改革。

二、日、韩国家公务员医疗保障制度现状

亚洲国家中韩国和日本两国具有与我国极其相近的文化背景，在社会保障制度体系上却与我国存在着一定差异，在保障体系中针对国家公务员所制定的医疗保障制度也与我国有所不同，通过对日本和韩国的公务员医疗保障制度的分析，去其弊端取其精华，以期为我国的公务员医疗保险制度的完善提供有效的借鉴。

1. 韩国公务员医疗保障制度。

（1）保障依据及范围。1949 年，韩国国会通过了《公务员法》，又在 1963 年通过了《国家公务员法》。韩国公务员分为两

大类：一是中央政府公务员，即由中央政府机关选拔和录用并处理全国性事务的公务员；二是地方政府公务员，地方公务员又分为职业公务员和非职业公务员，其中职业公务员通常是终身制的，多数政府官员属于此类，非职业类公务员则涵盖了国务会议议员、法官及军事人员等。1963 年，韩国首次实施医疗保险法，但由于当时经济发展水平较低，医疗保险并未真正发展起来。1998 年之前，韩国的医疗保险分为地区医疗保险和单位医疗保险。加入地区医疗保险的对象是农渔民，称作“农渔民医疗保险”，以及城市的个体户，称作“城市医疗保险”。地区医疗保险始于 1988 年，形成于 1989 年，在此之前的 1977 年，韩国规定职工在 500 人以上的企业必须加入企业医疗保险，保险费为职工收入的 3.4%，由企业和职工各承担一半。1979 年，韩国又成立了公务员医疗保险和教师医疗保险。韩国国会在 1998 年通过了国民健康保险法，将公司雇员、政府和私立学校雇员纳入医疗保险体系，这三种医疗保险统称为单位医疗保险。韩国的公务员和其他职工一样，只要依法缴纳了医疗保险费用，公务员的配偶、直系亲属、后代及兄弟姐妹都可以得到医疗保障。该法案从 2000 年起实施，它对原来分别设立的医疗保险体系进行了相应的整合。

（2）资金来源及保障水平。韩国医疗保险基金筹资来源包括个人、企业和政府。对于企业职工，保险费由雇主和职工各承担一半；公务员的保险费由政府和职工各缴纳一半，2007 年费率标准为月工资的 4.77%，2008 年有所上涨，为 5.08%。在韩国，公务员到医疗机构就诊必须支付一定费用，例如在诊所看病费用超过 10000 韩元时，病人需交纳 30% 的费用；到普通专科或综合医院看病时，本人负担的医疗费用要相应提高。

（3）保障制度的变迁及影响。2005 年 5 月底，韩国保健福利部出台一整套综合对策，以挽救2004年医药分家后出现巨额赤字濒临破产的医疗保险财政。朝野政党为了获取选民的支持，大多赞成把地区医疗保险与单位医疗保险（包含公务员保险）统合起来，以单位医疗保险来解决地区医疗保险的困难。而一些经济专家则认为，这种统合只会使一部分人占有另一部分人的保险费，从而削弱国民的医疗保险意识。在两种意见争执不下的情况下，金大中在1997年竞选总统时把“医疗保险统合”作为其100项国政之一，并在当选总统之后立即在国会通过了“国民健康保险法”，实行两种医疗保险的统合。1998年10月，根据这一法律，227个地区医疗保险机构和公务员医疗保险机构、教师医疗保险机构实行合并，成立“国民医疗保险管理公团”。“国民医疗保险管理公团”成立后，由于管理松懈，责任意识差，“大锅饭”意识抬头，维护本系统医疗保险的意识受到削弱，保险费征收率很快降低到70%左右，当时财务分开的地区医疗保险和公务员医疗保险、教师医疗保险分别出现了财政赤字，而国民交付的保险费却大幅度上升，地区医疗保险费上升了25%，公务员和教师医疗保险费上升了57%。这一涨幅并不是国家提高了保险费比例，而是“医疗保险管理公团”任意计算人们的收入而增收的。尽管如此，“医疗保险管理公团”仍然不能摆脱赤字的局面。

2. 日本公务员医疗保障制度。

（1）保障依据及范围。20世纪40年代起日本就陆续颁布了《国家公务员法》、《国家行政组织法》、《关于国家公务员职阶制的法律及地方公务员法》，从法律的层面上建立了日本公务员制度。根据相关法律规定，日本公务员包括了在国家机关和国营企事业中工作的雇员，可分为国家公务员和地方公务员。根据《中央公务员互助组合法》以及《地方公务员互助组合法》

的规定，日本中央机关和地方公务员的医疗保险都是由互助组合进行管理及实施。该互助组合负责办理公务员的医疗保险，包括了诸如医疗、伤亡和生育等内容的保险。根据相关的法律规定，成为公务员自然也就取得了互助组合的会员资格。日本公务员必须缴纳医疗保险金才能享受相应的医疗保障待遇。1961年，日本在全国范围内确立了全民皆保险制度，使日本的所有国民都成为医疗保险的被保险者，在法律上均享有医疗保险的权益。日本享受公务员医疗待遇的保障对象为国家政府机关的工作人员，包括国有企业职工、地方公立学校教职员及其抚养者和家属等。

（2）资金来源及保障水平。公务员的医疗保险费用来源于公务员和政府，双方均承担一定的缴费义务。中央机关公务员以及国有企业职工的个人缴费比例是规定的缴费基数的2.46%～5%；地方公务员则按标准工资的4.25%～9.5%缴纳。日本公务员只要在医疗保障部门指定的医疗机构就诊，其诊疗费主要由医疗保险支付，个人支付的费用仅占诊疗费的20%。在其他医疗机构看病的医疗费按其金额负担部分费用：医疗费在1500日元以下的负担200日元；1500～2500日元范围的负担400日元；2500～3500日元范围的负担600日元；超过3500日元的负担80%。

（3）保障制度的变迁及影响。日本的国家公务员养老保险制度包括了国民年金制度、公务员共济年金制度和公务员退休津贴制度。日本针对不同的职业群体建立了不同的年金制度，公务员的养老待遇要相对高于私人部门。二战以后，日本的国家公务员养老保险制度不断改革和完善，建立了基于国民年金基础上的国家公务员共济年金制度，并采取了诸多改革措施。影响日本国家公务员养老保险制度改革的因素主要是人口老龄化严重、经济的曲折发展、行政体制的改革。日本全国医疗开支随着人口老龄化的加速而大幅增加，导致医疗保险制度出现了资金危机。近年来，为了应付危机，日本对医疗保险制度进行了改革。作为面向21世纪全面医疗保险制度改革的第一步，1997年的改革重点在平衡代际间的负担，实现医疗保险制度的稳定，提高了个人负担部分：公私部门雇员的医疗保险方案的受保人的负担从10%提高到20%；政府管理的雇员医疗保险方案的缴费从月平均收入的8.2%提高到8.5%，政府提供相当于医疗开支13%的补贴，对医疗保险会，当其遇到资金困难时，政府给予帮助。最后，还给门诊病人的药费增加了额外固定的分担额，由受保人和家庭承担。改革的目的是增强公务员的费用意识，减少浪费。通过以上改革，缴费和保险金的水平变动了几次。这些改革维持了资金平衡，促进了公务员医疗保险方案的稳定。

三、我国公务员医疗保障制度现状

我国当前实行的公务员医疗补助制度的法律渊源依据主要包括《国务院关于建立城镇职工基本医疗保险制度的决定》和《关于实行国家公务员医疗补助的意见》以及各地方为实施公务员医疗补助制度而颁布的各种办法及通知。根据我国《关于实行国家公务员医疗补助意见的通知》，享受公务员医疗补助的人员包括了国家行政机关工作人员、司法机关工作人员、立法机关及退休人员，还包括部分事业单位人员以及部分党群机关、人大、政协机关，各民主党派和工商联机关人员。我国公务员医疗保障制度包括三部分：一是城镇职工基本医疗保险，二是重大医疗疾病保险，三是公务员医疗补助制度。

在城镇职工基本医疗保险与重大医疗疾病保险的经费来源、统筹基金等方面，我国公务员与其他城镇职工基本相同，其区别在于我国公务员还享有医疗补助制度。公务员补充医疗保险不同于社会性医疗保险、企业（行业）互助医疗保险或商业性补充医疗保险等类型的补充医疗保险。公务员医疗补助制度建立的出发点是保持公务员的保障水平与原公费医疗制度下的保障水平相当。根据公务员医疗补助制度的政策，公务员医疗补助经费由同级财政列入当年的财政预算。费用筹集标准根据公费医疗制度下的实际支出、基本医疗保险费用筹集水平和各地财政负担能力等因素确定。目前我国推行部分医改，根据国家的相关规定，医改地区国家公务员参加基本医疗保险的基础上，享受医疗补助政策，具体办法因地制定。补助的标准是不能报销的部分再报销 80%，即 80% +20% ×80% =96%。目前，我国公务员医疗保障制度经过改革各地区存在一定差异。例如天津，虽然已经取消了公费医疗，享受国家公务员医疗补助的人员，但在一个年度内发生的住院医疗费用，由城镇职工基本医疗保险基金按照规定的待遇报销之后，个人负担的部分由国家公务员医疗补助统筹基金予以补助。在职人员补助 80%，退休人员补助 90%，副司局级以上的人员补助 95%，基本上都给予了补助。再如海南，也有相关的规定，个人年度自负医疗费超过一定金额的部分，单位补助 90%，自负 10%，如果全年超过 5000 元钱，超过的部分补助 95%，自负 5%。正常报销后去医保局公务员科目前，山东、广东、江苏等地的公务员还没有全部取消公费医疗，南京市公费医疗制度改革，并未涉及省级机关事业单位，副厅级以上干部也仍在执行公费医疗制度，并且其治疗地点也一般都在各个规模较大医院的高级病房。北京市级及以下公费医疗改革基本完成，还有中央籍约 33 万公费医疗人员尚未进入正式改革范畴，计划在 2013 年纳入职工医保体系。补助之后公务员享受到的这些待遇跟取消公费医疗以前几乎没有什么差距，而且甚至比以前更好。

四、韩、日、中公务员医疗保障制度比较分析

通过对韩国和日本的公务员医疗保险制度的分析，我国与韩国和日本在制度依据、资金来源和保障水平上都存在一定的差异，中、日、韩在保障制度运行的整体社会效应上也反映出相应的差异。

1. 制度依据比较。上述研究表明日、韩两个国家的公务员所享有的特殊的医疗保险制度均纳入到医疗保障立法中。在法律层面上，对公务员的医疗保险金的缴纳和医疗补助的使用进行了全面的规定，具有较强的法律约束力。我国社会保险法对医疗保险制度以专章的方式进行规定，但只规定了城镇职工和居民享有的基本医疗保险制度以及新农村合作医疗保险制度，并未对公务员医疗补助制度进行规定。因而，我国有关公务员医疗保障制度中的医疗补助制度并没有相应的法律基础。

2. 保障金来源比较。前述研究表明，公务员享受的特殊的医疗保障制度的前提是：公务员均负有一定的缴费义务。韩国公务员的保险费由政府和公务员各缴纳一半；日本公务员从工作之日起便从工资中自动扣除医疗保险费，日本中央公务员和地方公务员的缴费比例有所区别。而根据我国的政策规定，公务员医疗补助经费由同级财政列入当年财政预算。在我国公务员医疗补助制度下，公务员个人依然等同于无承担缴费义务。根据公务员医疗补助的政策，公务员支付超过一定限额的，政府给予补助，而公务员对于医疗补助却不承担任何缴费义务。实践中，若公务员在就医时没有自我约束动力，可能会出现道德风险，即公务员对医疗服务的过度使用，进而造成医疗资源的浪费。

3. 保障水平比较。韩国和日本经过不断的改革逐步转变为

和其他公民所享有的医疗保险制度相接近，公务员医疗保障水平与其他公民的差距并不大，如韩国公务员与其他公民承担同样的缴费义务，且在就诊时也需支付一定的医疗费用；日本公务员享受的医疗保障制度也与其他公民差距不大。两国的国家公务员虽享受到单列或特殊的医疗保障制度，但是与社会中其他群体的保障水平差距很小。而目前中国在取消了公务员公费医疗后，各种各样的补助又在保证着这些公务员的医疗报销水平没有下降。在公费医疗取消之前，公务人员、公职人员的医疗服务完全由财政出钱直接支付，和城镇居民、城镇职工还有农村居民完全不在一个保障制度的平台上。取消了公务员的特殊医保待遇以后，公务员在医疗保障制度上被统一到一个平台上。公务员补贴的差异随着制度建设的不断完善，取消和减少是一个必然的过程。

五、对策及建议

1. 因地制宜，逐步实现对公务员医疗保障制度的改革和医保系统的统一。在韩国，如何解决地区医疗保险财政困难的问题一直存在“统合”和“分离”之争。朝野政党为了获取选民的支持，大多赞成把地区医疗保险与单位医疗保险统合起来，以单位医疗保险来解决地区医疗保险的困难，这种统合只会使一部分人占有另一部分人的保险费，从而削弱国民的医疗保险意识。韩国原先存在的两种医疗保险系统有利于区别对待不同阶层、不同收入和不同地区的实情，比较符合韩国的国情和实际情况。尽管这两种系统也存在一些需要完善的地方，但从至今实行的情况看，仍然具有生命力。而不顾现实，强行合并，导致了多种弊端。一些专家认为，这种合并“难以做到公平地计算保险费，也难以征收保险费，而且也不符合医疗保险地方化和自治化的趋势”。吸取韩国的急于整合保险系统而导致民众不满、保障金赤字不减的经验教训，我国应避免出现类似情形，调整整合公务员医疗保险的步伐，因地制宜，逐步实现统一。

2. 将公务员补充医疗保险纳入法律体系。国外的经验表明，公务员的医疗保障制度均纳入了法制化的轨道，而我国公务员医疗补助还没有实现法制化，仅以国务院和两部委的指导意见为渊源，具体政策则由地方政府制定。因此，我国需要将公务员补充医疗纳入法制化轨道，通过立法方式加以明确。值得注意的是，我国于 2010 年 10 月 28 日颁布了《社会保险法》，该法将于 2011 年 7 月 1 日实施。作为我国首部社会保险领域内的立法，它规定了我国社会保险制度的框架。但遗憾的是，该法并未将目前实行的公务员医疗补助予以法律规制。因此，我国需要进行法律完善，将公务员医疗补助予以法制化。

3. 完善公务员医疗补助办法。由于我国各地方在经济发展水平、财政承受能力等方面存在差异性，各地在公务员医疗补助筹资标准、补助标准等方面并不相同。公务员医疗补助虽然保障公务员群体医疗水平较公费医疗制度下没有显著降低。但较其他社会群体，公务员所享受的医疗保障水平过高，并可能导致公务员医疗费用的快速上涨，致使医疗资源浪费。为避免此类情况的发生，笔者建议对公务员门诊医疗费设置起付标准或提高门诊自负医药费补助的门槛。通过让公务员多承担一些费用，可以使公务员增强医疗费用节约意识，杜绝浪费。我国公务员医疗补助的初衷是为保证国家公务员医疗保障水平较原公费医疗制度下不降低。公务员医疗补助标准过高，一方面产生了医疗保障待遇的社会不公，同时还将因为缺乏费用约束机制导致缺乏公务员医疗消费的有效制约以及国家卫生资源的浪费。上述表明，许多国家虽然针对公务员采取了专门的医疗保障制度，但公务员医疗保障制度均纳入了各国的医疗保险法，同时公务员享有的医疗保障水平与社会一般居民差距不大。因此，笔者建议，我国应逐步完善公务员医疗保障制度的立法，同时缩小公务员与普通居民医疗福利差距，提高公平程度。

金融消费者概念法学阐释与保护路径

张　悦[*]　关凤荣[**]

金融消费是现代消费市场不可或缺的一环，金融消费者是消费市场经济主体中的重要组成元素。在金融消费带给人们便利的同时，金融消费者权益被侵害的现象时有发生。据中国消费者协会的统计：仅 2010 年全年就收到银行保险类投诉 3775 件。[1] 因此，加强金融消费者权益保护已成为学术界和实务界共同的呼声。本文旨在通过对金融消费者概念的界定、金融消费者权益保护法律体系完善的初步研讨，为深化金融消费者权益保护这一课题研究奠定前提基础。

一、金融消费者概念的法学阐析与界定

对“金融消费者”这个基本概念的认识、阐析和定位是金融消费者权益保护的逻辑起点和具有前提性意义的问题。

---

* 张悦：长春理工大学法学院硕士研究生。

** 关凤荣：长春理工大学，法学院教授。

〔1〕 张颖：“2010 年，中国消协共收到‘银行、保险’类投诉 3775 件”，载《国际金融报》2011 年 3 月 16 日。

（一）国外金融消费者概念的立法界定

美国早在1999年颁布《金融服务现代化法》中将“金融消费者”定义为“为个人、家庭成员或家务目的而从金融机构得到金融产品或服务的个人”。2010年7月美国通过的《金融改革法案》（全称《多德－弗兰克华尔街改革和个人消费者保护法》）沿用了《金融服务现代化法》的上述界定，同时该法以列举的方式指出金融消费者为“自然人或者代表该自然人的经纪人、受托人或代理人”，“消费金融产品和服务的消费者”，“消费金融产品或服务是指消费者主要用于个人、家庭、家用为目的的任何金融产品或服务”。美国的立法明确金融消费者为自然人，将法人排除在金融消费者之外。

英国在2000年颁布的《金融服务和市场法》中，首次把金融消费者作为法律明确保护的对象，首次以立法的形式确定了“金融消费者”的概念，但该法并没有对金融消费者作出明确的定义。2001年英国金融服务局根据《金融服务和市场法》，将金融消费者界定为“贸易、商业、职业目的之外接受金融服务的任何自然人”。这一界定仍然将金融消费者界定为自然人，与美国有相似之处。

日本2001年开始实施《金融商品销售法》。该法指出，本法保护的对象为资讯弱势之一方当事人，即在金融商品交易之际，相对于金融机构的专业知识，一般无论是自然人或法人，基本上属于资讯弱势一方当事人。因此该法适用之对象，不仅限于自然人的消费者，即使是法人，只要不具备金融专业知识，也属于该法的保护范围。日本《金融商品销售法》对金融消费者的界定实现了历史性突破，该法对金融消费者的界定突破了自然人的资格限制，将保护主体扩展至法人。[1]

---

〔1〕 李健男：“金融消费者法律界定新论——以中国金融消费者特别保护的机制构建为视角”，载《浙江社会科学》2011年第6期。

（二）国内金融消费者概念的法学阐释

目前，“金融消费者”在大陆只是个学理概念或者学说概念，理论界对金融消费者定义主要存在两种学说。

一种是自然人消费者说，即狭义说。该学说认为“金融消费者是消费者概念在金融领域的延伸和专业化”[1]，即金融消费者和消费者二者之间是种属关系。他们习惯援引消费者的定义来界定金融消费者，“所谓金融消费者，实际上是指为生活需要购买、使用金融产品或接受金融服务的个体社会成员”。[2]

一种是普通投资者说，即广义说。该学说认为金融消费者是不具备金融专业知识，在交易中处于弱势地位，为金融需要购买、使用金融产品或接受金融服务的主体，即满足支付结算需求、信用需求和金融资产运用需求，保护高风险产品的所有主体。[3]

我国台湾地区于2011年6月通过了《金融消费者保护法》。该法在第1章总则中明确提出金融消费者的法律概念，并将“金融消费者”定义为“接受金融服务业提供金融商品或服务者，但不包括专业投资机构和符合一定财力或专业能力之自然人或法人”。这一定义包括两层含义：一是，接受金融服务的自然人和法人，以及提供金融服务的相对方——金融服务业（包括银行、证券业、期货业、保险业、电子票业及其他主管机关公告之金融服务业）；二是，将消费者与投资者区分，具有专业能力，不处于弱势地位的投资机构、法人、自然人不属于消费

[1] 唐正斌，孙玉婷：“金融消费者保护的法律问题研究”，载《时代金融》2011年第2期（下）。

[2] 张严方：《消费者保护法研究》，法律出版社2002年版，第119页。

[3] 参见刘力：“金融消费者司法保护框架分析——以金融消费者的整体保护为视角”，载顾耕耘，罗培新主编：《经济法文库（第二辑）——经济法前沿问题》（2011），北京大学出版社2011年版。

者范畴。[1]

（三）比较视野下金融消费者概念的重新界定

大陆“自然人消费者说”与美、英两国对“金融消费者”的定义相类似。它们将金融消费者界定为“为生活需要购买、使用金融产品或接受金融服务的个体成员”，金融消费者仅限于自然人，不包括法人和机构。实际上，随着金融创新和金融市场的发展，人们逐渐认识到将消费者作为特殊对象加以保护是基于其弱者地位，而弱者地位与其个体性质、社会身份等没有直接关系，不论在普通商品经济还是金融交易中，信息的不对称才是造成其弱势地位的关键因素。没有人会否认，金融交易中的个人投资者也是需要保护的弱势群体。而且，即使是企业法人（不含金融企业法人），在金融消费交易中，与个人消费者一样也需要给予保护。这是因为，金融本身所特有的技术性、高风险性以及信息严重不对称性等固有的特性，将金融消费者范围扩展至法人和其他组织，是金融消费交易特殊性的必然要求。

综上所述，本文认为：在对金融消费者界定时，应该考虑金融消费与普通消费的不同，应该结合金融消费本身所特有的特点，应将解决金融消费者在金融消费交易中“信息严重不对称与对信息的严重依赖并存”这一核心问题作为出发点和归宿，并以其作为界定金融消费者的判断标准。[2]基于此，本文赞同大陆“普通投资者说”与日本和我国台湾地区对“金融消费者”的定义，并在借鉴上述观点的基础上，对金融消费者作如下界定：金融消费者“是指不具备金融专业知识，在金融交易

---

〔1〕 李靖：“我国台湾地区金融消费者保护制度的最新发展及启示”，载《政治与法律》2011年第12期。

〔2〕 参见李健男前引文。

中处于信息严重不对称的弱势地位，同时对金融经营者一方的信息披露存在严重依赖性的自然人、法人以及其他组织，但不包括金融企业法人。”

二、我国金融消费者权益法律保护现状及检讨

改革开放以来，我国金融监管体制改革始终围绕两大目标进行，一是防止金融系统性风险（安全性目标），二是增进金融体系的市场效率（效益性目标）。金融消费者的利益一直未引起足够的重视。[1]这从我国现有金融消费者保护现状可见一斑。

（一）金融消费者权益保护立法体系

我国现行立法在金融消费者权益保护方面存在两个层次：一是《消费者权益保护法》、《民法通则》、《合同法》、《中国人民银行法》、《商业银行法》、《银行业监督管理法》、《保险法》、《证券法》等法律；二是中国人民银行、银监会、证监会、保监会发布的大量行政规章和规章性文件。现行金融消费者权益保护立法存在以下问题。

第一，没有金融消费者保护的基本立法。《消费者权益保护法》，是我国在保护消费者合法权益方面的基本法律，为普通消费市场的消费者提供了强有力的法制保障。但对“金融消费”这一类无论在消费的外在表现还是本质特征上都与一般商品与服务消费大相径庭的特殊消费行为，《消费者权益保护法》却无法对其进行有效的规制，导致消费者金融权益遭受侵害后难以得到有效救济。

第二，相关的金融法律未对金融消费及其权益问题作出规

---

〔1〕 管斌：“金融消费者保护的治道变革”，西南政法大学经济法研究中心，http://www.swupl.edu.cn/jjfyjzx/content.asp? cid = 842693181&id = 996059296，2012年7月2日访问。

范性规定。我国《银行业监督管理法》、《商业银行法》等金融法律虽然都原则性地提到要保护或维护存款人或投资者、公民的合法权益，但在规范设计上并未对金融消费及其权益问题作出明确的规定，不能为处于相对弱势地位的金融消费者提供适当保护。

第三，金融监管机构的规范性文件法律效力层级低。相关金融监管机构的规范性文件虽然对金融消费者权益保护有所涉及，但主要集中在消费者自主选择权、信息保护等方面，对双方的权利义务配置、保护措施、侵权救济等问题均没有明确规定，且其法律效力层级低，对保护金融消费者权益的作用十分有限。

（二）金融消费者权益保护的现有监管机构

"一行三会"是我国金融监管中最基本的金融监管体制（"一行"为中国人民银行，"三会"指中国银监会、证监会和保监会）。其中，中国人民银行承担总调度的责任，"三会"成为金融监管部门的主力。

这种分业监管的模式决定了由"三会"承担金融消费者权益保护将存在固有的缺陷：目前金融业的综合化经营趋势增强，金融产品和服务的界限日益模糊，如银行代售基金、保险、银行推出投资证券等理财产品等，这就需要有一个机构为消费者提供综合性的保障。显然，"三会"分业监管模式已经无法满足金融市场的要求，实践中容易导致相同性质、相同类型的金融商品，在不同的金融行业内适用的法律规范宽严不一的结果。

同时"三会"又是银行业金融机构、证券业金融机构、保险业金融机构的直接监管者，这些机构的盈利水平和社会公众的满意程度是考核"三会"监管业绩的重要指标，使得"三会"在金融消费者保护问题上的作用也非常有限。

（三）金融消费者权益的救济

我国金融机构内部基本上都设立了相应的投诉受理渠道。但由于其存在立场偏向，发生纠纷时，该渠道并不能取信于消费者。

各级消费者保护协会也受理金融方面的投诉。就消费者协会而言，鉴于工作人员专业技能、知识结构、认识能力等多方面限制，以及金融消费难以纳入《消费者权益保护法》调整范围，消费者协会对金融消费者的保护非常薄弱，基本处于“缺位”状态。由于金融稀缺性带来的金融机构的特殊地位，公众投诉在缺乏有效监管的情况下往往不了了之。

同时，我国现有的监管法制和行业自律体制都没有对金融消费者的投诉问题给予关注，这使得金融消费者的投诉往往直接诉诸司法途径或者一般性行业的消费者保护机制，大大激化了金融机构与消费者之间的矛盾，也很容易导致金融机构的声誉受到严重损害。

三、完善金融消费者权益法律保护的基本思路

（一）完善金融消费者权益保护的立法

一方面，可以利用《消费者权益保护法》的修订，扩大解释消费者的含义，或是在该法中对金融消费者保护进行专章规定，包括金融消费者的定义及其特殊权利、保护原则、保护机构的职责、纠纷解决途径等内容。这是目前最有可能、也是效果最佳的实现路径。在各级金融法规、业务规则以及格式合同文本中适度增加消费者保护的内容，银行业、保险业可以根据行业特点先行先试，证券业要做好投资者保护的立法工作。

另一方面，待条件成熟时，可采用专门立法模式，借鉴美、英、日以及我国台湾地区的经验，制定《金融消费者保护法》。

《金融消费者保护法》以规范金融行为、维护消费者权益为重心，明确金融消费者的概念、金融权益类型、金融机构与金融消费者双方的权利义务、金融权益保护范围、救济途径、金融消费者保护机构及其职责、权限、监管措施等，为我国强化对“金融消费者”这一弱势群体的保护提供强有力的法律保障。

（二）成立专门的金融消费者保护机构

由于金融消费不同于商品实物，与其他商业化服务也存在很大差异，金融业以外的机构、人员很难准确理解和界定金融消费内容、范畴、性质、质量及权利义务关系。同时，因缺乏专门的金融消费者权益保护机构，行业和部门之间无法有效地分工协作，难以起到切实维护金融消费者权益的作用。在这种情况下，可以借鉴我国台湾地区、美国等地的做法，通过立法授权或者由国务院设立专门的金融消费者权益保护机构，赋予其金融领域消费者保护的职权和一系列新的监管权力，由其统一行使金融消费监管权，如在中国人民银行内设立“金融消费者权益保护局”，人民银行各分支机构同时设立专职部门，在交易规则的设置、经营行为合规性的审查、金融侵权责任认定、消费者救济等方面为金融消费者提供专业化的保护。

（三）完善金融消费纠纷解决机制

在各级监管机构内部增设专门的消费者投诉受理部门。借鉴美国的做法，建立消费者投诉信息数据库，根据消费者投诉的次数和涉及金额进行分类、调查、核实、调解，并通过定期的信息分析，识别潜在的消费者保护问题，为规章政策的制订提供参考，使消费者的意见受到应有的重视。借鉴英国在金融服务局（FSA）下建立了金融调查服务部（FOS）来解决金融消费纠纷。我国台湾地区建立的财团法人性质的争议处理机构，更是金融消费纠纷解决机制多样化的有力探索，值得我们借鉴。

另外，美国建立的小额诉讼和集体诉讼的创设等有益经验也值得借鉴。[1]

目前，中国人民银行南京分行在江苏部分地区试行了涵盖指导、劝告、调解、协商、评价和检查等措施的金融消费者保护制度；中国人民银行武汉分行在湖北部分地区试行了对金融消费申诉处理的评价制度；中国人民银行西安分行在部分地区试行由中国人民银行主导的纠纷调解制度；中国人民银行晋中市中心支行建立金融消费者维权中心和金融服务维权网络。这无疑是对构建金融消费纠纷解决机制的有益探索。[2]

---

〔1〕 周学东："国际金融消费者保护制度改革动态及启示"，载《中国金融》2011年第11期。

〔2〕 参见周学东前引文。